GESTALT-TERAPIA COM CRIANÇAS

CIP-BRASIL. CATALOGAÇÃO NA PUBLICAÇÃO
SINDICATO NACIONAL DOS EDITORES DE LIVROS, RJ

A23g

   Aguiar, Luciana
      Gestalt-terapia com crianças: teoria e prática/Luciana Aguiar.
4. ed. – São Paulo: Summus, 2020.

   Inclui bibliografia
   ISBN 978-85-323-0944-0

   1. Gestalt-terapia.   2. Psicologia.   3. Psicologia infantil.   I. Título.
13-07560   CDD: 616.89143
                                          CDU: 159.964.32

www.summus.com.br

Compre em lugar de fotocopiar.
Cada real que você dá por um livro recompensa seus autores
e os convida a produzir mais sobre o tema;
incentiva seus editores a encomendar, traduzir e publicar
outras obras sobre o assunto;
e paga aos livreiros por estocar e levar até você livros
para a sua informação e o seu entretenimento.
Cada real que você dá pela fotocópia não autorizada de um livro
financia um crime
e ajuda a matar a produção intelectual em todo o mundo.

GESTALT-TERAPIA COM CRIANÇAS
TEORIA E PRÁTICA

Luciana Aguiar

summus editorial

GESTALT-TERAPIA COM CRIANÇAS
Teoria e prática
Copyright© 2015 by Luciana Aguiar
Direitos desta edição reservados por Summus Editorial

Editora executiva: **Soraia Bini Cury**
Editora assistente: **Salete Del Guerra**
Capa: **Buono Disegno**
Imagem de capa: **Gwoeii/Shutterstock**
Projeto gráfico: **Acqua Estúdio Gráfico**
Diagramação: **Triall**

1ª reimpressão, 2021

Summus Editorial
Departamento editorial
Rua Itapicuru, 613 – 7º andar
05006-000 – São Paulo – SP
Fone: (11) 3872-3322
http://www.summus.com.br
e-mail: summus@summus.com.br

Atendimento ao consumidor
Summus Editorial
Fone: (11) 3865-9890

Vendas por atacado
Fone: (11) 3873-8638
e-mail: vendas@summus.com.br

Impresso no Brasil

A todas as crianças que passaram por minha vida e me permitiram aprender a cada dia o valor dos princípios da aceitação e do respeito.

Aos meus alunos do Curso de Capacitação e Treinamento em Gestalt-terapia com Crianças que, com suas dúvidas e inquietações, forneceram desafios constantes para minha busca de fundamentação teórica do trabalho clínico com crianças, e com suas sugestões e observações tornaram-se coautores deste livro.

SUMÁRIO

Prefácio 9

Introdução 11

1. Origens e desenvolvimento da psicoterapia infantil **15**
   Introdução 15
   O surgimento do significado moderno de infância 16
   As contribuições da psicanálise 18
   A perspectiva existencial-fenomenológica em psicoterapia infantil ... 23

2. A concepção de ser humano em Gestalt-terapia **25**
   A importância de uma concepção de homem e de mundo para a prática clínica 25
   A concepção de ser humano em Gestalt-terapia 27
   Implicações para a prática clínica 34

3. O desenvolvimento do ser humano na perspectiva da Gestalt-terapia **45**
   Gestalt-terapia e psicologia do desenvolvimento: uma articulação possível? 45
   Estabelecendo uma compreensão gestáltica do desenvolvimento 49
   O processo de desenvolvimento 55

4. A família na perspectiva gestáltica **69**
   A família como totalidade autorregulada 69
   A família como totalidade contextualizada 72
   A função da família 73
   O papel da confirmação 76

5. Funcionamento saudável e não saudável em Gestalt-terapia **81**
   O sintoma como ajustamento criativo 81
   As funções de contato 85
   Os mecanismos de evitação de contato ou ajustamentos evitativos
       (mecanismos neuróticos) 86

6. A compreensão diagnóstica em Gestalt-terapia com crianças **91**
    O diagnóstico em Gestalt-terapia.. 91
    A metodologia fenomenológica de investigação 97
    Iniciando a psicoterapia.. 99
    Sessões iniciais...105
    Sessões de devolução..136
    O informe psicológico..144

7. O processo terapêutico em Gestalt-terapia com crianças........................**149**
    O método fenomenológico...150
    Princípios terapêuticos básicos...163
    O espaço terapêutico..180
    Os recursos lúdicos...184
    Recursos técnicos 188

8. O trabalho com os responsáveis e a escola **195**
    O acompanhamento dos responsáveis......................................196
    Sessões conjuntas 204
    Sessões familiares 206
    As visitas à escola...208

9. O término da psicoterapia
    Os términos precoces: interrupções do processo terapêutico....211
    Os términos terapêuticos..222

10. A formação do Gestalt-terapeuta infantil...**229**
    Conteúdo programático específico..231
    A importância da teoria..233
    Psicoterapia pessoal e supervisão...235
    A metodologia..238
    Características do formador..240

Considerações finais **243**

Referências bibliográficas..**245**

Anexo 1 – Roteiro de anamnese **253**

Anexo 2 – Modelo de contrato terapêutico **255**

Anexo 3 – Modelo de laudo...**258**

Anexo 4 – Sugestões de jogos para o espaço terapêutico..........................**263**

PREFÁCIO

A abordagem gestáltica lida com a totalidade do ser em situação... Assim, texto e contexto são fundamentais para a compreensão do ser humano.

A Gestalt foi apresentada ao mundo dentro do movimento histórico da contracultura, portanto expressões como "flexível" e "intuitiva" sempre foram usadas para definir essa abordagem. Luciana Aguiar pontua que essas palavras podem ser empregadas, por vezes, "como explicação para uma prática pouco competente", mas flexibilidade e intuição (sobretudo intuição fenomenológica) são elementos indispensáveis no encontro terapêutico. Contudo, assim como a flexibilidade pode encobrir a falta de competência, é bom lembrar que a rigidez pode encobrir a insegurança, levando à repetição do já conhecido. Lidar com o humano, com a diversidade, sem seguranças formais é sempre incerto. A ansiedade é inevitável quando nos aventuramos no território desconhecido, deixando-nos guiar pelo que acontece – precisamos ir com muito cuidado!

É isso que Luciana faz o tempo todo no desvelar de sua maturidade profissional. Ela propõe "uma articulação contínua entre teoria e prática numa interlocução contínua figura/fundo". As partes se fundem, mas não se confundem. Elas continuamente semeiam a reflexão numa "dialética sem síntese". É dessa forma que Luciana perpetua o estado de interrogação e o respeito pelo indivíduo na sua diversidade. Ela mostra as especificidades e a importância da psicoterapia infantil na abordagem gestáltica e se recusa a tratá-la sob o rótulo de "apêndice". Além disso, faz um alerta aos psicoterapeutas: "Não somos especialistas", somos humanos falíveis e passíveis de erros. Alerta esse que é sempre bom ter presente, já que a relação terapêutica se dá no mundo das sutilezas e não das certezas.

No decorrer dos capítulos, Luciana discorre sobre questões fundamentais, como a leitura do desenvolvimento da criança em Gestalt, para isso se valendo das contribuições de outros profissionais também dedicados a essa tarefa. Ela escreve sobre a compreensão diagnóstica em psicoterapia levantando com pertinência questões importantes, como a demanda em psicoterapia de crianças. Um capítulo primorosamente organizado que faz jus às suas importantes contribuições!

Além disso, no transcorrer dos temas abordados, a autora nos mostra detalhadamente a consistência do seu suporte teórico e metodológico ao oferecer uma profusão de exemplos, que permitem reafirmar e revisitar os conceitos vistos na prática.

Assim, eu diria que ela nos dá o "mapa da mina", embora saibamos que o "tesouro" não está disponível, a não ser que o leitor (psicoterapeuta) esteja disposto a se envolver para "mastigar", assimilar e assim dar início à viagem na busca pelo seu estilo pessoal, esse sim o grande tesouro.

Enfim, foi um prazer ler esta obra, que já se transformou em um excelente companheiro de "viagens profundas", que fazem da Gestalt-terapia uma abordagem da qual nos orgulhamos mais a cada dia!

Obrigada, Luciana, pelo seu "presente".

Maria Cristina Frascaroli
Mestre em Psicologia pela Universidade Sorbonne e Gestalt-terapeuta

INTRODUÇÃO

A Gestalt-terapia vem obtendo gradativamente acentuado destaque no cenário da psicologia clínica, e tem se mostrado um meio efetivo de trabalho psicoterapêutico com crianças.

Porém, observamos que na literatura disponível sobre a área ainda são poucos os autores, tanto no Brasil quanto no exterior, que se dedicam ao estudo e à sistematização de um trabalho psicoterapêutico com crianças dentro de uma perspectiva gestáltica. Até a publicação da primeira edição deste livro, em 2005, destacavam-se, no Brasil, os estudos realizados por Cardoso (1995) e Fernandes et al. (1995, 1998, 2000) e as contribuições de Zorzi (1991), Zanella (1992) e Vignoli (1994).

No exterior, as tentativas mais conhecidas de sistematização da Gestalt-terapia com crianças foram gradativamente deslocando sua ênfase dos aspectos técnicos (Oaklander, 1978, 1982) para uma vinculação do processo terapêutico aos seus conceitos básicos (Carrol, 1996; Cornejo, 1996; Oaklander, 1992, 1994).

O conhecido e clássico trabalho de Violet Oaklander – *Descobrindo crianças: a abordagem gestáltica com crianças e adolescentes* – se constituiu em uma referência em Gestalt-terapia com crianças. Porém, apesar de ser um excelente compêndio de recursos lúdicos e técnicas facilitadoras, não nos oferece um contexto suficientemente coerente e seguro para sua aplicação. Sem um arcabouço teórico que dê sentido à condução do processo terapêutico e ao uso das técnicas apresentadas, estaremos apenas propondo atividades que poderiam ser realizadas em qualquer outro contexto que não fosse o espaço terapêutico e, portanto, sem os benefícios específicos oriundos desse espaço e de uma concepção gestáltica de homem e de mundo.

De fato, o que observamos durante muitos anos foi um movimento de apreensão das denominadas técnicas gestálticas por inúmeros psicoterapeutas e, infelizmente, o uso indiscriminado e pouco fundamentado, reduzindo a Gestalt-terapia com crianças a uma mera compilação de técnicas.

Em seus trabalhos posteriores, Oaklander (1997, 2007) iniciou algumas articulações entre suas propostas técnicas e alguns objetivos básicos da psicoterapia com crianças sob uma perspectiva gestáltica, tal como ajudar a criança a reconhecer as próprias necessidades, o desenvolvimento de autossuporte, o trabalho com as introjeções e a facilitação da emergência de sentimentos, como tristeza e raiva, por meio da projeção.

Da mesma forma, aqui no Brasil, uma tímida porém crescente onda de publicações surgiu, em consonância com um maior investimento da comunidade gestáltica brasileira na produção escrita e em fóruns de publicação e documentação dos trabalhos produzidos pelos Gestalt-terapeutas. Destacamos as contribuições de Soares (2001), Costa (2002), Zanella (2004, 2010) e Antony (2004, 2006, 2010, 2012), entre outros, além de trabalhos de conclusão de curso de alunos de formação e especialização em Gestalt--terapia, fazendo revisões de literatura ou discutindo um ou outro aspecto da teoria e da prática clínica com crianças. Mais recentemente, Müller-Granzotto e Müller-Granzotto (2012), em uma obra cuja proposta central não é voltada para a clínica com crianças, nos trazem um ponto de vista inédito acerca do desenvolvimento infantil com base na teoria do *self* proposta originalmente por Perls, Hefferline e Goodman (1997).

Desse modo, na última década, passamos de um quadro propiciador de distorções e apropriações indevidas, com o exercício de uma prática dita "flexível" e "intuitiva", para um cenário mais animador no que diz respeito à fundamentação teórica do trabalho clínico com crianças.

Apesar de alguns anos terem se passado desde a publicação inicial deste livro, continuamos acreditando na importância do trabalho incansável no sentido da articulação dos pressupostos teóricos fundamentais da Gestalt-terapia – visão de homem e de mundo, concepção de desenvolvimento e de funcionamento saudável e não saudável – com suas possibilidades de intervenção prática. Estamos falando de visão de homem e de mundo articulada com uma metodologia, de teoria articulada com a prática, pois entendemos que a teoria desvinculada da prática acaba por virar conhecimento vazio e, por sua vez, a prática sem teoria corre o risco de se tornar "achismo" ou "receita de bolo", sem nenhum "para quê" que embase seu uso.

Este livro constitui-se numa tentativa pessoal de articulação entre o que consideramos os dois pilares de uma abordagem psicoterapêutica: teoria – visão de homem e de mundo – e prática – metodologia de trabalho. Uma sempre implicando a outra. A técnica tem seu lugar, mas neste livro aparece vinculada à teoria. A partir da ideia de articulação, chamamos a atenção para o fato de o livro não estar organizado em dois blocos separados e estanques – teoria e prática –, mas numa interlocução contínua entre ambas, num jogo contínuo de figura e fundo, no qual os capítulos predominantemente teóricos implicam exemplos práticos, enquanto os predominantemente práticos remetem à fundamentação teórica.

As contribuições oferecidas mais recentemente pelos colegas Gestalt-terapeutas vieram como resposta ao convite inicial feito no sentido do diálogo e do desenvolvimento de novos aspectos. Ao revisarmos o livro para a nova publicação, optamos por não introduzir nenhum dos aspectos desenvolvidos, discutidos e publicados nesse espaço de tempo, pois tal empreitada demandaria pelo menos mais dois capítulos no corpo do livro, com a explanação, avaliação e discussão acerca das contribuições e de suas possíveis ilustrações práticas.

Optamos então por fazer referências em notas de rodapé às contribuições recentes sobre o assunto abordado, de modo que o leitor possa buscar na fonte o que tais autores produziram.

Destacamos também o uso diversificado de termos para um mesmo conceito presentes na literatura da Gestalt-terapia, a fim de não "engessar" a nomenclatura em função de determinado autor. Um exemplo disso é o emprego variável dos termos "evitação de contato", "bloqueio de contato", "interrupção de contato" ou "mecanismos neuróticos", "ajustamentos neuróticos", "ajustamentos evitativos" e "resistências".

O último ponto a ser observado é que, de forma compatível com a maior parte da literatura gestáltica produzida até então, neste livro versaremos exclusivamente sobre a clínica da neurose em crianças. Conforme já apontado por Perls, Hefferline e Goodman (1997) e desenvolvido por Müller-Granzotto e Müller-Granzotto (2012), outras modalidades de interrupção do processo de contato se diferenciam da modalidade neurótica, tanto no que se refere à compreensão como à atuação do psicoterapeuta, sendo convites para a produção de novos trabalhos daqui por diante.

A autora

1 ORIGENS E DESENVOLVIMENTO DA PSICOTERAPIA INFANTIL

Introdução

O trabalho psicoterapêutico com crianças teve início no século XX com as contribuições da abordagem psicanalítica (Freud, 1980a; Klein, 1981; Mannonni, 1981, 1983; Winnicott, 1975, 1978) e se desenvolveu ao longo dos últimos 50 anos no bojo de outras abordagens do ser humano, particularmente por meio da abordagem centrada na pessoa (Rogers, 1978; Axline, 1982, 1984, 1986) e, mais recentemente, da Gestalt-terapia (Oaklander, 1994, 2007; Carrol, 1996; Cornejo, 1996; Aguiar, 2001; Crocker, 2001; Lampert, 2003; Cardoso-Zinker, 2004; Antony, 2006, 2010, 2012).

Para que possamos falar da Gestalt-terapia com crianças, precisamos localizá-la nesse cenário mais amplo da psicoterapia infantil, distinguindo-a das demais abordagens, contextualizando seu surgimento e assinalando sua forma de tratar as questões básicas relativas à psicoterapia com crianças que foram introduzidas ao longo do último século pelas principais abordagens psicoterápicas do ser humano.

Os diversos termos que utilizamos frequentemente para designar o trabalho psicoterapêutico com crianças – como ludoterapia, psicoterapia infantil e psicanálise infantil – costumam gerar confusões no que diz respeito ao referencial teórico e à metodologia que abarcam. Não raro, observamos sua utilização de forma indiscriminada, o que aumenta a probabilidade de interpretações generalizantes acerca das *diferentes* abordagens de trabalho psicoterapêutico com crianças que cada uma delas encerra.

Cremos que isso se dá, de um lado, em virtude da relativa hegemonia de determinada abordagem no campo da psicoterapia – a psicanálise – e, de outro, pelo fato de a expressão "ludoterapia" fazer menção direta aos recursos utilizados no trabalho clínico com crianças, originando-se da tradução literal da expressão em inglês "play therapy".

O termo "ludoterapia" surgiu no cenário das psicoterapias com a publicação do livro de Virginia Axline intitulado *Play therapy*. Depois disso, disseminou-se o uso dessa expressão para designar todo e qualquer trabalho com crianças em função do uso de brinquedos como recurso facilitador da expressão infantil no espaço terapêutico.

Porém, ao empreendermos uma retrospectiva das contribuições de cada uma das abordagens presentes no cenário das psicoterapias, vamos perceber que não só a psicoterapia com crianças vem sendo associada há muito tempo ao uso de brinquedos como, atualmente, a maioria das propostas de trabalho com crianças, e não só a ludoterapia, desenvolve-se com o uso de recursos lúdicos como meios facilitadores, apesar de diferenças significativas na forma como cada abordagem os utiliza.

Assim, escolhemos empregar o termo "psicoterapia infantil" neste capítulo inicial por acreditar que seria o mais pertinente para designar o amplo campo de trabalho psicoterapêutico com crianças, o qual abarca alguns âmbitos específicos a que daremos o nome de abordagens: podemos falar então de *psicoterapia infantil de abordagem psicanalítica*, *psicoterapia infantil de abordagem cognitivo-comportamental* e *psicoterapia infantil de abordagem existencial-fenomenológica*, vertente com a qual a Gestalt-terapia dialoga. Assim, ao termo "psicanálise infantil" ou "psicanálise com crianças" reservamos o âmbito específico da abordagem psicanalítica; quanto ao termo "ludoterapia", ele será usado somente para se referir à aplicação dos princípios da abordagem centrada na pessoa (Rogers, 2001) no trabalho psicoterapêutico com crianças, e não para designar todo e qualquer trabalho terapêutico envolvendo o uso do brinquedo.

Baseados nisso, ao nos referirmos à psicoterapia de abordagem gestáltica, ou ainda à Gestalt-terapia com crianças, falamos de uma proposta de psicoterapia com crianças fundamentada nos pressupostos da Gestalt-terapia como abordagem psicoterápica caracterizada por determinada visão de homem e de mundo e uma consequente metodologia de trabalho.

O surgimento do significado moderno de infância

Para empreendermos nossa retrospectiva acerca da emergência das principais propostas psicoterapêuticas com crianças e suas contribuições fundamentais para a construção da psicoterapia infantil hoje, precisamos remontar ao próprio surgimento da noção de infância da forma como a encaramos atualmente (Ariès, 1981).

A família medieval era constituída por um grande número de pessoas, entre familiares, agregados e empregados. Sua função básica era a de transmitir a vida, os bens e os nomes; não havia lugar para a exaltação de sentimentos – maternos e conjugais –, não ficando o cuidado e a educação das crianças sob a responsabilidade de uma pessoa específica; esta se dava na interação com todas as pessoas que constituíam essa família extensa. Sem uma preocupação particular com as crianças, assim que elas eram desmamadas e podiam ensaiar os primeiros passos, eram inseridas, sem distinções, em todas as atividades desenvolvidas pelos adultos.

A sociedade medieval caracterizava-se por uma imensa sociabilidade, na qual o público e o privado misturavam-se. O espaço público "não se opunha à intimidade da vida privada, era um prolongamento dessa vida privada, do cenário familiar do trabalho e das relações sociais" (Ariès, 1981, p. 198).

As transformações político-econômicas da sociedade desencadearam o desaparecimento dessa estrutura ampla de parentesco como eixo básico; a nova ordem econômica centrada no capital lança a esfera pública à proeminência, destituindo a família de uma série de funções que ela antes abarcava. Nesse momento, a família passa a constituir apenas uma unidade de consumo e reprodução, na medida em que a produção se desenrola agora no âmbito público.

Paralelamente, a criança adquire novo valor e importância; percebe-se que ela é uma riqueza econômica em potencial – o trabalhador do futuro. A partir daí, surge a necessidade de cuidar mais dessa criança e, principalmente, de educá-la. Assim, ela passa a ser alvo de todo cuidado e atenção, pois é vista como tesouro das nações em formação.

Ariès (1981) chama esse fenômeno de surgimento do "sentimento de infância", que vem ao encontro de uma sociedade capitalista emergente, onde a preocupação com a força de trabalho dos indivíduos é crescente e implica profundas transformações no modo de tratar a infância, na configuração da família – que se volta para a proteção e o cuidado da criança, tornando-se "nuclear" – e na educação formal e informal dos "futuros trabalhadores".

Observa-se assim o início da escolarização, caracterizando a aprendizagem pela educação formal e implicando a separação da criança do mundo adulto para que ela se "prepare" para o futuro. Esse movimento propicia o nascimento de um "sentimento de família", que, ao centrar-se em torno da criança, percebida agora como fraca, inocente e carente de cuidados, começa a exercer uma função afetiva e constitutiva.

GESTALT-TERAPIA COM CRIANÇAS **17**

Com isso, a cultura ocidental centrou-se na criança e fundou a "família nuclear" como local privilegiado para o seu cuidado e educação. Assistimos ao nascimento da pediatria e da pedagogia, com o surgimento de uma literatura específica atribuindo características inerentes à criança e descrevendo inúmeros modos de cuidar dela, treiná-la e educá-la. Nesse momento, aparece também a psicologia, com seus experimentos de laboratório na busca do conhecimento acerca da forma de funcionamento da "máquina" humana, corroborando a necessidade de conhecer para prever, selecionar, orientar, adaptar e racionalizar a ideologia dominante: a teoria se desenvolve para cumprir finalidades práticas.

Nesse contexto, a criança tornou-se objeto de estudo e fonte de informação sobre a natureza do homem, criando um terreno propício para as elaborações de Freud (1980b) acerca do papel decisivo da infância na etiologia das neuroses e em todo o desenvolvimento da personalidade humana.

As contribuições da psicanálise

Podemos afirmar que as origens da psicoterapia infantil remontam ao final do século XIX, quando a infância ganha novo *status* e nova visibilidade social, particularmente com o desenvolvimento da abordagem psicanalítica e as contribuições de Freud (1980) para a questão da etiologia das neuroses. Na busca de situações patogênicas, nas quais as repressões da sexualidade haviam-se estabelecido e os sintomas como substitutos do que estava inconsciente tinham surgido, Freud foi levado cada vez mais à vida pregressa do paciente, chegando até a sua infância. Isso o fez concluir que as impressões desse período da vida de um indivíduo deixam marcas indeléveis e fundamentam a disposição para qualquer distúrbio neurótico que viesse a sobrevir.

Ao enfatizar a importância da infância na construção da personalidade do indivíduo e na determinação de suas doenças psíquicas, Freud (1980) destaca esse período da vida que nunca fora alcançado antes. O mundo passa a olhar para esse momento com mais curiosidade e interesse, uma vez que era nesse período que se encontravam as respostas para várias questões que sacudiam a sociedade capitalista da época. Quem é esse homem? Como ele funciona? Por que ele adoece e torna-se improdutivo?

Na medida em que já havia constatado por trás das neuroses um conflito de natureza sexual, Freud (1980) depara com um novo fato: a sexualidade infantil. Em 1905, ele publica "Três ensaios sobre a teoria da sexualidade", no qual sistematiza suas conclusões acerca do tema. No que se refere particularmente à sexualidade infantil, isso muito se deveu à comprovação obtida do caso Hans (Freud, 1980), que forneceu quantidade considerável de material para corroborar aquilo que ele havia concluído a respeito da infância com base na análise de adultos.

A publicação desse caso trouxe uma contribuição muito importante para o posterior desenvolvimento da psicanálise de crianças: mostrou que as crianças podiam se beneficiar de uma interpretação, na medida em que Hans, pela transformação de seu comportamento, mostrava-se afetado pelas interpretações fornecidas por seu pai – que, por sua vez, era orientado pelo próprio Freud.

A ideia de que as crianças poderiam ser afetadas por aquilo que os adultos faziam ou falavam era extremamente nova; as crianças eram vistas como aqueles indivíduos que "não entendem" ou "não estão prestando atenção", legitimando toda sorte de comportamentos e formas de tratá-las sem que houvesse algum tipo de preocupação com a influência que poderia advir daí. Descobrir que elas eram afetadas pelo que os adultos diziam ou faziam não fez que estes mudassem totalmente seu comportamento com relação à criança, porém legitimou a possibilidade de determinado adulto, o psicoterapeuta, agir e falar de modo específico com ela a fim de que isso trouxesse algum benefício terapêutico. A forma que esse agir e falar adquiriu ao longo do desenvolvimento da psicoterapia infantil é congruente com as perspectivas de ser humano e de funcionamento não saudável próprias de cada abordagem.

Em outro trabalho, datado de 1920 e intitulado "Além do princípio do prazer", Freud narra a história de uma brincadeira desenvolvida por um menino de 18 meses que ele teve oportunidade de observar por ocasião de sua estada em casa de amigos. O jogo, denominado *"fort-da"*, consistia em atirar um carretel preso por uma linha atrás de um sofá, fazendo-o desaparecer, e imediatamente puxá-lo, fazendo que ele aparecesse novamente. Ao observar a criança entretendo-se com essa brincadeira inúmeras vezes sempre que sua mãe ausentava-se de casa, Freud concluiu que ela não se dava de modo aleatório, mas tinha um sentido e uma função: representava a renúncia da criança ao deixar a mãe sair sem protestar. Em outras palavras, ao brincar a criança representava o desaparecimento e o retorno da mãe, criando condições para lidar com a separação e vivendo um prazer oriundo da sensação de controle que a brincadeira lhe proporcionava. Enquanto, na realidade, a criança não experimentava nenhum tipo de controle sobre a saída e o regresso de sua mãe, *na brincadeira ela tinha papel ativo*, uma vez que o carretel desaparecia e reaparecia quando ela determinava. Com essa passagem, Freud assinala algo que veio a ser de fundamental importância na inauguração de uma proposta clínica com crianças: o brincar como possibilidade de expressão e elaboração de frustrações e conflitos. Acrescentaríamos também que esse exemplo aponta para o que, dentro de uma perspectiva gestáltica, entendemos como função crucial da brincadeira na criança: *transformar ativamente seu meio para suprir suas necessidades*. Resgataremos tal aspecto ao longo dos próximos capítulos quando discutirmos o caráter transformador do ser humano tal como é percebido em Gestalt-terapia e descrevermos sua perspectiva de desenvolvimento.

Foi mediante essas duas contribuições – a possibilidade da interpretação com as crianças e a importância do brincar – que Melanie Klein (1981) desenvolveu o que poderíamos apontar como a primeira proposta sistematizada de trabalho clínico com crianças, apesar dos trabalhos já desenvolvidos por Anna Freud (1971) – baseados principalmente nas fases de desenvolvimento psicossexual descritas por Freud (1980), na utilização de defesas do ego e na função da resistência no tratamento.

Ambas escreveram extensivamente sobre como incorporaram o brincar em seu referencial psicanalítico. Enquanto Anna Freud (1971) advogava o uso do brincar sobretudo no sentido de construir uma forte relação positiva entre criança e psicoterapeuta, utilizando-o basicamente a fim de seduzir a criança para o tratamento psicanalítico que acontecia em moldes semelhantes ao do adulto, Melanie Klein (1981) propôs usá-la como um substituto direto da verbalização: já que as crianças podiam se beneficiar da interpretação, mas não tinham condições de deitar no divã e "associar livremente", com a contribuição de Freud acerca do *fort-da* ela concluiu que a linguagem predominante da criança era a linguagem do brinquedo, devendo a interpretação incidir sobre ela.

Além da inegável contribuição técnica que permitiu que se trabalhasse com crianças de qualquer idade, e não só com as que se encontravam no "período de latência" – como fazia Anna Freud –, uma vez que a linguagem do brinquedo podia ser observada nas crianças desde muito cedo, Melanie Klein trouxe como contribuição teórica um olhar mais atento para o primeiro ano de vida da criança, caracterizando-o como crucial para todo o desenvolvimento da personalidade, particularmente em função das relações iniciais estabelecidas pela criança. Dentro de uma perspectiva gestáltica, apesar de não ser de modo algum *determinante* do desenvolvimento posterior[1], o primeiro ano de vida também pode ser considerado um período relevante para o desenvolvimento, uma vez que o campo relacional da criança ainda se encontra bastante reduzido, estando assim sujeita a influências de poucas pessoas, e sua capacidade de discriminação daquilo que é oferecido pelo mundo na forma de introjeções ainda é incipiente, tornando essa apresentação inicial do mundo para o bebê um momento mais suscetível para o estabelecimento de introjeções pouco facilitadoras para seu processo de desenvolvi-

---

1. Veja o Capítulo 2.

mento[2]. Klein destacou também a importância da integração entre as polaridades *amor* e *ódio* para o equilíbrio psíquico do indivíduo, assinalando-a como um referencial de saúde. Em Gestalt-terapia consideramos o ser humano uma totalidade composta de inúmeras partes – e não só de amor e ódio – que se diferenciam em opostos e cuja integração constitui um dos objetivos da psicoterapia[3].

Com a técnica do brinquedo, Klein não só inaugura um caminho específico para trabalhar clinicamente com crianças, mas também aponta como traço essencial delas o fato de terem outra linguagem que não a verbal, que predomina durante toda a infância e mantém-se em segundo plano na vida adulta: a linguagem lúdica. A implicação disso para a prática psicoterápica é inegável, uma vez que caracteriza a linguagem verbal apenas como uma parte e uma possibilidade de contato do ser humano com o mundo, e não como a única ou a mais importante. Posteriormente, constataremos que a perspectiva do predomínio da linguagem lúdica nas crianças se articula perfeitamente com a visão gestáltica de homem, que considera a linguagem verbal não só *uma entre várias possibilidades* de contato entre o indivíduo e o meio[4] como também a que se apresenta mais tarde e se desenvolve mais devagar.

A psicanálise kleiniana expandiu-se rapidamente e conquistou muitos adeptos. Entre eles podemos destacar Donald Winnicott, pediatra de formação que enveredou aos poucos pelo caminho da psicanálise, interessando-se particularmente pelo trabalho com crianças e psicóticos.

Sua experiência como pediatra, em constante contato com as crianças e suas mães, parece ter sido crucial para a natureza de suas contribuições à psicanálise kleiniana. Entre seus aportes teóricos destacamos a importância conferida à maternagem, entendida como uma relação de acolhimento e cuidado estabelecida com o bebê desde o seu nascimento e encarada como constitutiva do ser, uma vez que, segundo ele, "sem a maternagem um bebê não existiria" (Winnicott, 1978). O aspecto constitutivo da relação é um ponto central na concepção de homem na Gestalt-terapia, ainda que isso não signifique uma relação passiva da criança com o mundo, mas, ao contrário, uma relação estabelecida desde o início como uma interação, um jogo mútuo de influências entre a criança e o mundo.

Tal contribuição trouxe uma importante implicação na prática clínica: *o olhar mais cuidadoso e interessado para os pais e sua influência na análise da criança* (Winnicott, 1979,

---

2. Veja o Capítulo 3.
3. Veja o Capítulo 7.
4. Veja o Capítulo 3.

GESTALT-TERAPIA COM CRIANÇAS **21**

1984), ao contrário de Klein (1981), que reduzia ao máximo a participação dos cuidadores na análise, encarando-os predominantemente como um empecilho ao bom andamento analítico e encontrando-os somente para obter dados a respeito da criança e realizar o contrato.

Outra grande contribuição de Winnicott (1975) foi o desenvolvimento da teoria do brincar, que ampliou a compreensão da função do brinquedo no desenvolvimento infantil e introduziu a noção de espaço transicional, fundamental para entendermos o processo de diferenciação entre a criança e o adulto e os recursos que ela utiliza para tal. O pediatra também assinalou o espaço terapêutico como um espaço fundamentalmente do brincar. Uma implicação técnica essencial da teoria do brincar e do espaço transicional foi a de que o psicoterapeuta, em vez de observar e interpretar o brincar da criança, deve *encontrá-la no seu brincar*, o que significa uma participação mais ativa e engajada do profissional na análise e uma mudança no estabelecimento da relação criança/analista (Winnicott, 1984), na qual esta é valorizada. Isto também se evidencia nas suas "consultas terapêuticas" (Winnicott, 1984) e no caso Piggle, realizado, por circunstâncias geográficas, de acordo com a demanda da menina (Winnicott, 1979). Na Gestalt-terapia, o movimento de ir ao encontro da criança, encontrá-la em seu mundo e envolver-se em sua brincadeira durante as sessões é a base da condução do processo terapêutico[5].

Com o surgimento da escola francesa de psicanálise, a psicoterapia infantil é brindada com outra importante contribuição: a noção de que *a criança não é a "doente"*, mas sinaliza a doença de seus pais ou de sua família (Mannoni, 1983). Nesse momento, o foco da análise desloca-se da criança para os pais e inaugura outra possibilidade de manejo clínico, impensada até então: a partir das entrevistas iniciais com os pais, a análise pode ser indicada a um deles ou ao casal, e não obrigatoriamente à criança (Mannoni, 1981). É introduzida no cenário da psicoterapia infantil a preocupação com a análise da demanda de psicoterapia para crianças: quem enuncia o pedido, de quem é o pedido e o que está sendo pedido em nome de uma criança tornam-se questões a ser respondidas. Em Gestalt-terapia, de acordo com nossos pressupostos fenomenológicos básicos, que nos ensinam a trabalhar com o fenômeno, com aquilo que se manifesta agora para o psicoterapeuta, iniciaremos o processo terapêutico exatamente pelo acolhimento e pela escuta da demanda de psicoterapia enunciada pelos responsáveis, com o objetivo de verificar "quem está precisando do quê"[6].

---

5. Veja o Capítulo 7.
6. Veja o Capítulo 6.

Da mesma forma, a escola francesa de psicanálise não aponta mais para a necessidade de pais e mães concretos para a constituição da criança como sujeito, mas para o que veio denominar de funções materna e paterna, descolando a questão relacional não só dos critérios biológicos como também dos critérios de gênero. Isso significa que qualquer pessoa, de qualquer sexo, ligada ou não à criança por laços sanguíneos, pode realizar a função materna de acolhimento e cuidado, e qualquer coisa ou pessoa que quebrar e intermediar essa relação pode exercer a função paterna de limites e separação. Não importa quem faz, mas *o que faz* e *como faz*. De uma perspectiva gestáltica, o relevante no universo relacional de uma criança não é tanto quem se relaciona com ela, mas como essas relações se dão e quanto elas vêm sendo satisfatórias e facilitadoras para o seu desenvolvimento.

Essa perspectiva abre outros meios de compreensão do desenvolvimento humano e da constituição do sujeito dentro de uma ótica saudável, particularmente no que diz respeito às novas configurações familiares, nas quais o que importa de fato é a possibilidade do estabelecimento de uma relação inicial que venha suprir as necessidades de cuidado e confirmação[7] do bebê e paradoxalmente venha, aos poucos, fornecer subsídios para que a diferenciação aconteça e a separação, condição básica para que haja troca, se dê a partir da entrada de outras relações na vida da criança.

A perspectiva existencial-fenomenológica em psicoterapia infantil

Com a emergência e o desenvolvimento de novas possibilidades de perceber o ser humano, em especial no pós-guerra, constatamos como grande marco na história da psicoterapia infantil a publicação de *Play therapy* [Ludoterapia], de Virginia Axline, que com o estrondoso sucesso de *Dibs em busca de si mesmo*, da mesma autora, revolucionou a forma de trabalhar psicoterapeuticamente com crianças por trazer em seu bojo uma visão de homem e de mundo bastante diversa da perspectiva psicanalítica.

Ainda que adotando o uso do brinquedo como recurso mediador da relação terapêutica, seus pressupostos implicavam um processo terapêutico absolutamente centrado na criança, com um mínimo de intervenção do psicoterapeuta, cuja principal função era a de acompanhá-la no espaço terapêutico, realizando intervenções essencialmente descritivas. O comportamento da criança não é mais interpretado, mas significado pela própria criança com base na *reflexão de sentimentos* (Axline, 1984) realizada pelo psicoterapeuta: "Dibs: 'Portas trancadas, não. Portas trancadas, não. Dibs não gosta de portas

---

7. Veja os Capítulos 3 e 4.

GESTALT-TERAPIA COM CRIANÇAS **23**

trancadas'. Terapeuta: 'Você não gosta que as portas estejam trancadas'" (Axline, 1986, p. 42).

A aceitação da criança exatamente como ela é, o respeito pelo seu tempo e pela sua capacidade de resolver seus problemas, o não direcionamento de suas ações ou conversas, o estabelecimento de um sentimento de permissividade e o desenvolvimento de uma sólida relação de confiança entre criança e psicoterapeuta são os princípios básicos dessa nova forma de compreender e trabalhar psicoterapeuticamente com a criança.

Com o surgimento da Gestalt-terapia e as contribuições de Violet Oaklander (1980), os pressupostos vinculados a uma visão de homem humanista, existencial e fenomenológica se mantiveram, embora a metodologia de trabalho com a criança tenha se expandido na direção de uma maior participação e atividade do psicoterapeuta, que por meio de suas técnicas objetivava ampliar a consciência da criança a respeito de seus padrões de evitação (ou, ainda, mecanismos neuróticos) e suas possibilidades de escolha na interação com o mundo: "Jim: 'O meu desenho tem uma caixa grande e uma porção de linhas curvas coloridas dentro'. Terapeuta: 'Muito bem. Eu gostaria que você fosse essa linha azul escura que forma a caixa, e conversasse com as coisas que estão dentro dela'" (Oaklander, 1980, p. 39).

Ao posterior e progressivo desenvolvimento da Gestalt-terapia com crianças, na perspectiva humanista, existencial e fenomenológica, somou-se a visão de campo (Yontef, 1998; Robine, 2006) – que, entre outras implicações, concorreu para uma maior participação do contexto familiar na psicoterapia.

Assim, observamos que o que denominamos características típicas da psicoterapia com crianças atualmente – tais como o uso de recursos lúdicos, a importância do brincar como meio de expressão e ação criativa no meio, a possibilidade de psicoterapia com crianças de qualquer faixa etária, a compreensão do contexto familiar como parte da problemática apresentada por ela, a consideração de contextos mais amplos na sua compreensão e a possibilidade de trabalho com configurações familiares diferentes da família nuclear – são herdeiras de um longo processo de desenvolvimento, tendo sido absorvidas pelas mais diferentes abordagens segundo seus critérios de compreensão do ser humano e suas metodologias de trabalho. Nossa proposta, neste momento, é tentar desenvolvê-las com base em uma perspectiva gestáltica de homem e de mundo.

2 A CONCEPÇÃO DE SER HUMANO EM GESTALT-TERAPIA

A importância de uma concepção de homem e de mundo para a prática clínica

Consideramos que toda abordagem psicoterapêutica tem, necessariamente, uma concepção de homem que a embasa e a caracteriza em termos teóricos e metodológicos. Para que possamos trabalhar psicoterapeuticamente com um indivíduo, é fundamental que tenhamos determinada compreensão acerca de suas formas saudáveis de ser e estar no mundo, assim como dos possíveis descaminhos e dificuldades encontrados ao longo de sua existência nessa relação. Com isso, podemos afirmar que nossa concepção de homem está intimamente vinculada aos nossos objetivos terapêuticos, bem como à nossa metodologia, aos nossos recursos e a nossas técnicas.

No que diz respeito especificamente ao trabalho clínico com crianças, acreditamos que essa vinculação reveste-se de crucial importância, uma vez que a concepção de criança e de infância que introjetamos encontra-se inevitavelmente presente e atuante na relação terapêutica. E, combinada com a relativa escassez de trabalhos que poderiam fundamentar a prática clínica dentro de uma perspectiva gestáltica de ser humano, vem se refletindo em uma prática pouco fundamentada e baseada muitas vezes apenas no improviso ou na intuição[8].

---

8. Após a primeira edição deste livro, dada em 2005, outros trabalhos versando sobre o tema Gestalt-terapia com crianças foram publicados. Veja a Introdução.

Partimos aqui da premissa básica de que a neutralidade absoluta do psicoterapeuta não é possível, na medida em que ele faz parte do campo e, portanto, também o configura (Yontef, 1998). Assim, estão presentes no campo terapêutico, na forma de introjeções (Perls, 1985; Polster, 2001), nossas próprias experiências infantis e determinada perspectiva de infância profundamente enraizada em nossa cultura, descrita por Ariès (1981) como o sentimento moderno de infância, que encara a criança por um lado como um ser frágil, desprotegido, puro e inocente, à mercê de forças com as quais não pode lidar e, por outro, como um ser imperfeito e incompleto que necessita da "educação" realizada pelo adulto. Embora o sentimento moderno de infância tenha o mérito de sublinhar a diferença entre adultos e crianças e marcar a especificidade da infância, o que observamos ao longo da história é a consideração dessa diferença com base em juízos de valor: a infância e a vida adulta não são apenas distintas, mas estados com diferentes "níveis" de importância. Tais formas de perceber a criança não a favorecem, legitimando toda sorte de intervenções de "especialistas", tanto no sentido de "aprimorá-la" e "prepará-la" para a vida adulta quanto de colocá-la em uma posição de vítima diante das circunstâncias em que se encontra. A infância, percebida desse modo, é intensamente desqualificada, na medida em que pressupõe um tempo de mudanças, instabilidade e fragilidade em contraste com um tempo de estabilidade, força e maturidade da vida adulta.

A implicação direta dessa concepção desqualificada de infância em nosso trabalho clínico é o risco que corremos de tentar estabelecer modelos definidos de saúde a ser alcançados, baseados na convicção de que sabemos o que é o certo, o melhor e o normal para determinada criança e sua família, e tentar impor tais modelos por meio de nossas intervenções, como se fossem as únicas possibilidades satisfatórias de pensar e viver. Outro risco que corremos é o de nos colocar na posição de "salvadores" da criança, estabelecendo rigidamente papéis de "mocinhos" e "vilões" e, com isso, fazendo julgamentos de valor acerca do comportamento dos indivíduos que compõem o campo, particularmente os familiares e/ou responsáveis, e, em última instância, desacreditando da possibilidade de a criança atualizar seu próprio potencial e construir recursos para lidar com as situações das quais ela faz parte.

Quanto às nossas experiências infantis, principalmente quando se apresentam em forma de situações inacabadas, parecem ocupar um lugar bastante significativo em nosso campo vivencial, influenciando sobremaneira a escolha por trabalhar com crianças, bem como a condução e o manejo do processo terapêutico (Miller, 1997). Tentativas de resgate e cura de vivências dolorosas na infância, reprodução de situações infantis cristalizadas e busca de fechamento de experiências inacabadas com os próprios pais, irmãos e professores muitas vezes se encontram presentes e atuantes na escolha profissional, conforme percebemos em nossa atuação na capacitação e treinamento de Gestalt-terapeutas para o trabalho psicoterapêutico com crianças. Alice Miller (1997, p. 32), em seu clássico *O drama da criança bem-dotada*, discorre acerca da escolha de ser psicoterapeuta e lembra que "precisamos aprender a experienciar nossos sentimentos infantis e entendê-los, a fim de não precisarmos mais manipular inconscientemente nossos pacientes com nossas teorias, e permitir que se tornem o que realmente são".

Por outro lado, conforme nos adverte Zanella (2004, p. 134), "da criança que fomos, guardamos lembranças e sementes; para atender *precisamos resgatar nossa criança interna*, presentificando-a durante as sessões: nossa parte espontânea, divertida, brincalhona é trazida nos atendimentos, fazendo do consultório um laboratório de vivências" (grifo nosso).

Nesse aspecto, entendemos que "resgatar nossa criança interna", distintamente de "atuar como criança na sessão", diz respeito à possibilidade e à necessidade de o psicoterapeuta de crianças estar familiarizado com a linguagem lúdica, ser espontâneo e flexível para lidar com as situações, ter disponibilidade para brincar e expor-se na brincadeira, o que inclui dramatizar, movimentar-se, sentar-se no chão, tirar os sapatos, sujar as mãos de tinta ou argila, sair descabelado da sessão após brincadeiras que envolvam o uso de fantasias e movimento etc.

Assim, é fundamental que identifiquemos e possamos trabalhar em psicoterapia pessoal nossas questões, para que não as projetemos na criança com quem vamos trabalhar, e, coerentemente, vinculemos nossa prática a um corpo teórico e filosófico acerca do homem que leve em consideração a natureza relacional, histórica e social da criança, para que então não falemos apenas de uma criança, ou da "nossa criança", mas de tantas quanto emergirem dos mais variados contextos, utilizando-nos da metodologia e da técnica gestálticas de forma congruente com tal visão.

Diante disso, acreditamos que se faz necessário e relevante investir na sistematização e na discussão da concepção gestáltica de criança e de sua vinculação com a prática psicoterapêutica, pois na medida em que temos uma clara concepção de ser humano criamos condições para a utilização coerente, segura e competente de uma metodologia tanto em termos diagnósticos quanto na condução do processo terapêutico propriamente dito.

A concepção de ser humano em Gestalt-terapia

Ao nos referirmos a uma concepção de homem gestáltica, emerge de início a característica que provavelmente melhor define a diferença entre a Gestalt-terapia e outras abordagens do ser humano, que é a visão integral e não fragmentada do homem e da realidade que nos cerca, denominada *holismo*. A concepção holística de homem e de mundo acredita que o universo – ele mesmo uma totalidade – organiza-se em um número infinito de totalidades que contêm em si outras totalidades menores, que, por sua vez, abarcam outras totalidades e assim por diante, até chegarmos ao indivíduo, ele mesmo também uma totalidade.

Dentro de uma concepção holística, o ser humano é percebido como uma unidade, como um ser global que transcende o dualismo que por muito tempo imperou de forma absoluta na filosofia e na ciência. Perceber o ser humano como uma totalidade significa compreendê-lo para além de suas características isoladas, articulando-as não só a outras características do seu ser total, como também à totalidade do contexto mais amplo do qual ele faz parte. Assim, a criança, tal como a percebemos, é vista como um ser total ou global, o que implica considerar uma inevitável vinculação, reciprocidade e retroalimentação entre fatores emocionais, cognitivos, orgânicos, comportamentais, sociais, históricos, culturais, geográficos e espirituais.

A organização desses elementos interdependentes é regida por uma força que visa sempre à busca de equilíbrio. Assim, o que ocorre em uma parte sempre afeta as outras e, por conseguinte, a totalidade do indivíduo. Se uma criança fica doente, por exemplo, ela pode estar com a imunidade baixa, pode ter estabelecido contato com outra criança doente, o tempo pode ter mudado bruscamente, e mais uma série de outros elementos que talvez tenham contribuído para esse estado de coisas. Uma vez doente, ela pode não estar disposta para brincar com outras crianças (o que talvez afete seu comportamento social); pode faltar à escola e perder muitas aulas (o que talvez afete seu processo de aprendizagem e seu rendimento escolar, bem como sua adaptação à escola); alterar sua forma de se relacionar com os adultos, ficando mais "dengosa" (o que talvez afete seu modo de buscar no outro a satisfação de suas necessidades); receber mais atenção (o que talvez afete sua forma de perceber como o outro é afetado por ela); se perceber menos capaz de realizar coisas (o que talvez afete sua autoestima); alterar a rotina familiar (o que talvez afete a relação com/entre os outros elementos da família); contagiar outras crianças ou adultos (o que talvez afete a saúde das pessoas próximas, podendo por sua vez afetar outros elementos); e assim por diante, numa infindável articulação e influência recíproca entre os mais diversos elementos.

Tais fatores, por se encontrarem em íntima articulação e interdependência, não têm significados isolados. Ao depararmos com a palavra "manga", por exemplo, inicialmente não sabemos qual sentido ela carrega, a menos que olhemos para os outros elementos do contexto a fim de compreender se estamos nos referindo a uma fruta ou à parte de uma roupa. Da mesma forma, ao ouvirmos o choro de uma criança, nada sabemos a respeito do que ele está expressando a não ser que possamos articulá-lo a outros elementos do campo[9], tais como sua idade, sua localização geográfica, seus movimentos, suas palavras, seus sentimentos, as pessoas com quem ela se encontra no momento etc. Com base nesses elementos e na relação estabelecida entre eles é que vamos constatar se o choro é de um bebê com cólica, de uma criança que está com saudades da mãe, que caiu no parquinho e se machucou, que foi frustrada pela professora, que está zangada porque o coleguinha tirou um brinquedo de suas mãos etc.

Nessa totalidade multifacetada e multidimensional, às vezes uma parte se destaca e emerge em primeiro plano em nossa percepção, tal como o choro de nossa criança acima. Em consonância com nossa herança da psicologia da Gestalt (Ribeiro, 1985; Yontef, 1998), a essa parte que se destaca damos o nome de figura; às partes restantes, todos os outros elementos que momentaneamente se encontram em um segundo plano, chamamos de fundo. O fundo apresenta-se como uma realidade contínua que circunda a figura e lhe dá limites. Não há figura sem fundo, e ela só pode ser percebida a partir de um fundo que serve de base. Uma figura, embora destacada do fundo, mantém-se ligada a ele e recebe dele sua origem e explicação. Conforme vimos, nada poderíamos afirmar a respeito do choro se não voltássemos nossa percepção para os elementos que compunham o "fundo" de tal manifestação.

A natureza dessas relações e a forma como elas se dão é que nos apontarão a verdadeira dimensão da totalidade desse homem. Assim, ao conhecer o indivíduo, não nos interessamos em apenas listar suas várias características, mas principalmente em como *elas se relacionam entre si e com os demais elementos* do campo, tais como o grupo familiar e/ou profissional e/ou religioso e/ou social.

Assim, a expressão corrente em Gestalt-terapia "ver o homem como um todo" não significa que vamos perceber a cada instante todas as características desse homem "ao mesmo tempo", mas que para cada característica que se apresenta e se revela existe uma série de outras com as quais ela tem relações e estão *momentaneamente* num segundo plano. Cabe ressaltar nesse ponto que a relação entre figura e fundo é fluida e dinâmica, isto é, aquilo que emerge como figura em dado momento tende, a partir da reorganização do campo, a voltar a ser fundo para que uma nova figura possa emergir – e assim por diante (Zinker, 1977). No caso do choro da criança, uma vez que sua ne-

---

9. Estamos por ora nos referindo a "campo" e "contexto" como sinônimos, destacando os elementos que circundam e influenciam a interação criança-mundo.

cessidade foi satisfeita e seu campo recuperou o equilíbrio, ela pode voltar a brincar, dormir, comer, conversar etc.

Essa unidade indivisível que é o homem gestáltico constitui-se e constrói-se a cada momento a partir das relações que estabelece no mundo e, por isso, podemos afirmar que o ser humano visto pela Gestalt-terapia é essencialmente relacional. O ser humano cresce e desenvolve-se ao longo do tempo *na e a partir da* relação: nós existimos *em* relação, não havendo outra forma de nos constituirmos que não seja essa. É na interação ininterrupta com o mundo, desde o nascimento até o fim de sua vida, que o ser humano diferencia-se, transforma-se e desenvolve-se como uma pessoa com características próprias.

Dessa afirmação depreendemos que, uma vez que o ser humano é relacional e encontra-se necessariamente em relação por toda a sua vida, a possibilidade de transformação acompanha-o também nesse percurso. Tal ponto de vista comunga com a ideia humanista de que o homem é um ser de potencialidades que podem ser atualizadas a qualquer momento da vida e com a perspectiva existencial que afirma que o homem nunca está pronto, ele não é isso ou aquilo de forma definitiva, mas *está sendo* neste instante algo que pode vir a ser outra coisa logo a seguir; o homem é um constante vir a ser, é um ser em processo (Martins, 1996; Ribeiro, 1985, 1997). Dizer, por exemplo, que uma criança é teimosa é cristalizar seu momento presente em seu campo atual, em uma "essência" que não condiz com a visão processual do ser humano típica da Gestalt-terapia. Dessa perspectiva, entendemos que uma criança *está teimosa* no momento presente, e sua teimosia, tal qual outra característica qualquer, precisa ser compreendida dentro do universo mais amplo de seu desenvolvimento no campo, ligando-a com seu processo de discriminação[10] em relação ao outro, com os limites presentes, com os valores veiculados no campo, com os parâmetros de obediência estabelecidos, com as expectativas parentais etc. Uma vez entendidos o campo e seus elementos como algo fluido e mutável, encararemos a "teimosia" como uma característica momentânea do campo criança-meio, com infinitas possibilidades de reconfiguração, a partir da mudança de qualquer uma das suas partes e/ou das relações estabelecidas entre elas.

Assim, podemos afirmar que, além de global e relacional, o ser humano, do ponto de vista da Gestalt-terapia, é contextual, pois se encontra irremediavelmente atravessado por inúmeros elementos do campo do qual faz parte, os quais afetam sua relação com o outro e consigo mesmo. Perls, Hefferline e Goodman (1997, p. 42) lembram que:

---

10. Veja o Capítulo 3.

Em toda e qualquer investigação biológica, psicológica ou sociológica temos de partir da interação entre o organismo e seu ambiente. [...] Denominemos esse interagir entre organismo e ambiente em qualquer função o "campo organismo/ambiente", e lembremo-nos de que qualquer que seja a maneira pela qual teorizamos, estamos nos referindo sempre a esse campo interacional e não a um animal isolado.

Uma vez que trabalhamos com o conceito de campo, definido por Yontef (1998, p. 185) como "uma totalidade de forças mutuamente influenciáveis que, em conjunto, formam uma fatalidade interativa unificada", descartamos a perspectiva da linearidade e causalidade na compreensão do ser humano e de suas formas de ser e comportar-se em dado momento, e utilizamos a noção de circularidade e retroalimentação entre as partes componentes do campo organismo-meio. De acordo com Perls, Hefferline e Goodman (1997, p. 32), "com essa nova perspectiva, organismo e meio se mantêm numa relação de reciprocidade. Um não é vítima do outro. Seu relacionamento é, realmente, o de opostos dialéticos".

Yontef (1998, p. 193) acrescenta, a respeito da reconfiguração do cliente no processo terapêutico (que pode ser estendida para a compreensão do ser humano em todo e qualquer campo):

O progresso de um paciente é uma função do campo todo. Não é determinado apenas pela força e determinação do paciente, mas pela habilidade do terapeuta, pela relação entre o terapeuta e o paciente, pelos fatores de organização dos provedores (clínica, hospital, seguros etc.), pela família e pelos amigos que fazem parte do espaço vital do paciente, e assim por diante.

Assim, o comportamento de uma criança jamais pode ser creditado a um ou outro fator no campo, mas a uma série de elementos que se articulam em uma teia de forças e influências mútuas. Isso nos mostra que ao longo dessa interação ininterrupta com o mundo, apesar de o indivíduo ser a todo instante influenciado e modificado, ele também pode influenciar e transformar seu meio com a finalidade de torná-lo mais assimilável. Tal perspectiva vem resgatar o papel contextual e transformador do ser humano como um ser que interage com o seu meio e com a história do seu tempo, modificando-a ao mesmo tempo que é modificado por ela (Souza, 1997).

Assim, quando falamos de relação em Gestalt-terapia, referimo-nos a uma interação constante, na qual o ser humano é transformado, construído e constituído pelo meio, mas também influencia, modifica e transforma esse meio, deixando a sua "marca" e tornando-o assimilável e provido de significado.

A ideia de que a criança tem poder de transformar seu meio não se afina com a perspectiva de criança frágil, impotente e à mercê das forças deste que, tal como mencionamos antes, parece se encontrar profundamente enraizado em nossa cultura. Porém, se observamos as crianças desde o momento de seu nascimento, verificamos que elas sempre exercem seu poder criador e transformador, dadas as condições do campo, de um lado, e seus próprios recursos do momento, de outro. Um bebê recém-nascido, por exemplo, apesar de sua fragilidade física, dependência do adulto para a satisfação das suas necessidades básicas, imaturidade orgânica em vários aspectos etc., é absolutamente capaz de "virar de cabeça para baixo" toda uma casa com sua presença, ou fazer que todas as pessoas da família passem uma noite insone com seu choro e sua recusa em dormir. A própria dependência do bebê "desequilibra o campo" e demanda com isso uma reconfiguração. É verdade que, comparativamente, um bebê tem menos recursos de inserção e mobilidade no mundo do que uma criança maior, porém ele vai usar *aquilo que ele tem* no momento, da melhor forma possível, para tornar esse meio algo melhor para si e assim por diante, durante toda sua vida[11].

Esse processo de interação ativo/passivo dá-se de forma absolutamente singular com cada indivíduo. Na verdade, o ser humano já é totalmente singular pela própria determinação genética. Uma vez que ele se constrói com base nas relações que estabelece, nas experiências pelas quais passa e nas circunstâncias com as quais precisa lidar, sua configuração final a cada momento é absolutamente única.

Cabe ressaltar neste ponto que encaramos o homem como um ser singular, apesar de reconhecermos que algumas transformações biológicas e psicológicas que acontecem ao longo de seu desenvolvimento são semelhantes na grande maioria das crianças, em parte por determinações genéticas e em parte por se encontrarem mergulhadas no contexto mais amplo da sociedade capitalista ocidental. No entanto, a presença de comunalidades no desenvolvimento humano, ou seja, de aspectos comuns que emergem em dada faixa etária, não invalida o atravessamento de elementos dos mais diversos contextos e todas as outras transformações peculiares a uma criança em particular e fundamentais para que ela desenvolva características próprias. Vale lembrar que, na medida em que entendemos o homem como um ser total, sua singu-

---

11. Sobre as possibilidades de interação inicial bebê-mundo temos as contribuições recentes de Antony (2006) e Müller-Granzotto e Müller-Granzotto (2012) – que, embora divergentes em alguns pontos, nos oferecem material para discussão e pesquisa.

laridade apresenta-se nesse todo e não em características isoladas. Tomemos um exemplo simples: ao olharmos para um grupo de crianças, podemos perceber que cada uma delas tem cabeça, olhos, sobrancelhas, nariz, boca, orelhas e cabelos; todas têm em comum os mesmos elementos, são características partilhadas pelos seres humanos. No entanto, ao olharmos para a totalidade do rosto de cada uma delas, perceberemos que esses elementos se organizam e se combinam de modo bastante específico, fazendo que só aquela criança tenha aquele rosto e ele se diferencie de todos os outros. Da mesma forma, é esperado em termos de regularidades que as crianças na faixa de 3 anos já tenham a linguagem desenvolvida a ponto de possuir um vocabulário básico que lhes permita comunicar-se no mundo. No entanto, o significado que essa linguagem vai adquirir em suas relações, a forma como vai afetar o campo e a maneira como ela vai se articular com outros elementos do processo, tais como seu desenvolvimento motor e o de suas habilidades sociais – que, por sua vez, estão também mergulhadas no campo organismo-meio –, vão caracterizar a forma como ela vai se apresentar em cada criança. Assim é a característica de singularidade do homem do ponto de vista da Gestalt-terapia. Não negamos suas regularidades, o que ele tem em comum com os outros seres humanos, mas interessa-nos particularmente aquilo que ele tem de específico e a forma singular de suas regularidades e especificidades se configurarem num ser total.

Essa interação ininterrupta com o mundo, onde o homem singular revela, faz, desfaz e refaz seu projeto de ser, é organizada pelo que Perls (1985) denominou de processo de autorregulação organísmica, que visa alcançar sempre o melhor equilíbrio possível em determinado campo e foi representado de maneira didática por alguns autores pelo famoso ciclo do contato ou ciclo da Gestalt (Zinker, 1977; Ribeiro, 1997)[12]. A tendência à autorregulação é comum a todo ser humano, pois é a forma que ele busca para satisfazer suas necessidades de ser relacional no mundo. Nesta afirmação, Perls (1985, p. 22) revela o caráter holístico, relacional e autorregulado do ser humano sob o ponto de vista da Gestalt-terapia:

O organismo tem tanta necessidade psicológica como fisiológica de contato; ela é sentida cada vez que o equilíbrio é perturbado, assim como as necessidades fisiológicas são sentidas sempre que o equilíbrio fisiológico é alterado. No entanto, quero tornar bem claro que

---

12. A importância do processo de autorregulação para a compreensão da perspectiva do desenvolvimento em Gestalt-terapia será descrita no próximo capítulo.

este processo psíquico não pode ser divorciado do fisiológico; que cada um contém elementos do outro.

Assim, concluímos que o contato é central e vital para o homem; ele envolve o homem como um todo e se dá sempre na fronteira entre este e o mundo. O que denominamos fronteira de contato limita e discrimina o eu do não eu, possibilitando as trocas autorreguladoras. No entanto, a respeito disso, Perls, Hefferline e Goodman (1997, p. 43) advertem: "Quando dizemos fronteira pensamos em uma 'fronteira entre'; mas fronteira de contato, onde a experiência tem lugar, não separa o organismo e seu ambiente; em vez disso limita o organismo, o contém e protege, *ao mesmo tempo* que contata o ambiente" (grifo nosso).

Dessa perspectiva, é na fronteira que ocorre a seleção daquilo que é nocivo e do que é nutritivo para o indivíduo, com a recusa ou transformação daquilo que vem do mundo em coisas assimiláveis que podem ser integradas a fim de possibilitar uma troca saudável com o meio para restaurar o equilíbrio momentaneamente abalado na relação organismo/meio. O caráter "semipermeável" do que estamos chamando de fronteira de contato é fundamental para que essa troca satisfatória se dê, pois discrimina aquilo que, vindo do meio, pode ser nutritivo para o organismo, e também aquilo que esse organismo pode expressar no campo em dado momento, regulando as trocas e consequentemente as chances de crescimento e satisfação de necessidades do indivíduo.

Podemos afirmar que as implicações para a prática clínica desse conjunto de características apresentadas são extensas e profundas, marcando e caracterizando determinada metodologia e postura para abordar esse ser humano em psicoterapia.

Implicações para a prática clínica

Uma das implicações de concebermos o homem como um ser global e integrado é que toda e qualquer manifestação da criança, seja qual for a forma de denominá-la – verbal ou não verbal, mental ou corporal, emocional ou orgânica –, representa-a na sua relação total com o mundo, traduzindo a sua única maneira possível de ser e estar nesse mundo em dado momento.

Assim, ao depararmos com queixas em psicoterapia oriundas da escola ou da família – tais como doenças que não respondem a tratamento médico, baixo rendimento escolar, terror noturno, enurese ou incapacidade de ficar só –, consideramos um sinal de que a criança como um todo em sua relação com o mundo não se encontra em sua forma mais satisfatória. Em outras palavras, que seu processo de contato encontra-se perturbado e interrompido[13]. Isso significa que não focalizamos o sintoma como um problema em si que necessita ser resolvido, mas como uma forma criativa alcançada pela criança, com os recursos de que dispõe, de assinalar suas dificuldades de interação com o meio do qual faz parte naquele momento. Nesse aspecto, de acordo com Frazão (1992), consideramos que o sintoma apresentado pela criança é apenas a figura que emerge de um fundo que é a sua totalidade e, conforme já apontado, só conseguiremos obter uma verdadeira compreensão dela ao relacioná-lo com esse fundo.

Sob esse aspecto, o que denominamos, por exemplo, de "dificuldade de aprendizagem" não é encarado como uma questão restrita às funções cognitivas da criança, mas como uma manifestação do seu ser total no mundo. Nesse sentido, um Gestalt-terapeuta jamais indicaria a essa criança, ao menos num primeiro momento, uma professora particular para dar um "reforço" nos estudos, ou uma psicopedagoga para trabalhar questões referentes à aprendizagem. Isso se justifica uma vez que, se temos uma visão de totalidade, não sabemos ainda por que esse sintoma está se manifestando e, por isso, precisamos compreender como essa parte se relaciona com o todo a fim de identificar qual seria a melhor forma de intervenção para a criança restabelecer uma relação mais satisfatória com o mundo, de modo que não precise mais se expressar por intermédio de "dificuldades de aprendizagem". Ao investigarmos melhor o campo vivencial dessa criança, podemos deparar, por exemplo, com uma série de elementos presentes na relação criança/pais, tais como exigências incompatíveis com suas possibilidades, a intolerância diante dos erros, ou ainda a desqualificação intensa de qualquer produção da criança, que podem estar contribuindo para a emergência do sintoma "dificuldade de aprendizagem".

Diante de um quadro como esse, qualquer encaminhamento como os sugeridos, ao invés de facilitar a construção de uma relação mais satisfatória da criança com a aprendizagem, poderia exacerbar ainda mais sua dificuldade ou fazer que ela, em virtude das forças impeditivas do meio quanto à sua expressão por meio do sintoma, promovesse outros ajustamentos criativos[14], apresentando outros sintomas. Não é incomum recebermos para psicoterapia crianças que já passaram por uma série de especialistas, sempre na tentativa de eliminar sintomas percebidos como uma forma isolada de manifestação que precisa ser "curada" ou "consertada" e, na medida em que não é permitida ou aprovada, transforma-se em outro sintoma. Em tais situações, geralmente

---

13. Para o perfeito entendimento do conceito de contato em Gestalt-terapia, veja Perls, Hefferline e Goodman (1997).

14. Veja a definição de ajustamento criativo no Capítulo 3.

somos os últimos profissionais a ser procurados ou então mais um especialista, dessa vez para cuidar da "cabeça" ou do "emocional" da criança.

Podemos entender como determinada parte da totalidade da criança torna-se figura por meio de um sintoma se levarmos em consideração que a criança é uma totalidade autorregulada que busca sempre o melhor equilíbrio possível. Isso significa que, se em algum momento ela encontra-se envolvida profundamente com uma questão, grande parte de sua energia vai estar voltada para tal questão – que, se não for bem resolvida, acaba por represar e estagnar sua energia, fazendo que outras partes fiquem menos investidas. Se uma criança perde um ente querido ou vivencia uma separação de forma dolorosa e está envolvida em luto, ela momentaneamente desvia sua atenção das coisas do mundo e volta-se mais para si e para sua dor. Se esse luto não se faz e a criança mantém-se envolvida com isso, a energia presa a essa situação começa a fazer falta em outros setores de sua vida. Esse "desequilíbrio" pode se apresentar das mais variadas maneiras, tais como apatia nas relações, falta de interesse por aprender ou reações agressivas. A energia da criança não está satisfatoriamente distribuída ou fluindo livremente de momento a momento para suas figuras de interesse: encontra-se voltada e cristalizada em uma única figura. Desse ponto de vista, se o psicoterapeuta não compreende a figura relacionada ao seu fundo e não estabelece formas de intervenção que possibilitem a restauração do processo de contato, a criança continuará expressando seu desequilíbrio por meio do sintoma e encontrando dificuldades de satisfazer outras necessidades.

O fato de identificarmos uma figura não quer dizer que, em algumas situações, intervenções em outras partes dessa totalidade também não sejam necessárias, uma vez que em vários momentos a situação se apresenta de tal forma cristalizada que existe um comprometimento suficiente para justificar intervenções de outros profissionais, paralelas à psicoterapia. Um exemplo muito comum do que estamos falando é o das crianças que apresentam sintomas físicos que costumam não responder *sozinhos* ao tratamento médico. Embora o tratamento médico atue na parte que se mostra fragilizada e comprometida, o processo de autorregulação da criança continua igual em função das mesmas necessidades, com a utilização dos mesmos recursos, resultando nos mesmos tipos de ajustes. Assim, é fundamental que, além do tratamento médico, a criança possa reconfigurar seu padrão de relação com o mundo de modo que não precise mais utilizar as formas de antes, seja por meio de uma bronquite, de uma gastrite, de enxaquecas ou alergias. Da mesma forma, em algumas situações, os sintomas são tão graves e prejudiciais que, a despeito da possibilidade de reconfiguração que venha a ser obtida no processo terapêutico, a intervenção médica imediata é absolutamente necessária, como no caso de uma criança de 5 anos com fecaloma ou de uma criança de 10 anos com violenta gastrite. Assim, o que nos parece essencial é que as intervenções se deem paralelamente à psicoterapia para que não sejam simples intervenções sintomáticas, que aliviam o sintoma mas não promovem nenhuma transformação em seu processo de construção.

Outra implicação do fato de percebermos o ser humano como uma totalidade é que ao longo do processo terapêutico, nas sessões com a criança, não importa se ela vai falar, se expressar por meio de sinais ou de murmúrios, ficar calada, apenas brincar ou ignorar o psicoterapeuta. Seja qual for a sua forma de expressão, entendemos que denota sua totalidade nesse momento. Isso significa que no processo terapêutico o psicoterapeuta não precisa focalizar o sintoma, pois, se entendemos a criança como um todo, o que quer que ela traga na relação terapêutica, quaisquer que sejam seus temas – mesmo que não se refiram às queixas formuladas –, ainda assim lhe dizem respeito e encontram-se relacionados com o sintoma dentro de uma perspectiva figura-fundo.

As crianças chegam à psicoterapia geralmente porque apresentam algo que incomoda ou chama a atenção dos adultos que a cercam, e a essa altura já foram fartamente questionadas, punidas ou ameaçadas a respeito do assunto; assim, não seria estranho imaginar que a maioria delas simplesmente não queira falar sobre isso. Para o Gestalt-terapeuta, a partir de sua visão holística de ser humano, não importa se a criança focalizará ou não aquilo que é relatado como a queixa ou os sintomas apresentados. Por isso, não há necessidade de questionar as notas da escola, quantas vezes a criança fez xixi na cama ou em quantos coleguinhas bateu na última semana.

Com isso, vamos perceber que o que ela escolhe trazer para o espaço terapêutico na relação com o psicoterapeuta é sempre algo importante, embora aparentemente não tenha nenhuma ligação com seus sintomas. A criança vai trazer aquilo que é figura para ela; o sintoma é figura para os pais, para a escola ou até mesmo para o psicoterapeuta, mas não é, muitas vezes, para a criança. Em nossa experiência, constatamos que aquilo que a criança traz é aquilo que de fato ela precisa que seja trabalhado de início. E isso não diz respeito necessariamente a conteúdos, assuntos específicos, mas sobretudo a suas *formas* de vinculação, de estabelecimento de trocas com o meio e de escolhas e criação de alternativas diante da situação terapêutica. Às vezes, em um momento posterior do processo terapêutico, a criança traz especificamente uma menção ao sintoma; em outras situações, desenvolvemos todo um processo terapêutico sem nunca ter discutido ou trabalhado diretamente determinado sintoma, já que priorizamos o foco da intervenção terapêutica sobre as formas como a criança vivencia seu processo de contato e não sobre os conteúdos a elas eventualmente associados.

Vejamos o exemplo do menino que vem à psicoterapia com a queixa de baixo rendimento escolar. O psicoterapeuta começa a sessão falando do motivo pelo qual ele se encontra ali e o menino parece não se interessar muito, respondendo a suas perguntas com monossílabos enquanto percorre a sala com o olhar. Ao deparar com a maleta de médico diz: "Aquilo são coisas de médico". Enquanto o psicoterapeuta tagarela e preenche a própria ansiedade no início da sessão, questionando o menino a respeito da escola e das notas, uma figura de interesse aparentemente desvinculada da queixa se delineia na sessão. Nesse ponto, se o psicoterapeuta entende que não há necessidade de "perseguir" o sintoma e acompanha a figura apontada pela criança, pode chegar ao fato de que esse menino perdeu a avó há poucos meses, de que ele tem situações inacabadas com essa avó e fantasias de culpa em relação a sua morte, o que o faz "pensar o tempo todo nisso" e o impede de prestar atenção a outras coisas, inclusive às aulas. Se, por outro lado, o psicoterapeuta não tenta acompanhar a figura apontada pela criança e entende o comentário como uma forma de "fugir" do que estava sendo "conversado", volta ao tema da escola ou simplesmente não investe no comentário lacônico a respeito das "coisas de médico", é bastante provável que essa criança se feche ainda mais e identifique o psicoterapeuta como mais um adulto que vai cobrar-lhe algo que ele não consegue realizar.

Dessa forma, trabalhamos com o que a criança traz no momento e não com o sintoma, pois o que ela traz faz parte de sua configuração total e encontra-se inevitavelmente articulado com o sintoma pela rede interdependente que compõe sua totalidade. Em outros termos, poderíamos dizer que trabalhamos com o que Goldstein denominou "figura natural" (Ribeiro, 1985) que emerge dessa totalidade que é a criança. Com as sucessivas reconfigurações do campo promovidas pelas intervenções terapêuticas, aos poucos a criança vai expandindo suas possibilidades de lidar com o mundo e constrói *outras formas* de satisfazer suas necessidades, de maneira que em dado momento possa prescindir do padrão antigo e agora obsoleto de relação com o mundo que é representado pelo sintoma.

Levando em conta essa perspectiva, consideramos então que é possível começar o processo terapêutico por onde a criança se encontra no momento, a partir do que ela trouxer e da forma como ela puder se expressar. Afinal, lidaremos sempre com uma faceta de seu todo e acreditamos que, uma vez intervindo na parte, a totalidade será reconfigurada, já que ela se encontra em relação com outras partes do ser total.

Encarar esse ser humano como um todo possibilita-nos ir muito além da sua linguagem verbal como foco de intervenção. Com crianças, tal aspecto é particularmente importante, pois durante os primeiros anos a linguagem verbal encontra-se em processo de desenvolvimento e, portanto, não é o principal canal de contato entre a criança e o mundo. Assim, temos como foco não só a sua expressão verbal, mas todos os seus meios de expressão e funções de contato (Polster e Polster 2001) com o mundo, tais como movimento, postura, gestual, toque, visão, audição, produções artísticas, fantasias, sonhos, silêncios, choro, jogos, brincadeiras etc. A "libertação" do jugo da linguagem verbal como único foco de intervenção terapêutica possibilita à Gestalt-terapia trabalhar com crianças de qualquer idade, com qualquer nível de comprometimento de suas funções de contato[15] e qualquer patologia orgânica e/ou deficiência física. Uma vez que podemos encontrar esse ser humano por meio de vários canais, entendemos que sempre haverá uma "porta" de acesso ao seu mundo experiencial, o que implica não descartar nenhum cliente como "não tratável" ou "fora de possibilidades terapêuticas"[16].

Ao considerarmos que é na relação que a criança se constitui como um ser que existe no mundo, diferente do outro e ao mesmo tempo irremediavelmente ligado a esse outro, não podemos deixar de enfatizar a importância das experiências vividas por ela ao longo de seu desenvolvimento, na construção de sua história de vida e de seus sintomas. Baseados nisso, é fundamental resgatar sua história relacional nos mais diversos campos dos quais fez parte até o momento presente, para que possamos compor um cenário compreensivo acerca da natureza e da qualidade das relações estabelecidas pela criança. Só assim poderemos responder às nossas grandes questões diagnósticas[17], tais como: que tipo de relações essa criança veio estabelecendo ao longo de sua existência? Quais foram as implicações de tais relações para seu processo de autorregulação organísmica? Que elementos presentes em seu campo relacional a impedem de construir e/ou escolher novas formas de satisfação? E, sobretudo, quais são suas formas efetivas de evitação de contato nessas relações?

Em função disso, ao recebermos uma criança para psicoterapia, é fundamental fazer uma retrospectiva da relação que ela vem estabelecendo com o mundo desde sua concepção, nas sessões com os pais ou responsáveis, bem como quaisquer outras pessoas significativas, com o objetivo de verificar possíveis interrupções, bloqueios e falhas nessa relação. Consideramos de extrema importância conhecer os pais ou responsáveis

---

15. Veja o Capítulo 3.

16. A distinção apontada por Perls, Hefferline e Goodman (1997) e mais tarde desenvolvida amplamente por Müller-Granzotto e Müller-Granzotto (2007, 2012) acerca das diferentes possibilidades clínicas que a Gestalt-terapia oferece vem ampliar ainda mais essa perspectiva, sublinhando a possibilidade de outras modalidades de intervenção com crianças além da já consagrada clínica da neurose. Veja a Introdução.

17. Veja o Capítulo 6.

e suas formas de funcionamento, desmistificando a ideia de que eles são meros fornecedores de informações sobre os filhos e enfatizando-os como parte da problemática existencial da criança.

A perspectiva do ser humano relacional também implica que o processo terapêutico, que tem como fio condutor a relação terapêutica, se apresentará como uma alternativa para a reconstrução e/ou reconfiguração dos padrões de relação da criança com o mundo. Desse ponto de vista, a relação terapêutica é percebida como instrumento de cura, como um fenômeno interativo facilitador da emergência de formas mais saudáveis e satisfatórias de interação com o meio. Assim, podemos afirmar que em Gestalt-terapia a relação é o cerne da construção e da possibilidade de reconstrução do ser humano. Acreditar no poder transformador da relação e, por isso, em um homem que nunca está "pronto" remete-nos a uma sólida crença na possibilidade de mudança ao longo do processo terapêutico, por mais terrível que julguemos a história de vida de uma criança ou por mais adversas que sejam suas condições atuais, fazendo que não possamos nos arriscar em tecer "prognósticos".

Conforme já apontamos, essas relações dão-se num campo que caracteriza esse ser humano como um ser contextual. Ao levarmos em consideração essa característica, um sintoma jamais pode ser encarado de forma universal e classificatória, mas como uma forma específica de determinada criança se autorregular em certo campo.

A criança vai se autorregular nessa interação com o mundo, fazendo o melhor possível a cada momento com o que ela tem, o que muitas vezes significa desenvolver um sintoma com consequências bem pouco satisfatórias tanto para ela quanto para o meio, mas ainda assim o melhor dentro daquele campo. E é nessas condições que ela chega à psicoterapia, pois o sintoma, apesar de ter uma função importante na autorregulação da criança, não está sendo capaz de manter o equilíbrio satisfatoriamente, uma vez que traz consigo consequências que não estão sendo suportadas pelo campo.

A percepção da criança como um ser autorregulado e contextual faz-nos questionar a respeito da sua autorregulação nos diferentes contextos dos quais ela faz parte, indagando acerca do "para que" ela precisa se comportar ou se relacionar de tal forma dentro desses contextos a fim de manter seu equilíbrio e de que elementos estariam concorrendo para isso. A pergunta é: que tipo de exigência, expectativa, restrição, recurso ela encontra nesse contexto para que ela precise agir de determinada forma ou usar de tal artifício para se autorregular?

Em outras palavras, os sintomas das crianças, apesar de muitas vezes se apresentarem de forma semelhante, devem sempre ser compreendidos na relação que eles estabelecem com o contexto do qual emergem para, nesse fundo, encontrar seu verdadeiro sentido. Em termos práticos, isso significa que no momento inicial da psicoterapia precisamos levantar uma série de dados[18] acerca dos campos do qual a criança faz parte, no sentido de responder a outra grande questão diagnóstica: que elementos presentes no campo vivencial da criança impedem ou dificultam sua capacidade de construir e/ou escolher novas formas de satisfação de suas necessidades e consequentemente uma nova possibilidade de autorregulação? A resposta a essa questão nos auxilia a decidir sobre nossos principais focos de intervenção com a criança, a família e a escola e de quais seriam os caminhos mais facilitadores para tal.

Não só o sentido do sintoma como a própria "escolha do sintoma" pela criança se mostra significativamente articulada ao seu contexto. O menino, filho de pais extremamente intelectualizados, vai à escola e "não consegue aprender"; a menina, cuja mãe é preocupada ao extremo com alimentação, recusa-se terminantemente a comer; o menino que faz cocô nas calças tem uma mãe exigente demais em questões de limpeza; a menina que se masturba compulsivamente tem um pai com sérias dificuldades sexuais; o menino que é "fechado" e não expressa sentimentos tem uma família onde expressão é sinônimo de brigas e gritarias. Constatamos então que o sintoma não é aleatório, ele faz parte de um jogo mais amplo dessa interação familiar; em todas essas situações, é como se a criança estivesse dizendo: "Ei!!! Eu não vou ser como vocês querem que eu seja! Eu não estou conseguindo ser! Eu quero que vocês me aceitem como eu sou!", ou: "Eu vou ser o que vocês quiserem, mas pagarei um preço por isso!"

Já que a relação estabelecida com o mundo não se caracteriza pela passividade, mas pela possibilidade de ação e transformação do meio com a finalidade de torná-lo mais assimilável, concluímos que a criança não está completamente à mercê do mundo, tendo potencial para crescer, mudar e fazer frente aos impedimentos e demandas do mundo, o que influencia nossa compreensão dos sintomas apresentados e a perspectiva de ocorrência de transformações ao longo do processo terapêutico.

Ao acreditarmos no poder da criança de transformar o seu meio, apontamos outra possibilidade de compreensão do sintoma, que se apresenta não como um "defeito" ou uma "fraqueza", mas como uma forma criativa de agir no meio e transformá-lo em algo mais assimilável: é a criança que bate em todo mundo na escola, a criança que tem terror noturno e acorda todas as noites aos gritos, a criança que faz xixi na cama, a criança que tenta esganar o irmão, a criança que fica deprimida, a criança que desenvolve tiques generalizados ou se fecha num mundo próprio. Alguns sintomas mobilizam o meio o suficiente para que as pessoas se incomodem com isso e, muitas vezes, é dessa

---

18. Veja o Capítulo 6.

forma que ela consegue obter ajuda terapêutica. Já as crianças que apresentam sintomas compatíveis com as expectativas do ambiente nem sempre conseguem mobilizá-lo no sentido de obter ajuda terapêutica, embora o sintoma ainda seja para elas a melhor opção para lidar com sua situação.

Assim, de uma perspectiva gestáltica, a manifestação sintomática, por pior que nos pareça, é sempre uma tentativa de equilíbrio e por isso, em última instância, um movimento de preservação. Essa é mais uma razão pela qual não temos como objetivo primeiro da psicoterapia e de nossas intervenções acabar com o sintoma, pois se esse é o jeito que a criança tem de se equilibrar torna-se necessário que ela construa outros mais satisfatórios de se relacionar com o mundo para prescindir da forma sintomática.

A perspectiva de ser humano transformador também implica que, por mais comprometida que esteja essa criança, por mais dura e difícil que se revele sua história de vida, por mais cristalizadas que estejam suas funções de contato[19], por mais rígidos que sejam seus mecanismos de evitação de contato[20] e por mais empobrecidos que sejam seus padrões relacionais, ainda assim acreditaremos que existe todo um potencial a ser explorado e desenvolvido.

Assim, constatamos também consequências dessa perspectiva na postura terapêutica, que será a de trabalhar para liberar os recursos que a criança potencialmente já possui, criando formas satisfatórias para que ela lide com as contínuas demandas do meio, e deixando que ela elabore suas questões sem oferecer soluções e interpretações prontas. Estamo-nos referindo ao método fenomenológico tal como apontado por Yontef (1998), que se caracteriza por ser fundamentalmente descritivo[21], em contraposição a um método interpretativo de abordagem do ser humano.

Dessa forma, no processo terapêutico, essa possibilidade de ação e transformação é facilitada e respeitada, o que implica uma postura de não diretividade inicial por parte do psicoterapeuta – que intervém com suas técnicas somente no sentido de expandir, desenvolver, desenrolar, esmiuçar e ampliar o tema trazido pela criança por intermédio dos recursos por ela escolhidos.

Quanto à perspectiva de um homem singular, particularmente quando se trata de crianças, é inegável a presença de regularidades em seu desenvolvimento, ou seja, características compartilhadas com outras crianças com idade cronológica semelhante, tal como nos apontam os clássicos da psicologia do desenvolvimento (Bee, 1996). Saber

---

19. Veja o Capítulo 3.
20. Idem.
21. Veja o Capítulo 7.

o que se pode "esperar" de uma criança em termos de regularidades, em dado momento de seu desenvolvimento, tem implicações muito importantes em nossa compreensão diagnóstica, uma vez que, conhecendo os comportamentos comuns para determinada faixa etária, podemos localizar o momento do processo de desenvolvimento no qual a criança se encontra e saber o que se pode esperar dela quanto a seu desenvolvimento físico, cognitivo e neurológico[22]. Porém, é fundamental que não esqueçamos que ela é também um ser social e, portanto, levemos em conta que crianças de diferentes classes, grupos sociais, religiosos, culturais etc. apresentarão formas diferentes de estar no mundo sem que possam ser classificadas como "não saudáveis" ou disfuncionais.

Em termos diagnósticos, essa singularidade aponta para o fato de que sintomas semelhantes apresentam-se em crianças diferentes, com histórias distintas, mergulhadas em campos diferentes e, portanto, com significados diferentes. Assim, em Gestalt-terapia não temos um único significado para determinado sintoma, mas tantos significados quantas forem as crianças que os apresentarem. A enurese noturna, por exemplo, não está fadada a ser traduzida como "expressão da angústia de castração", mas descreverá uma necessidade particular de determinada criança em dado momento de sua existência, expressada pela melhor forma possível de satisfação no contexto em que ela se encontra. Esse tipo de leitura é um significado, é possível até, mas não o único, porque existem tantos significados para a enurese quantas forem as possibilidades de relação e configuração dos diversos elementos do contexto de cada criança.

No processo terapêutico, o ponto de vista do ser humano singular implica que cada criança demanda uma forma específica de aproximação, com base na configuração total de suas funções de contato, em seus mecanismos de evitação e em seus padrões relacionais. Ou seja, assim como não podemos traduzir o significado da enurese noturna como angústia de castração, não podemos estabelecer uma forma padronizada de "tratar" timidez, baixo rendimento escolar, encoprese, dificuldade de separação da figura materna etc. Como uma criança não pode ser reduzida a seu sintoma, não podemos falar de *uma só forma* de tratar enurese, dificuldades de aprendizagem, ou comportamentos destrutivos.

A negação da singularidade de cada ser e de cada caso pode, muitas vezes, conduzir ao insucesso terapêutico e a uma relação conturbada com o cliente, uma vez que ao

---

22. No campo das possíveis regularidades no desenvolvimento humano, da perspectiva da Gestalt-terapia, temos como destaque as contribuições de Antony (2006) e Müller-Granzotto e Müller-Granzotto (2012).

não discriminarmos o que é possível e facilitador em termos de intervenções e propostas para a criança em questão corremos o risco de invadi-la, apressando-a e desrespeitando-a, ou de trabalhar aquém daquilo com que ela já poderia lidar.

Apesar disso, notamos na literatura escassa em Gestalt-terapia com crianças uma tendência observada também no cenário mais amplo das psicoterapias com crianças: a de produzir trabalhos acerca de determinados temas, tais como "crianças que passaram por um divórcio" (Reynolds e Woldt, 2002; Lampert, 2003), "crianças autistas" (Amescua, 1999), "crianças hiperativas" (Kent-Ferraro e Wheeler, 2002; Antony, 2004), "crianças com TOC" (Wheleer, 2002), "crianças retraídas" (Autran, 2005) e, mais recentemente, "crianças tímidas" (Ranaldi, 2010). Convém ressaltar que, embora o arcabouço teórico da Gestalt-terapia permita pensar e compreender diversas manifestações e situações humanas, precisamos tomar cuidado para não cristalizar nossa compreensão de certa característica, tomando a parte pelo todo e produzindo "receitas" de como tratar essa ou aquela manifestação. Conforme já apontamos, encontraremos sempre pontos em comum entre os seres humanos, o que nos permite inclusive agrupá-los sob determinadas categorias – tais como tímidos, hiperativos, obsessivos etc. Porém, é fundamental que não percamos a visão da totalidade singular do ser humano, isto é, de como esses pontos em comum articulam-se com outros elementos e configuram-se numa forma final única.

Esse ponto é fundamental para a compreensão da perspectiva de diagnóstico em Gestalt-terapia, pois é esse ser total e singular que vai interagir com o psicoterapeuta e não as características que definem seu diagnóstico de autista, obsessivo ou hiperativo.

Concluímos assim que qualquer uso do arcabouço metodológico e técnico da Gestalt-terapia de forma generalizada, padronizada e desvinculada de sua perspectiva de ser humano revela-se de pouca valia para a facilitação do processo de autorregulação organísmica da criança e, consequentemente, dos ajustamentos criativos[23] satisfatórios e necessários a ela.

Na medida em que temos uma clara concepção de ser humano, criamos condições para a utilização coerente, segura e competente de uma metodologia tanto em termos diagnósticos – conforme explicitado por Yontef (1998), Frazão (1996), Swanson e Lichtenberg (1998), Fuhr, Sreckovic e Gremmleer-Fuhr (2000) e Pimentel (2000, 2003) – quanto na condução do processo terapêutico propriamente dito, em bases fundamentalmente fenomenológicas.

---

23. Melhor forma possível encontrada pelo ser humano a cada momento em cada contexto para se ajustar ao meio. Veja o Capítulo 3.

3 O DESENVOLVIMENTO DO SER HUMANO NA PERSPECTIVA DA GESTALT-TERAPIA

Gestalt-terapia e psicologia do desenvolvimento: uma articulação possível?

A questão do desenvolvimento humano em Gestalt-terapia vem sendo discutida (Cardoso, 1995; Fernandes, 1995, 1998; Wheeler, 1998; Staemmler, 1997; Korb, 1999; Mortola, 2001; McConville, 2003) como uma pedra angular da teoria gestáltica. De um lado, a posse de uma "teoria do desenvolvimento" implicaria um fortalecimento de seus pressupostos, uma reafirmação de seus paradigmas e uma base para a compreensão do funcionamento não saudável. De outro, conforme discute Morss (2002), a Gestalt-terapia não precisaria de uma teoria do desenvolvimento, uma vez que seus pressupostos não abarcam uma teoria baseada em estágios sequenciais de caráter universal e, entre outras razões, procurar uma teoria do desenvolvimento para a Gestalt-terapia estaria muito mais ligado a uma crença de que "qualquer abordagem consistente de ser humano deve ter uma teoria do desenvolvimento" (Morss, 2002, p. 76) do que a uma real necessidade.

Nesse processo de estabelecer uma teoria do desenvolvimento para a Gestalt-terapia, com o objetivo de legitimá-la na academia e fundamentar a prática clínica, algumas tentativas de articulação com outras teorias foram apontadas, conforme atestam os trabalhos de Mullen (1990), Gillie (1990), Breshgold e Zahm (1992) e Gi (1997), embora nem todas tenham conseguido fornecer uma teoria para preencher o que, nesses trabalhos, é percebido como uma "lacuna" na teoria da Gestalt-terapia.

Concordando em parte com Morss (2002), acreditamos que a polêmica em torno da busca de uma "teoria de desenvolvimento" para a Gestalt-terapia tenha se dado a partir de um olhar para a questão, com base em um paradigma linear, evolutivo e de conteúdos universais e naturais, semelhante ao encontrado nas múltiplas teorias presentes no bojo da psicologia do desenvolvimento, descartando aspectos essenciais da visão de homem da Gestalt-terapia, tais como o de um homem processual, relacional, contextual, global e singular – e, sobretudo, da perspectiva de desenvolvimento apontada por Perls, Hefferline e Goodman (1997), fundamentada nos conceitos de autorregulação organísmica e ajustamento criativo.

Tal como nos aponta Souza (1997), a psicologia do desenvolvimento caracteriza-se como uma área que autoriza e legitima a construção de teorias e conceitos sobre aspectos evolutivos. De forma geral, apresenta-se sob duas perspectivas básicas – a biológico-evolucionista e a pedagógico-normativa –, que fragmentam o homem em áreas ou setores do desenvolvimento, estabelecendo marcos cronológicos para suas aquisições, focalizando a infância como o período de desenvolvimento por excelência e negando-o como um ser único que interage com seu meio, modificando-o ao mesmo tempo que é modificado por ele.

A primeira perspectiva prioriza a questão da maturação ao longo do tempo, estabelecendo uma dicotomia entre crianças e adultos, indivíduos imaturos e maduros, "em construção" e "já construídos", imperfeitos e perfeitos. Dessa perspectiva, a infância é concebida como um tempo de mudança e instabilidade que se contrapõe a uma vida adulta estável e madura. Consideramos problemático nessa perspectiva que, ao transpor o conceito de maturação orgânica para a esfera relacional e social, acabamos por transformá-lo num juízo de valor que estabelece os comportamentos esperados para cada faixa etária, *naturalizando* o desenvolvimento global do indivíduo e legitimando intervenções classificatórias e corretivas, bem como afirmações correntes na prática clínica – tais como a de que trabalhar com crianças é mais fácil e mais rápido, pois elas ainda se encontram em formação, a de que trabalhar com adolescentes é necessariamente lidar com uma situação de rebeldia, ou ainda de que não existe sentido em proceder a uma psicoterapia com um idoso uma vez que sua configuração encontra-se já formada e cristalizada e, portanto, impermeável a mudanças.

Mas será que um indivíduo idoso não tem mais o que desenvolver? Crianças são necessariamente menos comprometidas ou menos infelizes que um adulto? Por serem mais novas, têm menos recursos para lidar com o mundo do que um adulto? Um adulto que não trabalha é mais imaturo do que crianças de 7 ou 8 anos que já trabalham para ajudar os pais? Um adulto de 40 anos é mais maduro que um de 25? É natural meninas brincarem de boneca e meninos brincarem de carrinho? É natural crianças de 2 anos apresentarem um vocabulário de aproximadamente 300 palavras? É natural adolescentes serem rebeldes? Conforme aponta Souza (1997, p. 42), "a abordagem evolucionista transforma uma norma em fato, favorecendo o processo de naturalização dos julgamentos de valor, tomando-os como fatos naturais e objetivos do desenvolvimento humano".

Assim, percebemos que toda e qualquer tentativa de responder a tais perguntas no sentido de estabelecer uma única e verdadeira resposta parece estar fadada à parcialidade. Mas o que determinaria então um indivíduo maduro? Concluímos que dependerá do *referencial* que utilizaremos, o qual como todo referencial, estará impregnado de juízo de valores e implicações histórico-culturais, que acabam por estipular formas específicas para o processo de desenvolvimento acontecer.

Dessa forma, deparamos com a implicação histórico-social da própria teoria utilizada, que, afinada com os referenciais de sua época e grupos de origem, acaba por estabelecer "lentes" através das quais devemos perceber e compreender o mundo que nos cerca (Quitana, 1996). A teoria de Piaget, por exemplo, emergiu historicamente nas culturas urbanas comerciais, tornando-se a estrutura lógica dominante do capitalismo ocidental industrial, pois com o surgimento do trabalho assalariado produção e troca adquiriram valores abstratos e fizeram da linguagem matemática a expressão por excelência.

Desse ponto de vista, "seus testes representam um indicador eficiente do modo como uma criança funciona cognitivamente, de acordo com as exigências e expectativas da racionalidade ocidental" (Souza, 1997, p. 34).

A segunda perspectiva na qual se apresentam as teorias do desenvolvimento, denominada de pedagógico-normativa, prioriza o papel da socialização como força propulsora do desenvolvimento, caracterizando a infância como um período de preparação para a vida adulta e o tempo transcorrido entre os dois momentos como uma "trajetória de capacitação dos sujeitos à vida social e produtiva" (Souza, 1997), no qual as crianças seriam treinadas, ensinadas e modeladas pelas instâncias socializadoras, tais como a família e a escola.

Tal perspectiva enfatiza a ideia de que o desenvolvimento se dá somente no espaço entre o nascimento e a vida adulta e aponta para um ser humano passivo, à mercê do ambiente, deixando de lado o papel fundamental da própria criança como transformadora do seu meio e protagonista do seu desenvolvimento, assim como o adulto. Esse papel está presente em inúmeras ações da criança no mundo, mas pode ser ilustrado particularmente pelo brincar.

A criança brinca com a realidade e, com isso, dá outra significação ao cotidiano. Ela cria outros sentidos para os objetos que têm significados fixados pela cultura dominante, ultrapassando o sentido único atribuído às coisas, apontando-nos e lembrando que a verdade é sempre provisória. Uma caixa de papelão pode ser um carro, uma banheira de brinquedo, um chapéu; um lençol pode ser o mar, uma caverna ou asas de borboleta.

A imaginação da criança cria e transforma ativamente seu mundo, subvertendo a ordem estabelecida e pontuando sua diferenciação entre o desejo do outro aos limites situacionais. A fantasia é o canal por onde, inúmeras vezes, a criança consegue satisfazer suas necessidades, independentemente da permissão do adulto. Quando ela "faz de conta", expande suas fronteiras para além do ponto em que poderia fazê-lo "na realidade". Winnicott (1975, p. 66) já apontava que:

> Tal como as personalidades dos adultos se desenvolvem através de suas experiências da vida, assim as das crianças evoluem por intermédio de suas próprias brincadeiras e das invenções de brincadeiras feitas por outras crianças e por adultos [...] *A brincadeira é a prova evidente e constante da capacidade criadora, que quer dizer vivência.* (Grifo nosso)

Ao encarar o ser humano como uma "tela em branco" ou um "pedaço de argila" no qual a sociedade imprimirá seus limites e suas marcas, as perspectivas pedagógico-normativas não levam em conta a possibilidade apontada pela visão gestáltica de um *homem transformador e criativo*, parte do campo.

Assim, conforme aponta Morss (2002), o perigo de uma teoria do desenvolvimento, particularmente diante de uma concepção de homem como a da Gestalt-terapia, é que, ao estabelecer o que é esperado para cada momento subsequente, acaba por desqualificar o presente e focalizar o que vem depois, determinando-o e, assim, transformando o desconhecido em conhecido, o aberto em fechado, uma dúvida em certeza, fazendo que seja impossível definir o "depois" sem que isso implique um "deveria acontecer dessa forma".

Além disso, as teorias do desenvolvimento humano tendem a enfatizar uma única dimensão do funcionamento do ser, sejam as operações intelectuais, seja o desenvolvimento psicossexual, seja a aprendizagem social, só para citar alguns exemplos. Assim, podemos afirmar que elas são teorias *da parte*, descartando a compreensão do todo no desenvolvimento e de como cada uma das partes relaciona-se e articula-se.

Entendemos então que a Gestalt-terapia traz no bojo de sua teoria uma crítica às *concepções de desenvolvimento* que reduzem, determinam e naturalizam os seres humanos. E assim, de acordo com McConville (2003), a partir de sua concepção de homem e de mundo processual, relacional e de campo, acreditamos que a Gestalt-terapia contém uma "teoria do desenvolvimento humano" por meio dos conceitos de autorregulação organísmica e ajustamento criativo, apontados por Perls, Hefferline e Goodman (1997), não precisando desenvolver outra teoria específica de "desenvolvimento"[24]. No que se refere às teorias do desenvolvimento existentes, exatamente pelo fato de a Gestalt-terapia ter uma visão holística e contextual de ser humano, é possível, em alguns momentos, utilizá-las como referenciais de comunalidades, ou seja, daquilo que é "tipicamente" esperado dentro de certa faixa etária *em determinada cultura* – sem reduzir o ser humano a tais elementos e sem perder a possibilidade de discriminação e significação de certo comportamento dentro de um contexto específico.

Conforme apontamos no capítulo anterior, quando mencionamos a questão da singularidade do ser humano na perspectiva gestáltica, não precisamos descartar a informação acerca daquilo que ele tem em comum com os outros seres humanos, porque não o reduzimos a tais regularidades, mas o compreendemos com base na configuração total alcançada pela articulação entre elas e suas especificidades.

Estabelecendo uma compreensão gestáltica do desenvolvimento

Diante de tudo isso, acreditamos que a Gestalt-terapia possibilita-nos uma compreensão do desenvolvimento humano que supera a dicotomia entre o orgânico/maturacional e o social/normativo, acolhe a possibilidade da existência de regularidades no desenvolvimento humano, redefine a questão da temporalidade no desenvolvimento e resgata o caráter de sujeito global, social, histórico e cultural.

A Gestalt-terapia articula o biológico e o social mediante o conceito de interação, que encontra suas bases na noção de ser no mundo da fenomenologia, na teoria de campo, na teoria organísmica e na visão de todo da psicologia da Gestalt (Ribeiro, 1985). Não priorizamos um viés biológico *ou* social, mas compreendemos o desenvolvi-

---

24. Conforme já foi mencionado, as contribuições de Antony (2006) e Müller-Granzotto e Müller-Granzotto (2012) procuram articular a presença de regularidades no desenvolvimento inicial do ser humano sob uma perspectiva gestáltica, utilizando respectivamente os conceitos de mecanismos de evitação de contato e da teoria do *self* proposta por Perls, Hefferline e Goodman (1997).

mento como um processo singular e infinito, a partir do biológico *e* do social em permanente interação, num constante diálogo entre todos os elementos do campo.

Ele não é simplesmente uma questão de aquisição individual de potencialidades e habilidades ao longo do tempo, mas envolve uma reorganização ininterrupta e total do campo organismo-meio.

De acordo com McConville (2003, p. 217) "[...] porque o campo psicológico é dinâmico e envolvente, uma abordagem de campo para o comportamento humano é, por definição, um modelo implícito de desenvolvimento". Na medida em que o homem é um ser no mundo, uma aquisição específica é proporcionada em parte por elementos orgânicos e em outra por elementos situacionais e, uma vez adquirida, vai afetar também esse meio, em uma constante e ininterrupta retroalimentação. Ao se pôr de pé e começar a andar, a criança muda radicalmente sua perspectiva de mundo, que ao mesmo tempo também muda com as consequências oriundas dessa sua nova habilidade, que por sua vez foi adquirida em virtude das possibilidades facilitadoras do ambiente ao deixá-la livre para explorá-lo, ficar em pé, segurar na mobília etc. Assim, quando uma criança começa a andar, não foi só ela que mudou ou alcançou mais um patamar na "escala" do desenvolvimento, mas todo o seu campo foi reconfigurado.

Da mesma forma, o sentido da aquisição da linguagem para uma criança pequena, e mais especificamente o sentido dessa aquisição para o desenvolvimento, é função das estruturas do campo e das condições do ambiente total do qual ela faz parte. O valor e a utilização da linguagem em uma relação dual particular, o papel da linguagem em uma família específica, em certo grupo socioeconômico-cultural e em determinado momento da história familiar serão elementos do campo que contribuirão para a atribuição de sentido dessa aquisição. Assim, é importante ressaltar que quando falamos de interação organismo/meio não estamos estabelecendo uma relação causal entre eles, mas referindo-nos a uma totalidade articulada numa teia recíproca de relações.

Assim, concebemos o desenvolvimento como um processo ininterrupto de interação homem/mundo[25]. A relação estabelecida com o mundo não se caracteriza pela passividade, mas pela possibilidade a cada momento – guardadas as devidas proporções determinadas pelos recursos do indivíduo por um lado e pelas possibilidades do meio, por outro – de ação e transformação do meio com a finalidade de ajustar-se da melhor forma possível às circunstâncias.

---

25. As contribuições já mencionadas de Antony (2006) e Müller-Granzotto e Müller-Granzotto (2012) procuram estabelecer *formas regulares típicas* (em vez de *conteúdos*) para que essa interação aconteça nos primeiros anos de vida.

Essa interação se dá com o que denominamos processo de autorregulação organísmica. A perspectiva organísmica de desenvolvimento parte do pressuposto de que essa interação ininterrupta com o meio é organizada segundo um princípio homeostático no qual o organismo total estaria sempre buscando equilíbrio em sua relação com o meio, alcançando a cada momento a melhor forma possível de estar no mundo. De acordo com Perls (1977, p. 20):

> O processo homeostático é aquele pelo qual o organismo mantém seu equilíbrio e, consequentemente, sua saúde sob condições diversas. A homeostase é, portanto, o processo através do qual o organismo satisfaz suas necessidades. Uma vez que suas necessidades são muitas e cada necessidade perturba o equilíbrio, o processo homeostático perdura o tempo todo. Toda a vida é caracterizada pelo jogo contínuo de estabilidade e desequilíbrio no organismo.

Dessa perspectiva, o que moveria o ser humano no mundo, abrindo espaço para aquisições e transformações ao longo do tempo, seria sua tendência a autorregular-se, o que aconteceria de forma contínua e dinâmica durante toda nossa vida, numa constante busca de equilíbrio a partir da emergência de nossas necessidades, que por sua vez emergem no contato com o mundo. Vale lembrar que ao falarmos de "necessidade", em Gestalt-terapia, estamos nomeando toda e qualquer demanda do organismo vivo. Assim, tanto a sede quanto a necessidade de atenção ou a vontade de ler um livro seriam necessidades que estariam submetidas a uma hierarquia, de forma que cada uma pudesse ser satisfeita a seu tempo, restaurando o equilíbrio perturbado com a emergência de cada uma no contexto interacional do indivíduo.

Para que as necessidades sejam satisfeitas, é essencial que a criança possa desenvolver sua capacidade de *awareness*, que pode ser definida como "a possibilidade de aperceber-se do que se passa dentro de si e fora de si no momento presente, tanto a nível corporal quanto a nível mental e emocional" (Frazão, 1997, p. 65). O que a partir de então vamos denominar *awareness* diz respeito à capacidade da criança de "dar-se conta" daquilo que se passa com ela a cada momento em sua relação com o mundo, do que ela sente, pensa, faz e necessita nessa interação[26].

A concepção da interação com o mundo e o consequente desenvolvimento com base no binômio equilíbrio/desequilíbrio estão presentes em outras teorias do desenvolvimento, como as de Piaget, Freud e Erickson (Mortola, 2001). Porém, é de fundamental importância destacar que, apesar da correlação estabelecida a partir da perspectiva de que

---

26. Para uma distinção entre *awareness* sensorial e *awareness* reflexiva, veja Müller-Granzotto e Müller-Granzotto (2007).

o desequilíbrio mobiliza o organismo para a mudança (Cardoso, 1995), a Gestalt-terapia, diferentemente das outras teorias mencionadas, tem uma visão holística do desenvolvimento, não reduzindo o indivíduo a aspectos isolados. Na medida em que acredita em um ser humano singular, não estabelece uma única possibilidade de esse processo equilíbrio/desequilíbrio acontecer, que, sob uma perspectiva gestáltica, fluirá sempre ao sabor dos diversos elementos presentes no campo atual; portanto, não pode ser alçado a uma categoria universal nem totalmente aprisionado em marcos cronológicos.

O que estamos denominando campo organismo-meio inclui as características genéticas e fisiológicas da criança, seu contexto familiar, social, cultural, político, geográfico e histórico, e também a forma como ela se percebe, com seus pensamentos, necessidades, fantasias, sentimentos etc.

O processo de autorregulação organísmica objetiva então alcançar o melhor acordo possível entre organismo e meio a cada momento, ao qual denominamos de "ajustamento criativo". É importante assinalar que o conceito de ajustamento criativo não tem um sentido de adaptação como costumamos encontrar no senso comum. A própria expressão indica o caráter ativo e transformador do processo, afastando-nos de uma concepção adaptativa em que o indivíduo é "moldado" pelo ambiente sem nenhum tipo de poder sobre ele. É por isso que ele é "criativo", pois implica a ação do indivíduo no mundo a fim de torná-lo o mais assimilável possível, ficando com aquilo que o nutre e recusando e/ou transformando aquilo que não lhe serve. Os ajustamentos criativos podem ser entendidos então como a expressão, a cada momento, da melhor forma possível de esse indivíduo autorregular-se no contato com o mundo, caracterizando o processo de desenvolvimento como uma *sucessão contínua de ajustamentos criativos ao longo do tempo* (Perls, 1977).

A energia agressiva exerce um papel crucial no ajustamento criativo. É por meio dela que o ser humano manipula o meio ou a si próprio para satisfazer suas necessidades. Entendemos a agressividade como uma característica humana natural e necessária para o desenvolvimento; sua expressão e sua utilização podem ser construtivas ou destrutivas, dependendo do momento e do contexto em questão. Do ponto de vista da Gestalt-terapia (Perls, 2002), a agressividade é uma energia de ação no mundo que impulsiona o ser humano a explorar, vencer desafios, superar obstáculos, criar caminhos e transformar algo em outra coisa mais adequada para si mesmo. Para conhecer o mundo, agir e transformá-lo é necessário energia agressiva. Para haver transformação é preciso que haja destruição do que era antigo, para que o novo possa aparecer. A agressividade precisa então ser vista como uma força mais ampla do desenvolvimento, que atua a fim de ajudar o indivíduo a enfrentar dificuldades, a correr riscos, a buscar no meio a sua sobrevivência. É utilizando-se dessa energia agressiva que o indivíduo vai se afirmando, conquistando seu espaço, impondo-se diante dos outros e satisfazendo suas necessidades.

Dessa maneira, a criança convive com seu meio familiar, social e escolar e constrói gradativamente sua história de vida no contato com eles. Por intermédio de seus ajustamentos criativos, ela vai pouco a pouco se inserindo de forma cada vez mais ampla no mundo, pela aquisição de recursos e domínio daquilo que o mundo oferece, experimentando, mastigando, transformando o novo em algo assimilável, desenvolvendo e aprendendo coisas. Os campos de onde faz parte, por sua vez, transmitem seus mitos, valores, modos de ser e perceber o mundo.

Assim, ao falarmos de desenvolvimento em Gestalt-terapia, estamo-nos referindo o tempo inteiro a *contato*. Conforme afirma Polster (2001, p. 113):

> O contato é o sangue vital do crescimento, o meio para mudar a si mesmo e a experiência que se tem do mundo. A mudança é um produto inevitável do contato porque se apropriar do que é assimilável ou rejeitar o que é inassimilável na novidade irá inevitavelmente levar à mudança.

Dessa forma, ao concebermos um homem inevitavelmente em relação, consideramos a possibilidade de mudança inerente a ele, pois "o contato é implicitamente incompatível com o permanecer o mesmo. A pessoa não precisa tentar mudar por meio do contato; a mudança simplesmente acontece" (Polster, 2001, p. 114). E, uma vez que esse homem encontra-se em relação durante o tempo todo, concluímos que a possibilidade de mudança e transformação o acompanha por toda sua vida, contrariando a perspectiva de desenvolvimento como algo que acontece durante certo período ou somente até determinada idade.

Na tentativa de ajustar-se criativamente ao que o meio oferece e permite, tendo a necessidade de confirmação[27] (Cardoso, 1995) como básica e prioritária, a criança desenvolve inúmeras formas de estar no mundo e relacionar-se com ele, que podem vir a ser mais ou menos satisfatórias, o que significa que vamos deparar com ajustamentos criativos mais ou menos satisfatórios, dependendo das possibilidades do meio e dos re-

---

27. A *confirmação* aceita a pessoa como ela é e também confirma seu potencial vital e de crescimento. A pessoa se manifesta em um dado momento de certa forma, mas essa não é a única manifestação possível de seu ser (Yontef, 1998, p. 210).

cursos do indivíduo. O desenvolvimento caracteriza-se como um movimento de busca de equilíbrio, da melhor forma possível de configurar-se no mundo a cada momento, mesmo que essa "boa forma" não seja a ideal ou totalmente satisfatória. Desse ponto de vista, os sintomas, da mesma forma que todas as outras características do indivíduo, são encarados como ajustamentos criativos às condições do campo, sejam eles totalmente satisfatórios ou não. A expressão exacerbada ou destrutiva da energia agressiva, por exemplo, é um sinal de ajustamento criativo disfuncional.

Os sintomas constituem-se em ajustamentos criativos não saudáveis ou pouco satisfatórios, uma vez que, apesar de fornecer alguma satisfação para a(s) necessidade(s) em questão, não a(s) satisfaz plenamente, implicando uma série de consequências desagradáveis e/ou prejudiciais ao indivíduo.

Quanto ao conceito de *self* dentro dessa perspectiva, constatamos que inevitavelmente devemos rejeitar a possibilidade da existência de um *"self encapsulado"* (Távora, 1999), ou seja, de uma concepção de *self* como instância acabada, pronta e "desenvolvida", uma vez que concebemos o homem como um ser processual, em constante devir, em um processo de desenvolvimento que não termina nunca.

Assim, a Gestalt-terapia vai conceituar *self* como processo de fronteira e função de contato, determinada forma de o indivíduo em dado momento se relacionar com o mundo, um "[...] processo pessoal e característico, maneira de reagir em dado momento e campo; não tanto como núcleo rígido de personalidade, mas como estilo pessoal; não como 'estrutura', mas como função de contato; não o 'ser', mas o *em sendo no mundo*" (Távora, 1999, p. 12).

Assim, *self* é determinada configuração de elementos em dado momento, que envolve tudo que diz respeito ao ser no mundo e está sempre sujeita a reconfigurações a partir de uma nova arrumação de seus elementos, de uma nova aquisição ou de um elemento descartado ou perdido. Ao reportarmo-nos para a criança, percebemos de forma mais clara tais movimentos de reconfiguração a cada nova aquisição (como o andar ou a linguagem), a cada nova ressignificação e articulação dos elementos antigos (como a promovida pela entrada na escolinha ou pelas férias na casa da vovó) e a cada elemento deixado para trás (como o engatinhar, a fralda, a mamadeira, a chupeta, os brinquedos de bebê).

Vejamos o exemplo do bebê que começa a andar. Como ele chegou até esse momento? Recém-nascido, deitado de costas no berço, ele tem apenas uma perspectiva do mundo: até onde vai o seu olhar e sua possibilidade de virar a cabeça. Pouco a pouco, percebe que pode dar uma viradinha e mudar de lugar no berço, outra viradinha e então aprende a rolar. E ele vê – rola uma vez, rola outra vez – que logo está na outra ponta do berço, simplesmente rolando. Mais um pouco e ele descobre que, de bruços, pode erguer o corpo e fazer movimentos, e, na tentativa e erro, nota que tem uma forma mais eficaz de se locomover que o rolar, pois assim ele não consegue determinar direito para onde quer ir. Engatinhando já é melhor, e quando ele começa a engatinhar percebe que há coisas no mundo em que ele pode se segurar e, portanto, descobre que pode ficar em pé. Ficando em pé, seu campo visual se amplia, bem como seu acesso aos objetos: ele alcança coisas que estão em cima do sofá ou na prateleira da estante. E, se tentar ir até ali e segurar-se, de repente ele vai dali até aqui, se segura, vai mais um pouco, e logo está andando sozinho. Porém, andar também não basta, então ele experimenta correr, depois pular, e assim por diante. Esse é o movimento do desenvolvimento – sucessivos ajustamentos criativos que implicam uma constante reconfiguração do que vamos denominar *self*, entendido como processo permanente e abrangente de campo e de adaptação criadora[28].

A possibilidade de reconfiguração é o que nos permite acreditar na própria possibilidade da psicoterapia. Ao longo do processo terapêutico, a criança adquire novos elementos para seu repertório, desenvolvendo habilidades, construindo novas chances de encarar as situações, ressignificando situações e contextos, permitindo-se olhar e conviver de forma diferente com as pessoas que a cercam. Ela também se dá conta de que carrega elementos que não lhe servem mais e podem ser descartados.

Com essa visão de ser humano e de desenvolvimento, o que vamos denominar "infância" é, na verdade, determinado momento do crescimento humano no qual o ritmo das aquisições e transformações é mais frequente e acelerado, fazendo desse período palco de constantes desafios e inúmeros ajustamentos criativos, apesar de continuarmos "em desenvolvimento" até o final da vida.

Assim, a criança não é vista como um ser inacabado, imaturo ou imperfeito em contraposição a um indivíduo adulto maduro, desenvolvido, acabado; tampouco o desenvolvimento é visto como uma história de fases rumo a um objetivo final, mas como um percurso construído com momentos singulares sucessivos que são em si completos no aqui e agora de cada criança.

O processo de desenvolvimento

O processo de desenvolvimento do ser humano inicia-se com uma situação de indiferenciação entre o bebê e o mundo, marcada pela dependência total da criança com

---

28. Veja Perls, Hefferline e Goodman (1997).

GESTALT-TERAPIA COM CRIANÇAS **55**

respeito ao adulto, e caminha na direção de uma maior e progressiva diferenciação e autonomia em relação ao outro. Do ponto de vista gestáltico, podemos dizer que o desenvolvimento é o processo pelo qual o ser humano desloca-se gradativamente da utilização de um suporte ambiental para satisfação de suas necessidades e escolhas no mundo para um parâmetro pessoal e singular, que a literatura corrente nomeia como de autossuporte. Isso significa que o ser humano nasce em uma situação de total dependência do outro e progressivamente adquire recursos para escolher aquilo que ele precisa do outro e decidir de que forma e com que intensidade vai buscá-lo. Cabe ressaltar que autonomia não é sinônimo de autossuficiência; por isso, uma condição autônoma não é aquela que prescinde do outro, mas a que tem condições de avaliar e escolher quando e como esse outro é importante.

O papel da introjeção[29]

Entendemos que o caráter relacional do desenvolvimento remonta à própria vida intrauterina (Cardoso, 1995; Fernandes *et al.*, 1995): desde que o óvulo é fecundado e se fixa no útero, toda uma série de transformações já começa a acontecer no organismo da mulher, ao mesmo tempo que o feto utiliza o suprimento da mãe para desenvolver-se. A interação entre o bebê e a mãe se dá durante toda a gestação, na qual ambos se influenciam mutuamente: as experiências da mãe afetam o desenvolvimento do bebê; a presença do bebê, seu crescimento, seus movimentos também afetam a mãe como um todo. Essa mãe, por sua vez, afeta seu meio – família, trabalho, amigos –, que também é afetado por ela nessas novas condições, e assim por diante, numa teia infindável de conexões que novamente a influenciam e, por sua vez, influenciam o bebê.

Costumamos dizer que, na verdade, um bebê existe muito antes de nascer na fantasia dos pais e da família mais ampla. Suas expectativas, planos, dificuldades, padrões relacionais, todos esses elementos já estão presentes no campo onde esse bebê se encontra mergulhado e onde a partir de determinado momento começará a viver e a desenvolver suas potencialidades.

Como afirmam Fernandes *et al.* (1995, p. 92),

Desde a gestação, o bebê vai convivendo com os pais e construindo sua história de vida no contato com eles. Estes, que trazem consigo gestalten inacabadas, cristalizações, ajusta-

---

29. Modo genérico de interação entre o indivíduo e seu ambiente; processo pelo qual o indivíduo apreende aquilo que o mundo lhe oferece.

mentos criativos, por sua vez, também transmitem seus mitos, valores, seu modo de ser, enfim, uma história que foi influenciada por seus ancestrais e por sua cultura.

Essa pré-história da criança é tão importante quanto sua própria história relacional após o nascimento, pois percebemos que a forma como os adultos a recebem e encaminham sua interação com o mundo encontra-se mergulhada no contexto maior de suas histórias de vida e experiências familiares, influenciando sobremaneira a natureza das introjeções iniciais oferecidas a ela.

Com o nascimento, começa uma nova etapa, caracterizando um novo tipo de interação. Nesse momento, o bebê imaginado é cotejado com o bebê real e o resultado dessa comparação fornece os elementos iniciais para essa nova relação: "Parece com o pai, é a cara da mãe, já nasceu guerreiro, é manhoso e preguiçoso, puxou ao avô, tem o dedão do pé da família" etc. Ele nunca será totalmente da forma como foi imaginado, e a maneira como a família lida com essa "discrepância" entre o bebê real e o bebê imaginado é de vital importância para a natureza e a qualidade das primeiras relações estabelecidas com a criança. Por isso, ao empreendermos uma compreensão diagnóstica da criança em seu campo, mais do que dados objetivos a respeito de sua concepção e nascimento, o que realmente nos interessa é a descrição do "como" isso aconteceu, as expectativas que estavam em jogo e os sentimentos que emergiram então.

Esse é um momento muito importante da história da criança, uma vez que o nascimento de um bebê necessariamente modifica o campo, causando um "desequilíbrio" e demandando uma reconfiguração, o que envolve transformações em todos os envolvidos. A forma como a família lida com ele e, particularmente, as expectativas que atravessam esses padrões relacionais serão cruciais para o seu desenvolvimento, uma vez que sua inevitável dependência inicial implica uma apreensão do mundo por meio das introjeções fornecidas pelos adultos mais próximos. São eles que apresentam o mundo ao bebê, dizem quem ele é (que, na verdade, é quem "ele deveria ser"), definem as coisas, bem como proporcionam a satisfação da maioria das necessidades dele.

Por isso, não podemos pensar no desenvolvimento inicial do ser humano sem a presença marcante do meio familiar, em especial da mãe – ou de quem porventura estiver exercendo essa função. O bebê humano nasce completamente dependente e com pouquíssimos recursos para lidar com as demandas do mundo, estabelecendo a princípio uma relação marcada pela indiferenciação com esse adulto, que estará encarregado de suprir suas necessidades e de apresentar-lhe o mundo.

GESTALT-TERAPIA COM CRIANÇAS **57**

A confluência[30] inicial aos poucos dá lugar à construção de uma diferenciação a partir das introjeções fornecidas ao bebê a respeito do que é o mundo, de quem ele é e de quem é o outro. Nesse primeiro momento, ele introjeta praticamente tudo que lhe é oferecido, uma vez que tais informações constituem-se na matéria-prima fundamental para a construção de uma noção de "eu no mundo em relação com outra pessoa".

Ele vai lentamente estabelecendo um limite entre "eu" e "não eu", entre "o que ele é" e "o que o outro é", entre "o que faz parte dele e o que não faz parte dele". Um bebê não sabe como ele se chama, não sabe a que gênero pertence, não sabe o que são as coisas ou as pessoas, então alguém tem de dizer a ele que é um menino ou uma menina, que tem um nome, que esse é o papai e essa é a mamãe, que agora é hora de dormir ou de comer, isso pode e isso não pode, e assim por diante. Por meio dessa função organizadora do adulto, a criança vai aprendendo a internalizar sua possibilidade de autorregulação, isto é, sua capacidade de gradativamente se perceber como um ser separado do outro, com necessidades e recursos próprios para satisfazê-las.

O processo de introjeção fornece a base sobre a qual a criança construirá seu conhecimento acerca de si mesma e do mundo, e de início aquilo que é apresentado é entendido como a única possibilidade de perceber o mundo, as pessoas, as coisas, o que é certo e o que é errado e principalmente quem ela é.

Essa forma inicial de apreensão do mundo, embora absoluta e inquestionável, é fundamental para o estabelecimento de um sentido de organização e previsibilidade necessário para que a criança pequena não se sinta perdida e insegura. Como ela ainda não tem uma série de funções cognitivas mais complexas totalmente desenvolvidas, que permitam lidar com várias opções e possibilidades, precisa de noções claras, seguras e, na medida do possível, constantes a respeito do meio, das coisas, das pessoas e das suas chances de inserção e interação no mundo. Essa apresentação do mundo, realizada de maneira clara, objetiva e justa, oferece-lhe a sensação de cuidado, de proteção e de segurança. Um exemplo típico do que estamos comentando é a necessidade de horários regulares para as atividades cotidianas do bebê, tais como comer, dormir e brincar (Hogg, 2002; Aguiar, 2004), que se mostram extremamente facilitadores para o estabelecimento de uma relação tranquila, confortável e segura dele com o mundo, em especial no primeiro ano de vida.

Por outro lado, conforme aponta Oaklander (1992), exatamente pelo fato de as funções cognitivas mais complexas ainda não se apresentarem totalmente desenvolvi-

---

30. Processo pelo qual um indivíduo se liga fortemente a outros, sem diferenciar o que é seu do que é deles.

das, sua capacidade seletiva é baixa. Em função disso, ela encara como verdade qualquer coisa que ouça a respeito de si mesma, uma vez que não é cognitivamente capaz de levar em conta o que o outro fala como um ponto de vista entre outros possíveis, tornando esse momento particularmente propício para introjetar percepções negativas acerca de si, prejudicando o desenvolvimento de sua autoestima e dificultando seu contato pleno com o mundo.

Na proporção em que a criança cresce e amplia seus recursos físicos, cognitivos, emocionais e sociais e, assim, obtém maior inserção no mundo, seu desenvolvimento caminha em direção a uma maior independência e diferenciação. É importante lembrar que o desenvolvimento é um processo global, que inclui todas as esferas do ser humano que se articulam de modo interdependente a cada momento no sentido de alcançar a melhor forma possível. Assim, não podemos falar de desenvolvimento emocional se não mencionarmos também desenvolvimento cognitivo, que por sua vez não pode ser encarado sem que olhemos para o desenvolvimento neurológico. Este delimita as possibilidades de inserção social da criança, que por seu turno acontece também em função de suas experiências relacionais iniciais, que consequentemente estão ligadas também à história familiar de sua mãe, que por sua vez tinha determinada expectativa quanto a ter um bebê, e assim por diante.

Podemos afirmar que a confluência que marca as relações iniciais do bebê é substituída progressivamente por um comportamento de apego[31] (Fernandes, 2000), fruto do desenvolvimento de uma vinculação com espaço para relativa e progressiva autonomia em relação ao mundo adulto. A figura de apego vai servir de suporte e referência para a criança enfrentar momentos de desequilíbrio e desafios, para obter recursos quando não se percebe capaz de fazê-lo por si só, com o objetivo de se reorganizar e continuar seu processo de forma autônoma. Conforme nos aponta Zinker (2001, p. 247),

> as crianças precisam ter um lugar para correr de volta [...] Enquanto elas podem voltar para a segurança e esperar que o medo diminua, e enquanto ninguém se incomode se elas se soltam para se aventurar um pouco mais, essa distância vai lentamente aumentando com o passar do tempo.

---

31. Estamos chamando de apego "toda forma de comportamento que tem como meta a obtenção ou manutenção da proximidade com outra pessoa específica e preferida, mais apta a lidar com o mundo" (Montoro, 1994, p. 45).

A importância da discriminação

Nessa inserção progressiva no mundo, a criança começa a deparar com uma série de diferenças: nem todo mundo pensa como a mamãe ou como o papai. Ela vai à escola, onde existem outras regras e normas, outras pessoas dizendo que ela pode fazer coisas que não pode fazer em casa, outras crianças comportando-se de maneira diversa, outras formas de dizer a mesma coisa. Paralelamente, a criança começa a perceber que nem sempre suas necessidades são compatíveis com aquilo que é apresentado como o certo, o adequado ou o esperado pelo meio. Isso faz que ela passe a questionar aquilo que o mundo lhe apresenta, oferece ou impõe.

Vejamos novamente o exemplo de uma criança que começa a andar. Essa aquisição é de extrema importância, pois ela passa de uma situação na qual era carregada de um lugar para o outro, sem grandes possibilidades de escolha, para uma situação em que pode ir e vir quando bem entender, o que implica uma drástica mudança em seu universo relacional. A criança agora vai aonde quer, não precisa que alguém a leve. Ela pode andar e descobre que pode correr também, particularmente quando um adulto a chama. É inegável o seu prazer ao perceber que um adulto corre atrás dela e custa a pegá-la. Ela pode subir nas coisas e alcançar lugares inimagináveis. E, à medida que vai descobrindo essas possibilidades, nota que tem necessidades que nem sempre combinam com as dos adultos. Ela quer correr, mas a mãe diz: "Fulana, não corre!" Ela quer subir no sofá e pular em cima dele e a mãe diz: "Não pode pular no sofá!" Ela quer andar sozinha, sem dar a mão, e a mãe diz: "Tem que dar a mão!" E então ela começa a se perceber, cada vez mais, como uma pessoa diferente da mamãe, da babá, da professora, da irmã, do irmão, com necessidades próprias que não necessariamente condizem com as necessidades e as expectativas do adulto.

Nesse momento, a criança que antes aceitava tudo, ou praticamente tudo, passa a "provar", a "sentir o gosto", a avaliar aquilo que vem de fora. Com isso, começa a dizer "não". Ela descobre que não tem de aceitar tudo que vem do mundo, ou melhor, que não *quer* aceitar tudo que vem do mundo, porque algumas coisas combinam com as necessidades dela ou com aquilo que ela quer no momento e outras não.

Assim, com o correr do desenvolvimento, a criança adquire sucessivas habilidades, que por sua vez possibilitam sua maior inserção no mundo e maior autonomia para a percepção e a satisfação de suas necessidades. Dessa forma, é preciso que sejam fornecidas a ela possibilidades gradativas de discriminação, ou seja, de questionar as introjeções oriundas de seu ambiente, de modo que ela possa se diferenciar como uma pessoa singular. Essa possibilidade é fundamental para a construção e a sedimentação de sua capacidade de escolher e criar, de diferenciar o que é nutritivo do que é nocivo, de aceitar, recusar ou transformar e de se perceber forte e segura para tal.

Desse modo, diante das introjeções presentes nos campos dos quais faz parte, a criança aos poucos desenvolve a capacidade de discriminar aquilo que vem do mundo, inicialmente de forma reativa e em seguida com mais criatividade, verificando aquilo que vai lhe servir ou não. O ajustamento criativo exercido por ela nada mais é do que a expressão de suas possibilidades de discriminação e transformação em relação ao que o meio oferece. Conforme aponta Polster e Polster (2001, p. 87):

> A criança aceita qualquer coisa que ela não experimente rapidamente como nociva. Ela pode aceitar sua comida sob a forma em que lhe é oferecida ou pode cuspi-la. No início, não pode refazer a substância para que esta lhe seja mais adequada, como fará mais tarde quando começar a mastigar. Quando ela pode mastigar, aprende como reestruturar aquilo que entra em seu sistema. Entretanto, antes disso, engole confiantemente o alimento que lhe é proporcionado – e, de um modo similar, engole também as impressões da natureza do seu mundo.

Diante disso, podemos assinalar dois tipos de discriminação que se apresentam sucessivamente ao longo do processo de desenvolvimento e, uma vez permitidos e facilitados pelo ambiente, constituem peças fundamentais para o desenvolvimento da autonomia, da autoestima elevada, da capacidade de escolha e da responsabilidade: a discriminação reativa – o cuspir – e a discriminação criativa – o mastigar.

Denominamos *discriminação reativa* o primeiro momento do processo de discriminação, que consiste em simplesmente rejeitar aquilo que vem de fora e é percebido como não assimilável ou incongruente com nossas necessidades. Observamos o desenrolar desse processo desde o segundo semestre de vida, quando progressivamente os bebês começam a dizer "não". Primeiro de forma não verbal – cuspindo a sopinha, por exemplo – e mais tarde, por volta dos 2 anos, verbalmente, por meio de negações e confrontos. Nesse momento, a criança começa a experimentar o prazer de fazer escolhas e de discordar do outro e contrapor-se a ele, marcando suas necessidades singulares e afirmando sua diferenciação do resto do mundo.

Muitas vezes, isso é tão necessário à criança que ela diz até mais "nãos" do que de fato precisa. O adulto tenta dizer algo e no meio da frase ela já está falando "não". Nem sabe o que será dito, mas seja o que for sua resposta é "não". Tal comportamento aponta para a necessidade de exercitar essa possibilidade, de se perceber com poder de escolha, de experimentar contrapor-se àquilo que vem do mundo e de começar a desenvolver a capacidade de dizer "eu quero isso", "eu quero aquilo", "isso não". Tal comportamento aparece na vida cotidiana da criança: na alimentação, quando ela seleciona alimentos ou se recusa a comer; no processo de desfralde, quando ela se nega a fazer qualquer coisa no peniquinho e um segundo depois faz tudo nas calças; nos hábitos de sono, quando a criança se recusa a dormir até cair de cansaço; nas brincadeiras, quando ela se nega a emprestar seus brinquedos ou toma o brinquedo do outro.

À medida que a criança cresce, vai se dando conta de que certas coisas são importantes para ela, mas talvez não sirvam totalmente na forma como se apresentam. Nesse momento, as crianças começam a experimentar a possibilidade de transformar, de criar em cima do que é dado, de negociar, de aproveitar algo que vem do mundo sem engoli-lo por inteiro. A esse processo damos o nome de *discriminação criativa*. Usando a metáfora da alimentação, a criança passa do engolir/cuspir para o ato da mastigação, ou seja, ela negocia, modifica, faz acordos, troca uma coisa pela outra, aceita até certo ponto, não joga mais tudo fora nem engole tudo, transforma aquilo que vem do meio de modo que aquilo seja nutritivo e sirva para a satisfação de suas necessidades[32].

A possibilidade de discriminar criativamente permite à criança organizar a experiência para que esta se ajuste mais às suas necessidades, criando aquilo que ela precisa, em vez de simplesmente escolher com um sim ou um não. A discriminação criativa não toma totalmente o lugar da discriminação reativa; ambas continuam coexistindo ao longo de toda a vida do indivíduo, dando-lhe o suporte necessário para questionar, transformar e escolher diante das inúmeras demandas do mundo adulto. Na adolescência, ter tais tipos de discriminação bem desenvolvidos é indispensável para superar sem grandes sequelas o grande desafio de circunscrever e redefinir uma identidade singular e entrar no mundo adulto.

Para que todo esse intrincado processo se dê, é fundamental que a criança tenha, sempre de acordo com suas possibilidades maturacionais, oportunidades de expressar seus sentimentos, de exercitar a capacidade de escolha, de tomar decisões, enfrentar situações e resolver problemas, mesmo que isso redunde algumas vezes em frustrações, pois em toda escolha reside a responsabilidade sobre suas consequências e a chance de errar. Sobretudo é essencial que ela seja confirmada em seus sentimentos, limites e possibilidades a cada etapa de seu desenvolvimento.

Pais que superprotegem seus filhos, não permitindo que eles tomem decisões e se frustrem, ou, ao contrário, não os protegem daquilo que eles ainda não podem decidir

---

32. Um estudo bastante interessante envolvendo as relações entre mastigação, alimentação e desenvolvimento emocional foi desenvolvido por Pimentel (2005).

nem responsabilizar-se, contribuem para a construção de indivíduos inseguros, amedrontados e sem perspectiva clara de suas possibilidades de ação e transformação.

Uma criança, por exemplo, cujos pais mostram-se extremamente rígidos, não permitindo que ela recuse coisas e reafirme suas necessidades, cresce engolindo coisas de que não gosta, aprende a não demonstrar seus sentimentos, não consegue estabelecer limites em suas relações e frequentemente se sente invadida, não sabe escolher e não resolve nada sozinha, pois nunca foi permitido que ela experimentasse e desenvolvesse tais habilidades.

Por outro lado, se essa possibilidade de discriminação é apresentada muito cedo ou de forma muito permissiva, a criança pode tornar-se insegura e amedrontada, pois não tem capacidade de discernir entre a série de opções que lhe são oferecidas e, com isso, também pode crescer sem saber tomar decisões, sem conseguir perceber o que sente e sem ter noção clara de limites com relação aos outros e às situações. A chance de experimentar o mundo é fundamental para as crianças, mas precisa ser compatível com suas possibilidades, para que não as exponha a perigos e a situações com as quais elas ainda não conseguem lidar.

Enquanto em uma polaridade o excesso de "matéria-prima" sufoca as possibilidades de a criança desenvolver sua própria forma de estar no mundo, na outra a escassez de "material" não permite que ela construa uma forma adequada para suprir suas necessidades. Assim, a "quantidade de proteção precisa mudar com a idade dos filhos. Esta dimensão específica, em que vemos proteção demais ou de menos é uma das mais críticas nas famílias disfuncionais" (Zinker, 2001, p. 246).

É necessário que os adultos participem desse desenvolvimento, valorizando as potencialidades da criança e confirmando seus sentimentos, ajudando-a a lidar com seus "fracassos" e a aceitar o erro como parte do aprendizado, apoiando-a em suas decisões, permitindo-lhe fazer suas escolhas e não exigindo que tais escolhas sejam "perfeitas" ou definitivas[33].

O valor dos limites

Outro elemento crucial para o processo de diferenciação entre a criança e o outro é a vivência de limites. A experiência dos limites permite que a criança perceba uma fronteira entra ela e o outro, marcando a diferença entre eles e fazendo que ela deseje e consiga se comportar de outro modo. Ao deparar com um limite, a criança necessitará,

---

33. Veja o Capítulo 4.

GESTALT-TERAPIA COM CRIANÇAS **63**

como em outras situações, encontrar a melhor forma possível de lidar com isso, realizando os ajustamentos criativos necessários para tal e, com isso, tendo a possibilidade de alcançar novas aquisições e configurações mais satisfatórias.

Entendemos limite como "aquilo que dá contorno", que dá forma a algo, permitindo que este se discrimine do meio. Ao encararmos assim o limite, vemos que ele é fundamental no desenvolvimento de todo ser humano, pois permite que desenvolvamos uma noção clara de nós mesmos na relação com o mundo, o que demanda perceber até onde se pode ir e quando começam o espaço e o direito do outro.

Essa percepção é de muito valor para as crianças, pois como já mencionamos elas precisam de noções claras, seguras e, na medida do possível, constantes a respeito do mundo, das coisas, das pessoas e das possibilidades de inserção e interação. O limite situa e afirma a posição ocupada dentro de determinado contexto – a família, a escola, a sociedade como um todo.

A criança precisa de regras: além de elas transmitirem a sensação de conforto e segurança, o convívio social exige isso. Pode ser bastante ameaçador para uma criança a responsabilidade de sempre escolher o que é bom para ela, segundo suas motivações e desejos pessoais. A sociedade é muito complexa, e a criança necessita e deseja uma mão guia para entrar nesse emaranhado de valores que é a cultura. O valor do limite é exatamente dar-lhe determinada concepção de mundo, para que depois ela possa questioná-lo e transformá-lo.

Assim, é preciso que nos desvencilhemos da ideia de que limites são imposições arbitrárias feitas pelos adultos diante das crianças de forma vertical e autoritária. É verdade que tal tese se prolifera no senso comum, mas torna-se necessário diferenciá-la da concepção que aqui tentamos apresentar; isso implica uma importante distinção entre autoridade e autoritarismo.

Entendemos autoridade como uma função crucial exercida pelo adulto diante da criança, no sentido de estabelecer um parâmetro de mundo e de possibilidades relacionais que visam oferecer uma sensação de segurança, adequação e alguma previsibilidade acerca das situações cotidianas a ser enfrentadas.

O autoritarismo, ao contrário, caracteriza-se por uma postura arbitrária, desvinculada de cuidados protetores e de um real interesse pelas exigências da criança, expressando predominantemente as necessidades particulares de poder e triunfo do adulto. Tal postura é extremamente prejudicial à criança, na medida em que não satisfaz suas necessidades de "contorno", tornando-a submissa, insegura e amedrontada, ou ainda revoltada e desafiadora. Em ambos os casos, seu sentimento de adequação e segurança nas relações, bem como sua autoestima, encontra-se seriamente prejudicado.

Ao enfatizarmos a importância dos limites no desenvolvimento do ser humano, é fundamental destacarmos a necessidade de equilíbrio ao oferecê-los, uma vez que o excesso de limites pode ser dificultador, em especial no que diz respeito ao desenvolvimento de autonomia, à capacidade de escolha e à resolução de problemas. Seu inverso é igualmente desastroso, contribuindo para crianças perdidas, inseguras e com uma noção equivocada do mundo, das pessoas e dos seus direitos e deveres.

Ao longo do processo terapêutico, perceberemos que muitas dificuldades apresentadas pelas crianças estão ligadas à questão dos limites. Faz parte do processo facilitar, em alguns casos, sua apreensão e, em outros, seu questionamento e flexibilização, para que se tornem congruentes com as necessidades de "contorno" da criança.

As funções de contato

A interação organismo/meio dá-se pelas funções de contato, que são os canais através dos quais experienciamos o contato com o mundo. É por meio delas que recebemos coisas do mundo e também expressamos e endereçamos coisas a ele.

Segundo Polster (2001), são sete as funções de contato: *visão, audição, tato, paladar, olfato, linguagem e movimento corporal*. Elas articulam-se e configuram-se de forma singular em cada ser humano, funcionando dentro de uma perspectiva de figura-fundo, na qual a cada momento experimentado, embora todas estejam em jogo, algumas predominam sobre as outras. Existem situações que exigem um uso pregnante de uma função de contato específica, como ver televisão ou ler. Outras situações envolvem um número maior de funções de contato atuando para que a experiência seja aproveitada em sua plenitude, como correr e brincar em uma manhã de sol no parque, descalço na grama.

Na medida em que as consideramos canais privilegiados de contato vital da criança com o mundo, podemos afirmar que quanto mais a criança puder desenvolver, experimentar e usar todas as suas funções de contato maiores serão suas possibilidades de estabelecer uma modalidade de contato satisfatória.

Daí ser fundamental que as crianças tenham oportunidade de experimentar o mundo e as situações de inúmeras formas: olhando, tocando, cheirando, ouvindo, saboreando e movimentando-se, além de exercitar a linguagem. O desenvolvimento pleno das funções de contato assegura mais alternativas de ajustamento criativo no mundo e acontece naturalmente se o ambiente do qual a criança faz parte for facilitador e estimulante. Sobre esse desenvolvimento, Oaklander (1980, p. 150) nos diz particularmente a respeito do movimento:

GESTALT-TERAPIA COM CRIANÇAS **65**

O bebê faz pleno uso do seu corpo. Observe com que absorvimento a criança de colo examina suas mãos e seus dedos, e mais tarde como ela se deleita com a descoberta das habilidades do corpo – chutar, agarrar, rolar, levantar o tronco, abaixar. À medida que a criança vai crescendo, observe com que absorvimento ela pega pequenos objetos com o polegar e o indicador ao descobrir controle muscular fino. Observe-a engatinhando, esticando os braços, virando-se, e finalmente quando ela consegue se erguer e andar, correr, saltitar, pular. A criança parece ter energia ilimitada, e se lança em cada atividade corporal completamente absorta. Às vezes surgem dificuldades, mas ela não desiste. Ela tenta e tenta outra vez, praticando, praticando, até finalmente gozar o prazer do sucesso.

Na maior parte das vezes, as crianças crescem tendo de enfrentar uma série de restrições ao desenvolvimento pleno de suas funções de contato; aprendem desde muito cedo que olhar para os outros "é feio", que não se deve "encarar" os adultos, pois se trata de um sinal de insubordinação, que não se deve olhar para "pessoas diferentes" e que a curiosidade pode ser punida. Da mesma forma, as crianças não são encorajadas a desenvolver sua capacidade de escuta, pois os adultos "falam" com mímicas ou cochichos na sua frente, ou só se dirigem a elas aos berros ou ainda as recriminam quando prestam atenção na conversa dos adultos, acusando-as de "engolir conversa". Também sofrem restrições ao toque e à proximidade física, em particular quando isso significa explorar o próprio corpo, ou são frequentemente invadidas ao ser tocadas, agarradas e apertadas sem sua permissão. Polster e Polster (2001, p. 152) complementa:

> Embora os tabus contra o olhar e o ouvir sejam explícitos – não olhe fixamente, não escute atrás das portas –, os tabus contra o toque são ainda mais altos e claros. Quando as crianças tocam algo que supostamente não deveriam, elas podem levar tapinhas nas mãos ou ir embora sentindo que sujaram aquilo que tocaram. Assim elas aprendem rápido que não devem tocar objetos valiosos, não devem tocar nos seus genitais e devem ser cuidadosas se tocarem outras pessoas, por temer que possam tocá-las num lugar inviolável.

As crianças também não são encorajadas a cheirar e a discriminar cheiros; quando se assinala um cheiro a elas geralmente é algo adjetivado como ruim, muitas vezes de suas próprias fezes. A alimentação monótona da maioria das crianças, atualmente, não as favorece no sentido de experimentar e julgar o gosto das coisas, da mesma forma que obrigá-las a engolir aquilo que elas não querem acaba fazendo que se protejam do gosto ruim diminuindo suas possibilidades de senti-lo. O constante cerceamento do seu movimento natural em prol da etiqueta e das boas maneiras, a redução do espaço físico das moradias e o advento da televisão, do *videogame* e dos jogos de computador vêm empobrecendo sobremaneira suas possibilidades de expressão por meio do corpo e culminando, junto com alguns outros fatores, em um crescente índice de obesidade infantil. E, por fim, a falta de disponibilidade do adulto para ouvi-las e para encorajá-las a expressar-se pela linguagem verbal reduz suas tentativas de expressão e comunicação com o mundo usando a palavra.

Oaklander (1980)[34] propõe uma série de técnicas que têm como objetivo restaurar o pleno funcionamento desses canais de contato com o mundo que, em uma configuração não saudável, encontram-se de alguma forma prejudicados[35], sinalizando ao mesmo tempo a presença de ajustamentos evitativos e a impossibilidade de estabelecer contato de modo diferente, justificando então o trabalho a partir das funções de contato como um de nossos focos de intervenção terapêutica.

---

34. O livro *Descobrindo crianças: a abordagem gestáltica com crianças e adolescentes* é leitura fundamental nesse aspecto.

35. Veja o Capítulo 5.

4 A FAMÍLIA NA PERSPECTIVA GESTÁLTICA

Ao falarmos de um ser humano autorregulado, relacional e contextual, destacamos o contexto familiar como um dos mais significativos para o desenvolvimento e o funcionamento saudável da criança[36], uma vez que não só é o primeiro contexto do qual ela faz parte como aquele que parece ser o mais relevante em seus primeiros anos, pelo forte vínculo de dependência existente entre ela e a família e pela presença expressiva e intensa do processo de introjeção no início da vida (Oaklander, 1992). Diante disso, para compreendermos o que está se passando com a criança, necessária e inevitavelmente devemos entender a dinâmica de seu contexto familiar.

A família como totalidade autorregulada

A família, do ponto de vista da Gestalt-terapia, é vista como uma totalidade inserida em outras totalidades e composta por diferentes elementos – os indivíduos que a compõem – que se encontram em permanente interação, afetando uns aos outros na busca da melhor forma possível de autorregulação. Uma vez que seus elementos estão em permanente interação, o comportamento de cada um deles está relacionado e depende do comportamento de todos os outros. Assim, a mesma perspectiva de totalidade autorregulada e relacional que temos para o ser humano é válida para nossa forma de perceber o grupo familiar,

---

36. Veja o Capítulo 5.

bem como a noção de desenvolvimento contínuo da família por meio de sucessivas re-configurações sempre que o "equilíbrio" dela se altera.

De acordo com Zinker (2001, p. 74),

> [...] aquilo que começou como uma descoberta de campos físicos na natureza foi incorporado como campos perceptuais nos seres humanos, expandindo para um modelo de campo da satisfação de necessidades individuais e, finalmente, ampliado para os fenômenos relativos a casais e famílias.

A noção de autorregulação familiar, ou seja, de que os membros de uma família se influenciam mutuamente, reagem e respondem às expectativas e necessidades do outro na busca de um equilíbrio, é fundamental para compreendermos como a criança se apresenta, porque perceberemos que ela serve como ponto de equilíbrio para toda a dinâmica familiar. Vejamos o exemplo de uma criança que "não consegue de forma alguma" dormir no próprio quarto, sendo necessário que ela deite na cama dos pais, ao lado da mãe, enquanto o pai fica sem cama e acaba indo dormir no quarto da criança. Da perspectiva da autorregulação familiar, tal situação pede que nos façamos algumas perguntas. *Para que* serve esse comportamento da criança nessa família? *De que forma* o casal se beneficia desse tipo de comportamento? Se essa criança resolver dormir no próprio quarto, na própria cama, o que vai acontecer com esse casal e, consequentemente, com o equilíbrio dessa dinâmica familiar? Assim, o comportamento da criança, ainda que incomode os pais, parece estar a serviço de um equilíbrio maior, o que na maioria das vezes não é percebido pela família, e explica a própria demanda de psicoterapia para a criança. Zinker (2001, p. 244) afirma que

> a saúde de uma família está refletida em sua habilidade para fluir entre as interações adulto-adulto, adulto-criança, criança-criança, e usar livremente todas as combinações possíveis. Qualquer combinação fixa que ocorra com mais frequência do que os outros agrupamentos deve ser notada e abordada em seus aspectos nutridores ou venenosos. O agrupamento fixo mais comum é aquele formado *pelos pais e por um dos filhos*. Isto pode ser disfuncional, impedindo que os adultos interajam um com o outro, e *impedindo que o filho saia livremente*. (Grifo nosso.)

Assim, se concebermos a família como uma totalidade autorregulada, ao trabalhar com uma criança vamos intervir em um equilíbrio que vai além dela e estende-se para toda a família. Por isso, é fundamental levar em conta todo o contexto familiar, tanto em nossa compreensão diagnóstica quanto em nossa condução terapêutica, para não corrermos o risco de o desestabilizarmos com nossas intervenções, ameaçando sua "sobrevivência" e a consequente permanência da criança no processo terapêutico. Muitas vezes, quando surgem propostas inesperadas e precoces de interrupção da psicoterapia, é sinal de que o equilíbrio da família está sendo violentamente ameaçado, fazendo que ela se perceba sem condições para continuar enfrentando a possibilidade de reconfiguração promovida pelo processo terapêutico.

Ao trabalharmos com a criança, passamos a fazer parte do seu campo, promovendo mudanças em seus padrões relacionais e ocasionando desequilíbrios momentâneos na dinâmica familiar que, se puderem ser vivenciados e superados, promovem o crescimento e a reconfiguração de toda a família para formas mais satisfatórias de relação. Porém, o psicoterapeuta precisa ficar atento para que o impacto na dinâmica familiar não seja maior do que aquele que determinada família pode suportar, realizando seu acompanhamento[37] ao longo do processo terapêutico a fim de ajudá-la a lidar com as modificações e a encontrar caminhos possíveis de autorregulação mais satisfatórios.

Assim como o ser humano, a família desenvolve-se como totalidade em sucessivas reconfigurações com base em necessidades emergentes percebidas como um desequilíbrio momentâneo no campo. Um casal sem filhos, ao ter um bebê, inaugura a família com uma significativa reorganização do campo a partir da inserção de um novo elemento: tudo é reconfigurado – do espaço físico para abrigar o bebê à vida profissional, conjugal, financeira, social e familiar mais ampla. Ao nascer um segundo filho, uma nova reorganização acontece para abrigar esse novo elemento; todos os elementos do campo são afetados e afetam esse novo ser que chega para fazer parte dele. E assim se dá com cada situação com que a família depara ao longo da vida: a chegada de um novo membro, a perda de um ente querido, mudanças de emprego, de casa ou de localização geográfica, separações e divórcios, recasamentos, entrada dos filhos na escola, adolescência e ingresso dos filhos na vida adulta, casamento ou saída dos filhos da casa dos pais, nascimento dos netos etc. Em todos esses momentos a família, como totalidade, buscará a melhor forma possível de manter-se, obedecendo ao princípio da autorregulação e realizando ajustamentos criativos. Muitas lidarão de forma satisfatória com suas necessidades de equilíbrio, permitindo a manutenção do funcionamento saudável de cada um de seus membros. Outras, em sua busca de autorregulação, alcançam formas pouco ou parcialmente satisfatórias, fazendo que um ou mais membros sacrifiquem seu próprio funcionamento saudável em prol da manutenção da dinâmica familiar. São

---

37. Veja o Capítulo 8.

exatamente essas famílias que costumam chegar à psicoterapia enunciando um pedido de ajuda em nome de um de seus elementos, no caso, a criança. Isso significa que, ainda que eles estejam se autorregulando, o ajustamento encontrado não foi suficientemente satisfatório e suas consequências estão ameaçando novamente o equilíbrio familiar sem que consigam lidar sozinhos com isso. O papel do psicoterapeuta é intervir nesse campo a partir do elemento que se destaca como figura – em geral, a criança –, a fim de representar uma força catalisadora e organizadora do potencial da família para realizar novas configurações mais satisfatórias, liberando a criança para o resgate de seu funcionamento saudável.

A família como totalidade contextualizada

Ao entendermos a família como um todo que faz parte de outras totalidades maiores, concluímos que, assim como o indivíduo, ela encontra-se irremediavelmente atravessada por inúmeros elementos de seu contexto social, histórico e cultural mais amplo. Em alguns momentos isso serve para a manutenção de seu equilíbrio; em outros, funciona exatamente como o fator que promove o desequilíbrio, demandando reconfigurações. Um exemplo bem característico do atravessamento desses fatores na família é o fenômeno relativamente recente da diversificação dos modelos familiares.

Ao que tudo indica, dentro de mais 20 anos, a família nuclear, constituída de pais e filhos de um primeiro casamento será minoria no país. O número de divórcios quase dobrou no Brasil em apenas dez anos, e um em cada quatro casamentos termina em separação. A concepção de família nuclear tal como proposta por Ariès (1981) – aquela família convencional em que marido e mulher viviam juntos até que a morte os separasse –, embora ainda esteja presente, vem perdendo cada vez mais terreno para outras modalidades familiares, tais como as oriundas de recasamentos ou ainda as denominadas famílias monoparentais (Vaitsman, 1994; Roudinesco, 2003), entre as quais aquelas compostas de homossexuais assumidos, que são pais por adoção, inseminação ou pelo método biológico tradicional (Uziel, 2004).

Entendemos que, nesse aspecto, a Gestalt-terapia com sua perspectiva fenomenológica e de campo revela-se particularmente adequada para lidar com as grandes transformações nas configurações dos grupos em nossa sociedade, uma vez que, sendo uma abordagem de processo que encerra em seu bojo a possibilidade ininterrupta e infinita de mudança, tem condições de acompanhar o ser humano e seus padrões de interação ao longo desse caminho, sem se fixar em concepções historicamente datadas.

Assim, dentro de uma perspectiva gestáltica, a definição de um contexto familiar saudável não é necessariamente congruente com o modelo de família nuclear, e o que lhe confere caráter saudável não são seus elementos em si, mas em sua configuração, os lugares ocupados na dinâmica familiar e as funções estabelecidas. Com base nisso, podemos trabalhar com todo e qualquer tipo de família, pois o que vai defini-la é a própria forma como ela se apresenta na situação terapêutica, e não mais uma concepção preestabelecida nos moldes de uma família nuclear com pai, mãe e filho.

De acordo com Zinker (2001, p. 227), a definição e a constituição da família são criativas e não estáticas. Isso significa que a definição do que seja uma família e "de quem está incluído muda continuamente, e os limites variam para os diversos acontecimentos da vida". E completa: "Aprendendo a redefinir constantemente a família, o terapeuta expande o campo de observação e de intervenção além do trabalho estruturalmente dirigido à família nuclear, para incluir as definições de famílias expandidas *que mudam com o tempo*" (p. 229) (Grifo nosso).

Assim, o que de fato nos importa como foco de compreensão diagnóstica e de intervenções terapêuticas é se na história do desenvolvimento da criança a família foi capaz de suprir suas necessidades de confirmação, diferenciação e construção de uma sólida e positiva percepção de si mesma. Não importa tanto quem são as pessoas, mas como elas se relacionam entre si e com a criança, e o que ela precisa realizar a fim de satisfazer suas necessidades dentro desse contexto.

A função da família

Uma vez caracterizada a família do ponto de vista da Gestalt-terapia, precisamos destacar seu papel básico no desenvolvimento humano, particularmente no transcorrido durante a infância, que é o de confirmação do ser humano em sua especificidade, promovendo assim sua diferenciação do outro. Tal tarefa apresenta-se como um desafio para todas as famílias, uma vez que também é sua função manter a coesão e a unidade entre seus membros. Dessa forma, sua tarefa é, ao mesmo tempo que acolhe, satisfaz e protege seus membros, permitir-se também frustrá-los, aceitá-los em suas diferenças e facilitar o desenvolvimento da autonomia.

Como a família mantém-se junta, relacionando-se, trocando e nutrindo-se com essa relação e, ao mesmo tempo, consegue conservar a individualidade e a diferenciação de cada membro? Essa é a grande questão com que toda família precisa, de uma forma ou de outra, lidar e se encontra no cerne do desenvolvimento do ser humano. Assim, podemos concluir que a definição de uma família saudável seria a daquela que mais se aproximasse do equilíbrio de tal paradoxo, ou seja, a que pudesse fluir entre momentos de coesão e diferenciação, sempre respeitando as fronteiras de seus membros e acolhendo e negociando suas diferenças.

Segundo Zinker (2001, p. 77), podemos definir como famílias funcionais aquelas que

> [...] são caracterizadas por fronteiras de subsistemas fluidos e flexíveis entre os indivíduos e os grupos de adultos e crianças. [...] Existe um propósito comum, solidariedade, coesão e responsividade, além de respeito pela separação e "unicidade" de cada pessoa. Um ritmo gracioso predomina, dando união e intimidade para a autonomia individual.

Ao depararmos com uma família que nos procura com a demanda de psicoterapia para uma criança, o que percebemos nesse aspecto é que, em geral, ela encontra-se cristalizada em um dos polos do paradoxo: ou a família está completamente misturada, sem espaço para que seus membros se mostrem diferentes, baseada na introjeção de que "para estarmos juntos e nos relacionarmos precisamos ser iguais, não podemos discordar, não podemos ter diferenças, não podemos desagradar uns aos outros e precisamos fazer tudo que o outro quer"; ou seus membros diferenciaram-se e individualizaram-se tanto que já não conseguem ficar juntos e não se permitem trocar – é cada um cuidando de si, ninguém cede espaço a ninguém, ninguém abre mão de nada a favor do outro, e as diferenças entre eles são desqualificadas e muitas vezes ignoradas. Assim, encaramos, de um lado, famílias extremamente confluentes, nas quais a diferença não tem lugar e, portanto, não há possibilidade de troca; de outro, famílias nas quais a diferença é de tal forma marcada que também não há lugar para troca, uma vez que um não pode tolerar a especificidade do outro e, por isso, não se mantém a coesão.

Nas famílias polarizadas na confluência, as fronteiras individuais são pouco consistentes, fazendo que uns invadam o espaço e a privacidade dos outros, não permitindo o crescimento individual. De acordo com Zinker (2001, p. 78-9): "Mães e pais ficam ansiosos quando seus filhos estão para entrar na escola, e as fobias escolares não são incomuns nas crianças dessas famílias. Os filhos podem ter dificuldade para sair de casa, casar-se ou entrar na faculdade. Os pais e filhos são vigilantes demais em relação às vidas uns dos outros".

Em muitos momentos vamos trabalhar com famílias confluentes, e nossa maior tarefa será a de propiciar a diferenciação entre os seus membros com a construção de um forte senso de *eu* na criança, discriminado das necessidades dos outros membros da família. As crianças podem mostrar-se caladas, tímidas, medrosas, com comportamentos típicos de bebê, com dificuldade de escolher e de emitir opiniões, de adaptar-se na escola, de dormir e de brincar sozinhas e de separar-se fisicamente dos familiares. Para promover a diferenciação, precisaremos focalizar as introjeções da criança sobre quem ela precisa ser para ser aceita e as introjeções familiares a respeito do que sejam coesão e harmonia nessa família, de forma que eles possam integrar a possibilidade de se manterem unidos com a de serem diferentes uns dos outros, a possibilidade de se amarem em alguns momentos e em outros ficarem zangados ou tristes uns com os outros. Nesse caso, trabalhar para a aceitação das diferenças e, consequentemente, para a aceitação do outro como ele se apresenta é nosso principal objetivo terapêutico.

Na outra polaridade, não observamos nenhum tipo de coesão com ausência do apoio mútuo entre seus membros. Nesse modelo de família, geralmente as crianças ficam desprotegidas e precisam sobreviver com poucos recursos. Sobre as que costumamos encontrar nessa configuração de família, Zinker (2001, p. 80) afirma:

> As crianças ficam famintas de atenção dos amigos, dos professores e dos vizinhos. Em alguns casos, tentar chamar a atenção roubando ou, de algum outro modo, pegando aquilo que não lhes pertence. Elas podem receber atenção por intermédio de ações disciplinadoras na escola ou de policiais. Seus sentimentos estão profundamente enterrados e suas fronteiras individuais não são facilmente acessíveis. Elas são bem defendidas contra o desrespeito e a dor potencial.

Hoje, cada vez mais deparamos com famílias que se apresentam nessa modalidade de cristalização de sua dinâmica: pais preocupados com o próprio crescimento profissional ou com questões da própria vida que relegam os filhos a segundo plano; pais que, ao acreditarem que precisam educar os filhos "para a vida", atribuem-lhes responsabilidades e funções que ainda não podem abarcar; pais que, fragilizados em sua condição de adulto, apoiam-se na criança, fazendo-a de sua confidente e cuidadora. As crianças comumente se apresentam como "miniadultos" ou com sintomas obsessivos, agressivas, desafiadoras, fóbicas, desligadas ou com sintomas físicos.[38] Nossa principal tarefa terapêutica é fazê-los refletir a respeito de seu papel na dinâmica familiar, promovendo a reconfiguração de funções e possibilitando que seus membros experimentem dar e receber coisas do outro, validando-as e crescendo com elas. Nesse caso, as diferenças precisam ser reconhecidas,

---

38. Essas não são as únicas possibilidades de apresentação da criança na situação terapêutica, e sim as mais comuns – lembrando que, em consonância com nossa visão de homem, o sentido do sintoma é absolutamente singular para cada criança.

aceitas e negociadas de forma que possa ser estabelecida uma troca de caráter nutritivo entre seus membros. Em famílias com crianças, isso significa que os pais retomem seu papel e lugar de cuidadores dentro da família, permitindo nutrir-se daquilo que elas podem oferecer como crianças e gerando recursos para que sejam cuidadas, protegidas e tratadas de acordo com suas necessidades.

Perceber com que família estamos lidando é de crucial importância para o Gestalt-terapeuta infantil, já que ela se apresenta como o principal campo do qual a criança faz parte. Entender seu funcionamento nos permite compreender o funcionamento da criança em questão e estabelecer prioridades de intervenção com os responsáveis ao longo do processo terapêutico[39].

Porém, é preciso lembrar que jamais procuraremos "culpados", pois, segundo nossa perspectiva de campo, ninguém especificamente causa o problema; todos os membros agem em conjunto para organizar ou desorganizar a própria vida de modo que contribua para sua felicidade e seu bem-estar ou para sua insatisfação e seu sofrimento (Zinker, 2001).

Dessa forma, sempre que estivermos iniciando um processo terapêutico, particularmente no momento de compreensão diagnóstica, teremos de olhar para a família da criança e verificar onde ela se encontra nesse *continuum* que se estabelece entre as duas polaridades. Isso significa perguntar-nos como os membros da família se diferenciam e até que ponto essa diferenciação é saudável (que permite troca entre eles) ou não saudável (que os isola, deixando as crianças desprotegidas ou mantendo seus membros tão coesos que as crianças sentem-se invadidas e cerceadas).

O papel da confirmação

A confirmação é a função relacional mais significativa para o desenvolvimento satisfatório da criança e para o estabelecimento de formas saudáveis de contato com o mundo e consigo mesma. É papel da família prover a criança de confirmações iniciais que vão ajudá-la a construir uma autoestima elevada e lhe oferecer a possibilidade de lidar com suas necessidades em consonância com as próprias do meio. Para que isso se dê, é fundamental que o contexto familiar confirme a criança *como um todo* em sua especificidade a cada momento, ou seja, confirme *todos os sentimentos e necessidades* da criança, ainda que nem todos sejam agradáveis para a família, não combinem com aquilo

---

39. Veja o Capítulo 8.

que é esperado dela ou não possam ser totalmente satisfeitos. Essa nem sempre é uma tarefa fácil, porque implica confirmar sentimentos ou necessidades que muitas vezes a família tem dificuldade de aceitar.

Um exemplo típico é a forma como as famílias costumam lidar com a raiva. Não é comum conhecermos pais que achem maravilhoso defrontar-se com sentimentos de raiva do filho. Em geral, as crianças aprendem desde muito cedo que esse não é um sentimento válido, que não é algo que se deva mostrar, que quando expresso pode causar muitos danos e, sobretudo, pode fazê-la perder a aprovação e o amor dos adultos. No entanto, dentro da perspectiva da confirmação, esse é um sentimento como qualquer outro, e sua existência e validade precisam ser confirmadas. A criança precisa saber que a raiva é sentida por todos, fazendo parte do repertório mais amplo dos sentimentos humanos, e que sua existência não exclui seu sentimento de amor pelas mesmas pessoas das quais tem raiva. E, principalmente, não faz que elas não a amem mais. Isso é fundamental para que a criança não precise suprimir tal sentimento de seu repertório em prol da aceitação do outro e, com isso, necessite realizar ajustamentos criativos disfuncionais que impedirão o desenrolar satisfatório do curso de seu desenvolvimento e de sua interação com o mundo.

Porém, é preciso ressaltar que o fato de confirmarmos um sentimento não significa aceitar todo e qualquer tipo de expressão dele; a grande tarefa do adulto é exatamente confirmar o sentimento e ajudar a criança a encontrar formas satisfatórias e adequadas a seu contexto para expressá-lo. A criança pode sentir raiva do adulto, mas não pode agredi-lo fisicamente (e vice-versa); pode ficar frustrada, mas não pode quebrar seu quarto inteiro por causa disso. No entanto, em geral, ao criticar ou punir o comportamento da criança, o adulto acaba por criticar ou punir o sentimento subjacente, enviando à criança a mensagem de que ele não é lícito de ser experimentado nem possível de ser expresso, fazendo que ela sinta-se má, inadequada, confusa e *sem meios de expressar* aquilo que está sentindo. Assim, cria-se uma série de ajustamentos evitativos que a ajudam a suprimir o que está sentindo ou lhe dão outro rumo[40].

Assim, ao confirmar um sentimento como esse, confirmamos a possibilidade de sua existência e a potencialidade da criança para lidar com ele de forma satisfatória, oferecendo alternativas para sua expressão quando esta for inadequada para o momen-

---

40. Veja o Capítulo 5.

to ou situação ou ferir o critério de integridade[41] da família e do espaço. A criança não pode quebrar o quarto inteiro, mas pode gritar no chuveiro, morder um anel de borracha, bater no travesseiro, rasgar papel velho, torcer uma toalha ou pular com bastante força em uma almofada. Na situação terapêutica, vemos que a maioria das crianças suprimiu uma grande parte de seus sentimentos na medida em que não puderam ser confirmados por sua família, e uma das tarefas da psicoterapia é exatamente a de possibilitar a identificação, aceitação e expressão de tais sentimentos[42].

Nesse ponto, consideramos importante fazer uma diferenciação entre o que estamos chamando de confirmação e o que comumente se entende por elogio. Confirmação e elogio não são sinônimos e nem todo elogio é confirmador. Um exemplo típico de elogio que não é confirmador é quando a criança faz um desenho e vai toda animada mostrar ao adulto que, ocupado com outra coisa, mal olha para o papel e diz: "Que lindo!" Embora isso possa ser considerado um elogio, não é uma confirmação, porque não foi autêntico; o adulto não se encontrava presente na relação, o que a criança logo percebe. Outro exemplo é o do adulto que faz uma "festa" a cada coisa que a criança faz ou diz, cobrindo-a de elogios pouco congruentes com a situação ou com aquilo que foi realizado. Não é confirmação porque não é autêntico nem congruente com aquilo que a criança efetivamente fez. Assim, ela pode começar a desconfiar da veracidade do que lhe é dito, o que mina sua possibilidade de confiar no adulto e de construir uma percepção adequada acerca de seu potencial a cada momento, ou talvez entenda que aquilo é extremamente importante para o adulto e comece a se exigir fazer coisas sempre daquele jeito a fim de ganhar sua aprovação.

A forma de falar com uma criança tem grande influência nisso. Ao dizermos: "Puxa, que legal! Isso é muito bom!", expressamos um sentimento nosso em relação ao que ela fez, e não focalizando o sentimento dela ao fazer ou o seu potencial para realizar aquilo. Com isso, talvez a criança entenda que toda vez que ela fizer algo daquela forma vai nos deixar muito felizes, o que pode levá-la a realizar coisas apenas para deixar o outro feliz – a despeito das próprias necessidades –, exigindo-se *performances* perfeitas para que o outro a valorize. Nesse ponto, é importante lembrar que a confirmação, tal qual nas relações familiares, vai estar presente em todas as outras, inclusive na relação terapêutica, e que tal diferenciação é fundamental para que o psicoterapeuta não alimente o padrão predominantemente introjetivo de determinadas

---

41. Denominamos de *critério da integridade* aquele que utiliza como referência o que venha a ser uma ameaça à integridade da criança, do espaço e das pessoas que a rodeiam.

42. Veja o Capítulo 7.

crianças que obtêm satisfação da percepção de que são "boas clientes" porque fazem coisas que o deixam feliz[43].

Dessa forma, a confirmação sempre será mais facilitadora que um elogio, pois não envolve juízo de valor de quem a emite, mas o reconhecimento justo daquilo que a criança pode ser em dado momento, assinalando todo seu potencial de vir a ser diferente em outra ocasião.

Em geral, as famílias confirmam na criança aquilo que valorizam e punem aquilo que não aprovam ou julgam inconveniente, fazendo que muitas vezes as crianças apresentem-se cristalizadas nas polaridades valorizadas por sua família, tal qual a de "boazinha", "nota dez", "duro na queda" ou "bonequinha", sem a possibilidade de expressar – e, às vezes, de permitir-se ter – qualquer sentimento que se contraponha àquilo que ela percebe como sendo "ela mesma".

No entanto, algumas crianças encontram confirmação exatamente nos comportamentos pouco valorizados e os cristalizam nas polaridades "pestinha", "impossível", "nota zero", "chorão" ou "fracote". Geralmente, isso acontece em virtude da autorregulação familiar, em uma tentativa de diferenciação dos demais membros que permitem que a criança sinta-se percebida. É bastante comum nesses casos encontrarmos a outra polaridade dentro da família, ou seja, o irmão "fortão" ou a "irmã nota dez". Dentro de uma perspectiva gestáltica, entendemos que essa foi a única forma encontrada pela criança para diferenciar-se dos irmãos – principalmente quando existem comparações e exigências de seguir o modelo de determinado irmão –, na tentativa de ser aceita ou pelo menos vista e nomeada por seus pais. Estes, por sua vez, também cristalizam a percepção que têm de cada filho, amarrando-os aos próprios rótulos que lhes foram dados, sem perceber e validar nada que a criança apresente de diferente do padrão estabelecido, retroalimentando assim o comportamento que dá sentido ao rótulo, pois é a partir dele que a criança obtém o olhar dos pais. Existem pais, por exemplo, que só se dirigem à criança para criticá-la, implicar com ela ou impedi-la de realizar algo; certamente não é à toa que tal criança se especializa em fazer coisas que ela sabe que vão desagradar aos pais, pois essa é sua única forma de receber a confirmação de que ela é alguém que existe e afeta o mundo e as pessoas à sua volta.

A família é então o contexto no qual as habilidades relacionais florescerão primeiro. O desenvolvimento de tais habilidades na criança de forma mais ou menos satisfatória dependerá das habilidades relacionais dos outros membros da família, em especial

---

43. Veja o Capítulo 7.

dos adultos, que por sua vez desenvolveram-nas em suas famílias de origem – e assim progressivamente. A presença de situações inacabadas e de pontos de interrupção no desenvolvimento de cada um dos membros da família concorrerá para um ajustamento mais ou menos satisfatório. A criança, parte desse contexto, construirá suas possibilidades de autorregulação, em parte, em função daquelas oferecidas pelo meio e, em outra, dos seus próprios recursos e necessidades, apresentando um funcionamento saudável ou não em sua relação com o mundo como fruto dessa interação (Frazão, 1997).

5 FUNCIONAMENTO SAUDÁVEL E NÃO SAUDÁVEL EM GESTALT-TERAPIA

Nos capítulos precedentes, observamos que, na tentativa de autor-regulação em sua interação com o mundo, tendo a necessidade de ser confirmada como básica e prioritária, a criança vai construindo inúmeras maneiras de estar e relacionar-se, a que denominamos de ajustamentos criativos e podem se apresentar de formas mais saudáveis ou menos saudáveis.

O sintoma como ajustamento criativo

O que diferencia o ajustamento criativo dito saudável do não saudável é basicamente a forma como a interação criança/mundo regida pelo processo de autorregulação acontece. Existem sempre muitas necessidades em jogo nessa interação a cada momento. Para satisfazê-las, é necessário estabelecer uma ordem a fim de organizá-las em uma hierarquia: da mais importante para a menos importante.

Ao longo do desenvolvimento, nem sempre é fácil para a criança satisfazer todas as suas necessidades importantes, pois ela costuma privilegiar a que geralmente é considerada a principal de todas: sua necessidade de ser confirmada[44] pelo outro. Se tal necessidade não entrar em conflito com a satisfação de outras, a tendência é que a criança consiga estabelecer uma forma fluida de emergência e satisfação de suas necessidades na interação com o mundo, realizando

---

44. Veja os Capítulos 3 e 4.

ajustamentos criativos específicos a cada situação e a cada momento de sua vida, caracterizando um funcionamento saudável.

Assim, da perspectiva gestáltica, denominamos saudável o indivíduo que "se relaciona criativamente com o meio enquanto indivíduo único, com vistas à expressão e ao atendimento de necessidades, mantendo, ao mesmo tempo, uma relação respeitosa com o outro em sua unicidade" (Frazão, 1997, p. 67). Isso diz respeito à possibilidade de a criança ser e estar no mundo a partir das próprias necessidades sem, no entanto, precisar abrir mão da presença e da confirmação do outro.

Se, por outro lado, para obter a confirmação do outro, a criança precisa abrir mão da satisfação de inúmeras de suas necessidades, pois sua plena satisfação é incompatível com aquilo que o outro espera dela, sua única saída é tentar negar, suprimir, distorcer ou transformar suas necessidades a fim de manter a possibilidade de reconhecimento nos campos dos quais faz parte, particularmente a família e a escola. Diante dessas expectativas do mundo adulto, a criança submete-se à expectativa e faz exatamente o esperado dela, deixando de lado suas necessidades, ou se contrapõe às expectativas dos adultos, fazendo exatamente o contrário daquilo que esperam. Em ambos os casos, suas necessidades são deixadas de lado: ao realizar o que é esperado, suas necessidades não são satisfeitas; ao contrapor-se aos adultos, tais necessidades não estão em foco, pois o que importa é contestá-los.

Em qualquer desses momentos, a criança realiza ajustamentos criativos pouco satisfatórios, uma vez que, embora atenda à sua necessidade mais importante –, a de ser confirmada, ainda que de forma negativa[45] – deixa de lado todas as outras, dando a elas caminhos alternativos de satisfação: os sintomas.

Perls (1977, p. 41) afirma:

> O homem parece nascer com um sentido de equilíbrio social e psicológico tão acurado quanto seu sentido de equilíbrio físico. Cada movimento que faz no seu nível social ou psicológico é dirigido para a descoberta deste equilíbrio, *de equilíbrio estável entre suas necessidades pessoais e as demandas de sua sociedade.* Suas dificuldades emergem não do desejo de rejeitar tal equilíbrio, mas dos movimentos extraviados que visavam atingi-los e mantê-los. (Grifo nosso.)

---

45. Veja o Capítulo 4.

Portanto, concluímos que a origem das dificuldades não está no meio nem na criança, mas na relação estabelecida entre eles na busca da melhor configuração possível a cada momento e a cada contexto. Se a demanda do meio é sempre a mesma, tais ajustamentos tendem a se repetir indefinidamente até se transformar nas únicas possibilidades de relação com o meio que a criança consegue vislumbrar. Observamos dessa maneira uma série de comportamentos estereotipados, cristalizados, enrijecidos e invariáveis, muitas vezes independentemente do contexto em que a criança encontra-se, já mostrando com isso uma generalização em sua percepção do mundo e do outro e, consequentemente, de suas formas de relacionar-se.

Assim, o que aponta o caráter não saudável de um ajustamento criativo é o uso que a criança faz dele, a frequência com que ele ocorre e, principalmente, a impossibilidade de a criança ajustar-se de forma diferente nas mais diversas situações, fazendo que ela generalize poucas formas de ajustar-se a um número grande de situações. Isso significa que em alguns momentos seu ajustamento será saudável, pois conseguirá satisfazer suas necessidades sem nenhum prejuízo para sua relação mais ampla com o mundo e o outro; porém, em outros momentos se mostrará inadequado, pois, apesar de satisfazer uma necessidade específica, não contempla outras também importantes para a criança, trazendo uma série de consequências desagradáveis. Estas, por sua vez, demandam outros ajustamentos, que não sendo totalmente funcionais implicam outras consequências insatisfatórias – e assim por diante, numa sucessão de ajustamentos disfuncionais na relação da criança com o mundo e com seu semelhante.

Essa constatação remete-nos então a uma perspectiva de funcionamento saudável e não saudável como fenômenos fundamentalmente interativos, conforme explicitado em Frazão (1997, p. 69):

Considero funcionamento não saudável um fenômeno interativo que ocorre na fronteira de contato e se refere à inabilidade de se relacionar criativamente com o meio, relacionando-se, ao invés disso, através de padrões cristalizados e repetitivos, através dos quais a expressão de necessidades é distorcida ou suprimida com vistas a manter a relação com o outro, por mais artificial ou inautêntica que uma relação deste tipo possa parecer.

Perls (1977, p. 42) completa:

Parece-me que o desequilíbrio surge quando, simultaneamente, o indivíduo e o grupo vivenciam necessidades diferentes, e quando o indivíduo é incapaz de distinguir qual é a dominante. O grupo pode significar a família, o Estado, o círculo social, companheiros de trabalho – qualquer ou todas as combinações de pessoas que tenham uma relação funcional específica com um outro, em qualquer tempo.

Determinado comportamento de uma criança, em dado momento, mesmo que aos nossos olhos pareça algo negativo, pouco satisfatório ou não saudável, pode ser realmente a melhor forma e a melhor saída para ela naquela situação. Assim, é importante ressaltar que o fato de a criança ter lançado mão daquele comportamento naquele momento como ajustamento criativo não atribui em si um caráter não saudável para a maneira utilizada para autorregular-se. A perspectiva não saudável só se apresenta a partir do momento em que tal comportamento torna-se repetitivo ou generalizado para outras situações, deixando a criança presa a uma única forma de reagir ao mundo. Se a escolha inicial torna-se incômoda ou pouco satisfatória, é preciso contar com a possibilidade de revê-la, mudar de posição e verificar a forma que melhor atende a suas necessidades no contexto e no momento. Se a criança não tem chance de rever sua escolha e persevera na mesma forma de lidar com o mundo, o que era, inicialmente, um ajustamento criativo saudável, funcional, torna-se um ajustamento criativo disfuncional – em outras palavras, um ajustamento evitativo ou neurótico.

Portanto, constatamos que a noção de saúde em Gestalt-terapia está focalizada na possibilidade de fluidez na satisfação contínua das necessidades emergentes, de acordo com o contexto e o momento em que a criança encontra-se. Isso significa a presença de uma variedade de recursos da própria criança e oriundos do meio, de modo que ela tenha inúmeras opções de escolha em cada situação. Para que tais recursos estejam disponíveis, é fundamental que o meio apresente-se de forma predominantemente permissiva – no sentido de fomentar o desenvolvimento das funções de contato da criança e sua capacidade de discriminação do outro.

No funcionamento não saudável, a criança não vislumbra possibilidades a não ser a que ela vem apresentando repetidamente. Usando uma metáfora, para a Gestalt-terapia, o funcionamento não saudável ocorre quando o ser humano, tendo uma maleta de ferramentas para lidar com o mundo, utiliza somente uma, duas ou três, lidando com as situações sempre com os mesmos instrumentos. Se a ferramenta escolhida é uma chave de fenda, ao encontrar um parafuso, ela será adequada. No entanto, nem todas as situações demandarão o uso de uma chave de fenda: talvez sejam necessários um alicate, um martelo ou um serrote, e a chave de fenda deixará a desejar. A saúde é justamente a possibilidade de viver a novidade que se apresenta a cada situação como algo original, e não como mera sombra ou repetição de algo antigo, podendo-se criar outras formas para abordá-la. Diante disso, é tarefa da psicoterapia ajudar a criança a enxergar saídas, perceber como se interrompem certos processos e experimentar novas formas de ação no mundo, resgatando suas necessidades suprimidas e enfrentando seu medo de desaprovação do outro.

As funções de contato

Os ajustamentos criativos pouco satisfatórios ou não saudáveis se apresentam na forma de comportamentos padronizados, rígidos e estereotipados, implicando a presença de bloqueios e distorções no uso das funções de contato (Polster, 2001).

É por meio das funções de contato que nossa percepção se organiza e nossos sentimentos adquirem significado. Em um desenvolvimento saudável, elas funcionarão harmoniosamente em todas as situações de troca com o mundo[46]. Se as funções de contato estiverem desenvolvidas e desbloqueadas, a criança experimentará um contato mais pleno com o mundo. Caso elas se apresentem bloqueadas ou distorcidas, certamente esse contato se apresentará diminuído e empobrecido.

A criança, ao longo de seu desenvolvimento, realizando seus ajustamentos criativos, precisará em alguns momentos diminuir ou interromper o contato realizado pelos seus sentidos, pelo seu corpo e pela sua linguagem verbal. Se tais ajustamentos se mantiverem, essa diminuição ou bloqueio tenderão a cristalizar-se, dificultando o contato não só no início como também em outras situações. Se uma criança oriunda de uma família em que as pessoas gritam e brigam muito diminui sua capacidade de escuta e isso se torna regra, todo o seu contato com o resto do mundo a partir da escuta fica prejudicado, já que um dos importantes canais de contato encontra-se obstruído.

Em geral, no movimento de busca de equilíbrio, a criança obstrui uma função de contato enquanto privilegia outra. Nesse caso, embora existam uma ou mais funções livres para o contato, a interação com o mundo não se dá de forma totalmente plena, pois o contato fica reduzido a um único tipo de canal. Também pode ocorrer de o canal de contato privilegiado encontrar-se a serviço de uma distorção com o objetivo de evitar ou minimizar o contato. Uma criança que chega ao consultório, senta-se no sofá e fala articuladamente como se fosse um adulto não está necessariamente realizando um bom contato. Se suas outras funções não se encontram presentes e atuantes, tal experiência pode revelar uma forma de evitação de contato denominada *deflexão*[47], na

---

46. Veja o Capítulo 3.
47. Veja Oaklander (1994) e Polster e Polster (2001).

qual a linguagem verbal é usada prioritariamente para reproduzir um discurso "pronto" que não condiz com as reais necessidades e sentimentos da criança. Outro exemplo é o da criança que desde a primeira sessão com o psicoterapeuta estabelece um forte contato físico, abraçando-o, beijando-o, sentando no seu colo, pendurando-se no seu pescoço etc. Da mesma forma, tal uso da função de contato não implica necessariamente um contato satisfatório com o meio, pois revela um comportamento atípico para um momento inicial de psicoterapia – no qual ainda não existe um vínculo estabelecido –, sugerindo uma capacidade de discriminação diminuída entre a criança e o outro a que denominamos *confluência*[48].

Os mecanismos de evitação de contato ou ajustamentos evitativos (mecanismos neuróticos)

Verificamos que o funcionamento não saudável pode ser identificado com base na observação de padrões fixos e insatisfatórios de ação da criança que se apresentam pela utilização de mecanismos de evitação do contato, interrompendo o curso saudável da satisfação de necessidades[49]. Na literatura da Gestalt-terapia (Perls, 1977; Ginger, 1995; Perls e Polster, Hefferline e Goodman, 1997; Ribeiro, 1997; Polster e Polster, 2001; Rodrigues, 2000; Müller-Granzotto e Müller-Granzotto, 2007) são identificadas sete modalidades de evitação de contato: *introjeção, projeção, deflexão, retroflexão, proflexão, confluência* e *egotismo*. Não há consenso na nomenclatura utilizada para tais modalidades. Em alguns trabalhos, deparamos com o termo "mecanismos neuróticos"; em outros, com a expressão "resistências"; em outros ainda, com as expressões "mecanismos de bloqueio de contato", "distúrbios da fronteira de contato" e "ajustamentos evitativos". Optamos por mecanismos de evitação de contato ou ainda ajustamentos evitativos por achar que são os termos que mais se aproximam da definição de tais formas de interrupção do processo de contato.

Tais ajustamentos correspondem a formas específicas de o ser humano lidar com o mundo e consigo mesmo, impedindo, amenizando ou dificultando em alguns momentos a realização de um contato pleno e genuíno. É importante ressaltar que os

---

48. Idem.

49. Cabe ressaltar que estamos nos referindo única e exclusivamente à interrupção neurótica do processo de contato que caracteriza o que denominamos clínica da neurose, tema quase exclusivo da literatura gestáltica produzida até há bem pouco tempo. Para mais esclarecimentos a respeito da compreensão de outras modalidades de interrupção de contato e suas consequências clínicas, veja Müller-Granzotto e Müller-Granzotto (2012).

mecanismos de evitação de contato estão sempre presentes em todas as configurações humanas e constituem ferramentas importantes para a realização de ajustamentos criativos. A presença ou ocorrência de determinado mecanismo em dado momento e contexto não implica em si um ajustamento disfuncional. Em muitas ocasiões, o contato implicaria ações no mundo pelas quais a criança não poderia se responsabilizar. Ficar zangada com a professora e por isso xingá-la em alto e bom som na sala de aula poderia representar uma livre expressão de sua raiva, mas com certeza deixaria a criança em apuros dentro do contexto escolar. Assim, em certos momentos, o melhor é realmente usar de artifícios para evitar o contato. O que se torna problemático é sempre amenizar o contato e ao mesmo tempo não vislumbrar outras chances de expressão dos sentimentos e necessidades evitados.

Quando esse movimento torna-se repetitivo e cristalizado, as possibilidades nutritivas de contato com o meio diminuem progressivamente. Na medida em que encaramos o ser humano de uma perspectiva singular, percebemos que, em cada criança, tais mecanismos configuram-se de determinado modo; em geral, um ou dois deles se apresentam de forma mais pregnante na relação da criança com o mundo.

As formas de evitação de contato mais comuns nas crianças são: *introjeção, confluência, retroflexão, deflexão* e *projeção*[50].

A *introjeção* é fundamental para a construção inicial das fronteiras da criança, ajudando-a a apreender o mundo e a perceber a diferenciação entre ela e o outro. A *introjeção* faz parte do processo de crescimento e só se torna um impedimento do contato se não é dada à criança, ao longo de seu desenvolvimento, a oportunidade de exercitar sua capacidade de discriminação, questionando algumas dessas introjeções e assimilando somente aquilo que é experimentado como nutritivo e saudável.

Se a criança não desenvolve a possibilidade de discriminar, lida com o mundo de forma que as necessidades do outro são percebidas como "certas" e, por isso, são privilegiadas em detrimento de suas próprias necessidades. Dizer "não" ao mundo significa desagradar às pessoas, quebrar regras e não ser totalmente querida em certos momentos. Isso é extremamente difícil para muitas crianças, uma vez que elas não têm autossuporte suficiente para responsabilizar-se pelas consequências de suas escolhas diante de um mundo adulto que não se mostra acolhedor e permissivo. As crianças predominantemente introjetivas têm dificuldade de realizar escolhas na sessão

---

50. Em artigo intitulado "A criança em desenvolvimento no mundo: um olhar gestáltico", Antony (2006) apresenta sua perspectiva de como tais modalidades de evitação de contato surgem ao longo dos primeiros anos de vida, inicialmente sob um aspecto evolutivo e saudável.

terapêutica, costumam pedir permissão para tudo, esperam que o psicoterapeuta tome a iniciativa e parecem sempre muito preocupadas em realizar aquilo que elas desconfiam ser a expectativa dele. É comum também pedirem muita aprovação – perguntando: "Meu desenho está bonito?" ou "Você gostou do que eu fiz?" – e ficarem extremamente ansiosas diante de algo que consideram falhas, como derrubar a água do pote de pincéis, sujar o chão ou a própria roupa ou deixar cair algo.

A presença de um padrão relacional confluente na psicoterapia com crianças é algo bastante comum. A *confluência* é o estágio inicial de todo relacionamento entre mãe e filho, e implica a ausência de uma fronteira delimitadora, ou seja, uma dificuldade de discriminação entre a criança e o outro. Em psicoterapia, costumamos encontrar crianças que ainda se mantêm em um padrão de confluência, apresentando dificuldade de discriminação do adulto cuidador. Tais crianças não ficam sozinhas em nenhum cômodo da casa, não querem largar a mãe para nada, não dormem sozinhas na casa de coleguinhas e, principalmente, parecem não ter voz própria. Ao ser indagadas a respeito de algo, invariavelmente olham para o adulto em busca da resposta, ou dizem claramente: "A minha mãe é que sabe". A criança em um padrão relacional confluente não tem espaço para suas necessidades. Estas são as do adulto com quem ela conflui; ela é uma continuação do adulto que fala e responde por ela, não permitindo que se insira no mundo, discrimine-se e desenvolva-se satisfatoriamente; também acaba não conseguindo completar a sua inserção no mundo, porque à medida que vai crescendo ela necessariamente precisa se separar e experimentar situações por conta própria.

Isso é tão comum em psicoterapia que, muitas vezes, o profissional precisa começar o trabalho pela dupla criança/adulto. Algumas crianças não conseguem se separar da mãe na sala de espera nem querem entrar sozinhas no espaço terapêutico, pois literalmente a vivenciam como uma parte de seu *corpo*. Nesse caso, se não acolhermos a mãe junto com a criança, não criamos possibilidade de trabalho e intervenção, já que temos uma "unidade relacional" e não uma criança razoavelmente discriminada do adulto.

Outra configuração bastante comum em psicoterapia com crianças é a *retroflexiva*, na qual elas voltam para si mesmas uma energia que deveria ter sido aplicada no mundo e, por alguma razão, foi suprimida. Elas apresentam doenças que não reagem a tratamento médico, como dor de cabeça ou dor de barriga. Arrancam os cabelos, roem as unhas, machucam braços e pernas, rangem os dentes, contraem os músculos involuntariamente ou mergulham em atividades autoeróticas, como comer ou masturbar-se em excesso. A *retroflexão* é particularmente comum em crianças pequenas, em função do precário desenvolvimento de sua linguagem verbal e do uso predominante de sua função de contato cenestésica[51]. Na ausência de palavras e de outras formas permitidas de se expressar, elas voltam para o seu corpo aquilo que percebem como não tendo saída. A raiva, por exemplo, costuma ser um sentimento passível de retroflexão em crianças, já que em geral o adulto não permite sua livre expressão. Sentimentos de rejeição e abandono também costumam se apresentar retrofletidos, e a configuração resultante acaba muitas vezes por retroalimentar o processo de retroflexão, uma vez que não raro essa é a forma como tais crianças recebem atenção e cuidado.

Na *deflexão*, a criança minimiza o impacto do contato, tirando sua cor e seu calor. Percebemos isso em psicoterapia quando falamos com a criança e ela "faz de conta" que não ouviu, canta enquanto o psicoterapeuta fala, muda de assunto, ou diz que não sabe. Para manter seus sentimentos sob controle, tais crianças podem se apresentar desligadas, apáticas ou agressivas, chamando a atenção para um sentimento a fim de esconder outro, como a mágoa. Evitar perguntas, não experimentar nada novo, não olhar para o psicoterapeuta e explorar pouco a sala e os recursos lúdicos são outros sinais da presença da deflexão como modalidade de evitação de contato.

Na *projeção*, a criança aponta no outro algo de si que não consegue aceitar ou perceber em si mesma. Esse é um mecanismo muito típico das crianças que, ao suprimirem suas partes percebidas como "feias", acabam projetando-as em outras pessoas ou nos recursos lúdicos ao longo do processo terapêutico. Muitas vezes, elas nos falam dos seus sintomas apontando-os em outras crianças: a menina que diz que a irmã mais nova faz xixi na cama, ou o menino que diz que o coleguinha da escola é muito bagunceiro. É importante ressaltar que nem sempre elas projetam somente características ou sentimentos ditos "negativos"; algumas crianças, a partir de uma série de introjeções negativas a respeito de si mesmas, não reconhecem suas competências e projetam aquilo que percebem de positivo e construtivo em algo ou alguém fora delas: a criança que diz que tirou nota boa na prova porque a prova estava fácil, que conseguiu algo porque a mãe ajudou ou ainda porque foi "pura sorte".

Ainda que a criança apresente um ajustamento evitativo predominante, isso não a exime de apresentar outros, seja de forma satisfatória ou não. Como entendemos o ser humano do ponto de vista holístico, a cada momento ela se mostrará como uma totalidade integrada na qual ajustamentos evitativos e funções de contato se apresentarão articulados e interdependentes, em uma configuração única e representativa da melhor forma possível adquirida por ela naquele instante e naquela situação.

---

51. Corresponde ao movimento corporal.

GESTALT-TERAPIA COM CRIANÇAS **89**

6 A COMPREENSÃO DIAGNÓSTICA EM GESTALT-TERAPIA COM CRIANÇAS

O diagnóstico em Gestalt-terapia

Ao pensarmos em diagnóstico, geralmente nos reportamos a uma perspectiva tradicional na psicologia clínica, que envolve determinados procedimentos preestabelecidos, realizados em certa ordem, em determinado número de sessões, visando localizar o que o cliente apresenta dentro de categorias específicas, estabelecer objetivos terapêuticos e escolher técnicas para alcançá-los, além de emitir expectativas prognósticas.

Na perspectiva gestáltica de homem, tal concepção de diagnóstico torna-se absolutamente incompatível, uma vez que, se entendemos que o homem é um constante vir a ser, como encaixá-lo em uma categoria fixa, que afirma que ele é isso ou é aquilo? Além disso, se, afinados com a fenomenologia, privilegiamos a sabedoria do cliente e a sua atribuição de significado às suas próprias questões, como um psicoterapeuta, após observá-lo e testá-lo, pode enunciar aquilo que ele é e o significado de suas questões e dificuldades? Ainda, se acreditamos que o homem é um ser de potencialidades que tem a liberdade de escolher a cada momento o caminho a seguir, como traçar um plano terapêutico para esse cliente? E, se priorizamos a singularidade humana, como supor que todos os seres humanos são passíveis de ser encaixados em determinado número de categorias psicopatológicas? E mais: se compreendemos o ser humano como parte de um campo, como estabelecer causas únicas para seus padrões relacionais disfuncionais?

Tal incompatibilidade entre os pressupostos do psicodiagnóstico clássico e a concepção de ser humano da Gestalt-terapia gerou durante muito tempo uma completa aversão de seus representantes a qualquer possibilidade de realização de um diagnóstico, percebido como tentativa de classificação do homem, julgamento de suas escolhas e aprisionamento de suas possibilidades criativas de estar no mundo. Conforme aponta Yontef (1998, p. 276):

> A Gestalt-terapia rejeitou a ênfase diagnóstica da psicanálise clássica junto com a teoria do inconsciente, do relacionamento e da causalidade mecanicista. A visão do terapeuta como a autoridade que resolvia tudo com antecedência, necessitando de um longo processo diagnóstico, para então dizer ao paciente o que era a verdade, foi descartada em favor da crença de que os valores de crescimento, clareza, verdade emergiam para o indivíduo resultantes da interação social – do relacionamento dialógico entre terapeuta e paciente.

No entanto, ao longo dos últimos anos, com o resgate de seus pressupostos filosóficos e uma maior articulação destes com a prática clínica, paralelamente a uma avaliação e revisão da forma como esta vinha sendo realizada e, particularmente, das dificuldades encontradas e dos "resultados" obtidos, a necessidade de fazer um diagnóstico começou a ser discutida.

Em uma linguagem gestáltica, poderíamos afirmar que finalmente conseguimos "discriminar criativamente" a questão do diagnóstico em Gestalt-terapia. Assim, paramos de simplesmente refutar a perspectiva clássica e partimos para olhar nosso arcabouço teórico e pensar uma perspectiva gestáltica de diagnóstico.

Nesse sentido, começamos a perceber que, embora o homem seja um constante vir a ser, quando ele vem à psicoterapia é exatamente porque se encontra impedido nesse fluir e cristalizado em alguns padrões ou formas habituais que não estão sendo experimentados como satisfatórios. Percebemos também que sua sabedoria organísmica encontra-se prejudicada, pois ele tem pouca *awareness* a respeito de suas necessidades e do significado de suas questões. Ele vem à psicoterapia exatamente porque não consegue dar sentido, continuidade e direção ao seu projeto de vida, interrompendo-se sem perceber e com dificuldade de escolher seus caminhos e de responsabilizar-se por suas escolhas. Ainda que ele se apresente de forma única, também traz características e comportamentos semelhantes aos de outros clientes, apontando para algumas regularidades, para algo compartilhado com outros seres humanos nessas configurações. Apesar de não indicar uma causa única para seus problemas e dificuldades, geralmente é isso que o cliente faz, aprisionando suas possibilidades presentes em determinados fatos ou pessoas. É fundamental identificar todos os elementos do campo possivelmente envolvidos na situação, de modo que psicoterapeuta e cliente tenham mais opções de compreensão e atuação para construir novas formas de relação com o mundo.

Começamos a perceber que, embora os pressupostos do diagnóstico clássico não nos sirvam, isso não nos exime de realizar um diagnóstico que nos permitisse compreender a experiência do cliente, os modos de se relacionar consigo mesmo e com o mundo, suas necessidades, seus objetivos e particularmente suas *formas de se impedir* de alcançar uma vida plena e satisfatória. No bojo dessa discussão, vários autores (Clarkson, 1989; Melnick e Nevis, 1992; Frazão, 1996; Swanson e Lichtemberg, 1998; Yontef, 1998; Deslile, 1999; Fuhr, Sreckovic e Gremmler-Fuhr, 2000; Pimentel, 2000, 2004), nos últimos anos, apontaram tanto a necessidade de fazer um diagnóstico em Gestalt-terapia quanto o desenvolvimento de possibilidades para sua realização[52].

Assim, passamos a refletir sobre a necessidade de realizar um diagnóstico que não fosse definitivo, pois concebemos o homem em processo constante; que não fosse marcado pela causalidade, pois não percebemos o comportamento humano como resultado de um mecanismo de causa e efeito, mas de processos circulares de retroalimentação e de relações estabelecidas entre inúmeros elementos no campo; e ainda permitisse identificar os elementos do campo possivelmente envolvidos na situação de modo que psicoterapeuta e cliente tivessem opções para a construção de novas formas de relação com o mundo que não fossem hierarquicamente estabelecidas. Acreditamos em um homem que pode nos dizer a respeito de si e valorizamos a descrição da sua experiência. É preciso não reduzi-lo às características compartilhadas com outros seres humanos, pois ele é uma totalidade que vai além das regularidades, em uma configuração total que é sempre única.

Caminhando nesse sentido, hoje podemos falar de uma perspectiva gestáltica de diagnóstico que denominamos de *compreensão diagnóstica*, totalmente afinada com a concepção de ser humano em Gestalt-terapia, que privilegia a observação, a descrição da experiência singular do cliente, a identificação de como ele interrompe o fluxo do contato e o tipo de apelo[53] que ele endereça ao psicoterapeuta, bem como as relações entre os diversos elementos do campo do qual ele faz parte.

---

52. A noção de "clínicas gestálticas" desenvolvida por Müller-Granzotto e Müller-Granzotto (2007, 2012) permite ao psicoterapeuta realizar uma importante distinção entre os tipos de ajustamento mencionados por Perls, Hefferline e Goodman (1997), qual sejam, os neuróticos, psicóticos e aflitivos, e, com isso, orientar a sua prática.

53. Estamos chamando de "apelo" as formas como o cliente convoca o psicoterapeuta na relação terapêutica e o papel a ele conferido. Identificar o tipo de apelo que nos auxilia a discriminar diante de qual modalidade de ajustamento nos encontramos (Müller-Granzotto e Müller-Granzotto, 2007, 2012).

Dessa forma, concordamos com Frazão (1996) acerca da perspectiva processual do diagnóstico, o que aponta para a compreensão diagnóstica obrigatoriamente como uma descrição da singularidade existencial do cliente no momento presente. No caso da compreensão diagnóstica em Gestalt-terapia com crianças, tal perspectiva implica uma descrição da singularidade existencial da criança como parte de um campo cuja configuração total também é singular, dos elementos que o compõem, do modo como eles se relacionam, particularmente das relações cristalizadas em formas disfuncionais de busca de satisfação, com a identificação dos mecanismos de evitação de contato predominantes e das funções de contato distorcidas e/ou bloqueadas, além do levantamento dos recursos para transformação presentes no campo.

É importante ressaltar que tal perspectiva de diagnóstico constitui um desafio para o psicoterapeuta, quase sempre formado nos parâmetros do psicodiagnóstico clássico. A necessidade de abrir mão da "vontade de saber" sobre o cliente, do afã de "entender tudo" que se passa, de dar explicações imediatas para todos os seus comportamentos e oferecer soluções e encaminhamentos padronizados para o que foi "descoberto" sobre ele precisa ser um constante compromisso do Gestalt-terapeuta. Vale lembrar o que Perls, Hefferline e Goodman (1997, p. 135) assinalam acerca do processo terapêutico: "O objetivo da psicoterapia não é o de o psicoterapeuta ter consciência de algo a respeito do paciente, mas de o paciente ter consciência de si próprio".

Isso aponta para a importância de o psicoterapeuta trabalhar sua ansiedade de "saber" e "entender", que geralmente atende à necessidade de sentir-se um "bom terapeuta" e de fundamentar-se em uma atitude fenomenológica de "não saber" e "ir às coisas mesmas" para, junto com o cliente, aos poucos auxiliá-lo a desvelar seus significados, dar-se conta de suas interrupções e criar possibilidades novas para sua vida.

É extremamente comum em nossa experiência em cursos de capacitação e treinamento de Gestalt-terapeutas notar uma grande ansiedade nos profissionais acerca de "como lidar" com uma criança "tímida", "agressiva" ou "hiperativa", como se para cada "quadro" apresentado houvesse uma forma padronizada de condução do processo terapêutico – o que novamente nos remete à importância de não perdermos de vista nossa concepção de homem no encaminhamento tanto da compreensão diagnóstica quanto do processo terapêutico.

Vejamos como o DSM-IV caracteriza o Transtorno Obsessivo-Compulsivo[54]:

---

54. O DSM-5 foi lançado nos Estados Unidos em maio de 2013, mas não houve modificações substanciais nos critérios de avaliação diagnóstica do TOC.

Critérios diagnósticos para F42.8 – 300.3 Transtorno Obsessivo-Compulsivo
A. Obsessões ou compulsões:
Obsessões, definidas por (1), (2), (3) e (4): (1) pensamentos, impulsos ou imagens recorrentes e persistentes que, em algum momento durante a perturbação, são experimentados como intrusivos e inadequados e causam acentuada ansiedade ou sofrimento; (2) pensamentos, impulsos ou imagens não são meras preocupações excessivas com problemas da vida real; (3) a pessoa tenta ignorar ou suprimir tais pensamentos, impulsos ou imagens, ou neutralizá-los com algum outro pensamento ou ação; (4) a pessoa reconhece que os pensamentos, impulsos ou imagens obsessivas são produto de sua própria mente (não impostos de fora, como na inserção de pensamentos).
Compulsões, definidas por (1) e (2): (1) comportamentos repetitivos (ex.: lavar as mãos, organizar, verificar) ou atos mentais (ex.: orar, contar ou repetir palavras em silêncio) que a pessoa sente-se compelida a executar em resposta a uma obsessão ou de acordo com regras que devem ser rigidamente aplicadas; (2) comportamentos ou atos mentais que visam a prevenir ou a reduzir o sofrimento ou evitar algum evento ou situação temida; entretanto, esses comportamentos ou atos mentais não têm uma conexão realista com o que visam a neutralizar ou a evitar ou são claramente excessivos.
B. Em algum ponto durante o curso do transtorno, o indivíduo reconheceu que as obsessões ou compulsões são excessivas ou irracionais. Nota: isso não se aplica a crianças.
C. As obsessões ou compulsões causam acentuado sofrimento, consomem tempo (tomam mais de uma hora por dia) ou interferem significativamente na rotina, no funcionamento ocupacional (ou acadêmico), em atividades ou relacionamentos sociais habituais do indivíduo.
D. Se outro transtorno do Eixo I está presente, o conteúdo das obsessões ou compulsões não está restrito a ele (ex.: preocupação com alimentos na presença de um transtorno alimentar; puxar os cabelos na presença de tricotilomania; preocupação com a aparência na presença de transtorno dismórfico corporal; preocupação com drogas na presença de um transtorno por uso de substância; preocupação com ter uma doença grave na presença de hipocondria; preocupação com anseios ou fantasias sexuais na presença de uma parafilia; ruminações de culpa na presença de um transtorno depressivo maior).
E. A perturbação não se deve aos efeitos fisiológicos diretos de uma substância (ex.: abuso de droga, medicamento) ou de uma condição médica geral.
Especifica-se Com *insight* pobre: se, na maior parte do tempo durante o episódio atual, o indivíduo não reconhece que as obsessões e compulsões são excessivas ou irracionais.

Levando-se em consideração os itens A, C e E, tal descrição corresponde em todos os detalhes ao que é relatado por J., 12 anos, e por seus responsáveis acerca do que os vem afligindo nos últimos meses. Se essa descrição é chamada de transtorno obsessivo-compulsivo, então podemos afirmar que J. apresenta um transtorno obsessivo-compulsivo. Mas o que realmente sabemos a respeito de J. ao ler essa descrição e fazer essa afirmação? Concluímos que sabemos acerca da "doença", daquilo que é comum e regularmente encontrado nos indivíduos categorizados como neuróticos obsessivos, mas nada sabermos a respeito do cliente, de seu contexto de vida, de suas necessidades e expectativas, da forma como tais sintomas se apresentam em seu campo, do sentido que eles obtêm no seu ambiente, dos possíveis ajustamentos criativos que eles representam, ou seja, de como aquilo que ele compartilha com outros indivíduos denominados "neuróticos obsessivos" articula-se com suas especificidades e compõe uma totalidade singular. Perls (1977, p. 98) já dizia que "a Gestalt-terapia é uma abordagem existencial, o que significa que não nos ocupamos somente em lidar com sintomas ou estrutura de caráter, mas com a existência total da pessoa". Do ponto de vista da Gestalt-terapia, não existe um "neurótico-obsessivo" igual ao outro, pois, como vimos, é na totalidade que o indivíduo manifesta sua singularidade e não em partes isoladas[55].

Costumamos assinalar que não precisamos nos contrapor aos manuais de psicopatologia nem negar suas descrições. Nesse aspecto, concordamos com Deslile (1999) quando ele observa que os critérios estabelecidos, por exemplo, pelo DSM-IV são predominantemente descritivos e, por isso, podem ser considerados pelos Gestalt-terapeutas sem que isso venha necessariamente ferir sua compreensão fenomenológica do cliente, uma vez que ela vai além das regularidades observadas pelo manual. Conforme aponta Yontef (1998, p. 279), "diagnosticar pode ser um processo de prestar atenção, respeitosamente, a quem a pessoa é, tanto como um indivíduo único como no que diz respeito às características partilhadas com outros indivíduos".

Com base nessa visão, estabelecemos princípios práticos para uma compreensão diagnóstica gestáltica, apontando dimensões fenomenológicas de investigação e elaborando questões diagnósticas que nos ajudem a esclarecer as grandes dúvidas que se apresentam a todo psicoterapeuta de crianças no momento inicial da psicoterapia: o que está acontecendo com essa criança e de que forma posso ajudá-la?

Princípios básicos da compreensão diagnóstica

1. Refere-se sempre à totalidade criança-ambiente.

2. Leva em consideração a interdependência dos elementos do campo e sua tendência à autorregulação.

3. Focaliza o momento presente em suas interlocuções com fatos passados e expectativas futuras.

4. Contempla as informações obtidas por meio da observação e da descrição do cliente sobre o que ele traz como conteúdo e, sobretudo, sobre suas formas habituais neuróticas (padrões relacionais e formas repetitivas de interrupção do processo de contato).

---

55. Veja o Capítulo 2.

A metodologia fenomenológica de investigação

A compreensão diagnóstica dentro da perspectiva gestáltica dá-se por uma metodologia fenomenológica e, necessariamente, de um ponto de vista processual, tal como nos aponta Frazão (1996). Seu fio condutor é a relação estabelecida entre o psicoterapeuta, a criança, seus responsáveis e outros possíveis adultos envolvidos no processo. Seus instrumentos são as sessões iniciais, nas quais observamos dados que posteriormente serão correlacionados como peças de um grande quebra-cabeça que se configura diante de nós e vai gradativamente ganhando sentido.

De acordo com nossos pressupostos básicos acerca de um homem relacional que participa ativamente da criação de seu meio, a compreensão diagnóstica é construída com base na relação entre psicoterapeuta e cliente, sendo particularmente relevante a forma como ela inicia-se e desenvolve-se no próprio processo de compreensão diagnóstica. Consideramos o psicoterapeuta parte do campo e, por isso, partimos do pressuposto de que os padrões e estilos relacionais que emergem no campo psicoterapeuta-cliente são igualmente relevantes para a compreensão e a discriminação das possibilidades relacionais do cliente.

Uma metodologia fenomenológica de investigação caracteriza-se por três pilares: *observação, descrição* e *articulação*. A *compreensão diagnóstica* começa pela *observação* atenta de tudo que é trazido, de forma verbal e não verbal, pelos responsáveis, pela criança e pelos demais envolvidos na situação diagnóstica. Ela continua com a posterior *descrição* detalhada por parte do psicoterapeuta, se possível por escrito, de tudo que foi observado, utilizando o que denominamos de categorias diagnósticas. Por último, cede lugar às *articulações* realizadas entre os elementos fornecidos pelas categorias diagnósticas e também entre tais articulações e as possíveis devoluções ou reações dos responsáveis e da criança diante do que foi devolvido na respectiva sessão. Cabe destacar que esses três níveis de investigação fenomenológica correspondem a uma perspectiva processual de diagnóstico; portanto, embora estejam obrigatoriamente presentes no momento inicial, acompanharão o psicoterapeuta por todo o processo terapêutico, permitindo assim que a compreensão diagnóstica inicial se atualize sempre a partir daquilo que o psicoterapeuta observa e devolve à criança e seus responsáveis.

O registro por escrito daquilo que pôde ser observado no momento inicial da psicoterapia costuma ser de grande valor para a compreensão diagnóstica, principalmente se auxiliado pelo que estamos denominando de categorias diagnósticas, a saber, critérios organizadores do material vivenciado que nos permitem extrair o máximo de informações daquilo que foi visto. Na maior parte das vezes, não nos damos conta de

GESTALT-TERAPIA COM CRIANÇAS **97**

tudo que pudemos notar de relevante para nossa compreensão diagnóstica a não ser que façamos uso das categorias diagnósticas, pois elas nos auxiliam a lembrar aquilo que pode ser importante considerar no momento em que estamos conhecendo uma criança e seus responsáveis e organizam a grande quantidade de dados observados. Tais categorias diagnósticas, que serão descritas ao discutirmos a condução e a compreensão das sessões iniciais, correspondem ao que denominamos de dimensões de investigação diagnósticas, listadas abaixo:

Dimensões diagnósticas do campo criança-meio

1. Padrões temáticos.
2. Padrões relacionais.
3. Uso e organização das funções de contato.
4. Uso e organização de mecanismos de evitação de contato ou ajustamentos evitativos.
5. Situações inacabadas e/ou legados familiares.
6. Autossuporte e possibilidades de *awareness*.

Os instrumentos utilizados na compreensão diagnóstica são as sessões livres e/ou semidiretivas; nossos focos de investigação são os responsáveis, a criança, a escola e todas as demais pessoas que de alguma forma sejam significativas e possam contribuir para a elaboração da compreensão diagnóstica.

Dentro de uma perspectiva fenomenológica e processual, o que denominamos momento de compreensão diagnóstica corresponde ao momento inicial do processo terapêutico. Este não difere totalmente do restante, mas tem como especificidade o pouco conhecimento do psicoterapeuta acerca da criança e de seus responsáveis, um vínculo muito tênue que ainda se encontra em formação e o predomínio da escuta e da observação em detrimento de devoluções e intervenções técnicas. Esta última característica, que costumamos denominar de "critério da economia" de intervenções, é particularmente importante para o estabelecimento do vínculo, uma vez que prioriza o acolhimento e a confirmação, permitindo que criança e responsáveis sintam-se de fato aceitos e valorizados. Psicoterapeutas mais afoitos, que ao perceberem vários elementos passíveis de intervenção realizam devoluções precocemente, costumam colocar o vínculo em risco, o que muitas vezes culmina em uma interrupção do processo que está se iniciando. Cabe lembrar que a frustração é um ingrediente fundamental de toda psicoterapia, particularmente da clínica da neurose em Gestalt-terapia; porém, precisamos ser cuidadosos e realizar intervenções frustradoras somente com o objetivo de permitir que o curso da sessão se mantenha.

Nesse momento inicial, é aconselhável realizar um número mínimo de intervenções e deixar aquelas mais amplas e significativas para o momento das sessões de devolução, quando a relação se encontra mais sedimentada e o psicoterapeuta, de alguma forma, já está mais "autorizado" a devolver suas percepções.

Iniciando a psicoterapia

Acreditamos que o momento inicial da psicoterapia reveste-se de fundamental importância, uma vez que as implicações do trabalho desenvolvido repercutirão em todo o processo terapêutico.

Ao falarmos do momento inicial da psicoterapia, consideramos três pontos que compõem as diretrizes básicas que permearão e determinarão o estabelecimento e a construção de uma relação efetivamente terapêutica.

Cumpre ressaltar que o que denominamos de momento inicial da psicoterapia transcende o clássico momento da primeira sessão e estende-se, guardadas as especificidades de cada caso, pelo menos ao longo das oito ou dez primeiras sessões com frequência semanal e duração de uma hora cada, realizadas a princípio com os responsáveis e posteriormente com a criança.

A questão da demanda

O primeiro item que merece destaque é a questão da demanda da psicoterapia. Cremos que a tarefa inicial de todo psicoterapeuta infantil é exatamente verificar cuidadosamente que demanda é essa, ou seja, que pedido está sendo feito a nós *por um adulto em nome de uma criança*.

Quando adultos procuram psicoterapia para uma criança, entendemos que de início eles estão se sentindo incomodados com algo *na relação com a criança*, e não necessariamente *da criança*.

O fato é que estamos diante de adultos incomodados e pedindo ajuda. Isso já nos aponta o que podemos considerar uma característica básica da psicoterapia de crianças que a diferencia fundamentalmente da realizada com adultos: a onipresença concreta de uma família ou de adultos responsáveis pela criança que têm o papel de porta-voz da demanda inicial de psicoterapia.

Segundo essa perspectiva, contrariando a forma de alguns terapeutas exercerem a Gestalt-terapia com crianças (Carrol, 1996; Oaklander, 1980) e concordando em parte com Cornejo (1996), não consideramos oportuno atender os responsáveis junto com a criança nas primeiras sessões[56]. Acreditamos que eles estão pedindo a psicoterapia inicialmente para os filhos, não para eles individualmente, para o casal ou para a família. Isso é o que eles podem e arriscam perceber e pedir nesse momento, mesmo que fiquem bastante evidentes o comprometimento e a implicação dessa família na questão que está sendo apresentada. Temos observado um movimento expressivo no sentido de transformar uma demanda inicial que é dirigida à criança em uma demanda familiar: o psicoterapeuta elege a família como foco de intervenção, muitas vezes condicionando o trabalho a esse tipo de intervenção. Na verdade, acreditamos que, se for o caso, tal demanda se transformará ao longo do processo terapêutico, possibilitando-nos mais tarde uma intervenção familiar sem que precisemos realizar isso no início, num momento em que nada conhecemos da família em questão.

O fato de entendermos que os responsáveis estão inevitavelmente implicados nas questões da criança, e que essas crianças, em geral, estão reagindo, com sua forma de estar no mundo e relacionar-se com ele, a situações que as transcendem, não justifica começar uma psicoterapia juntando responsáveis e filhos numa mesma sessão.

Não conhecemos a família, nada sabemos sobre eles, encontramo-nos na ignorância do nada saber *a priori* e estamos ali para começar a entender o que essas pessoas estão pedindo. Não sabemos o que eles têm a dizer, sendo bastante provável que eles não possam, nesse momento, compartilhar isso com a criança. Se pudessem talvez não estivessem ali pedindo ajuda. Não podemos começar juntando pessoas cuja questão pode vir a ser exatamente não poder estar juntos, não conseguir se comunicar, não se perceber como uma família, sob o risco de negar nossa escuta inicial e praticar prescrições que contrariam uma de nossas prerrogativas filosóficas mais importantes – a de *ir às coisas mesmas* –, o que implica simplesmente iniciarmos por nossas percepções imediatas exatamente como são dadas (Ribeiro, 1985).

Porém, isso não significa iniciar fazendo uma aliança com os responsáveis ou traindo a confiança da criança, dificultando ou impedindo a construção do vínculo com ela, argumentos que costumamos encontrar na literatura sobre o tema (Oaklander, 1980). Verificamos o tempo todo que isso *não faz diferença para a criança* se desde o início colocamo-nos de forma bastante autêntica, clara e honesta e se o processo terapêutico como um todo acontece em bases transparentes; pelo contrário, observamos muitas vezes momentos em que a criança deseja que o psicoterapeuta esteja com os responsáveis sem a sua presença ou não se interessa em participar das sessões com eles, que acontecem sempre com o seu conhecimento.

---

56. Zanella (2010) também compartilha dessa perspectiva.

É comum encontrarmos os responsáveis várias vezes antes de ver a criança. Em outras ocasiões, acabamos nem encontrando a criança, uma vez que as intervenções realizadas com os responsáveis foram suficientes para reconfigurar as relações e promover formas diferentes para que a criança reaja ao mundo.

Na medida em que o processo terapêutico avança, a possibilidade de responsáveis e filhos estarem juntos em uma sessão vai sendo construída. Costumamos esclarecer-lhes que existe essa possibilidade, e quando eles efetivamente se percebem podendo, querendo esse encontro e precisando dele isso é naturalmente solicitado. Em geral é a criança quem solicita, mostrando que só então ela tem autossuporte suficiente para vivenciar esse encontro e tudo que pode resultar dele.

Assim, a necessidade de ter muito bem delineada a demanda da psicoterapia leva-nos, em primeiro lugar, aos responsáveis por essa criança, os quais na verdade têm o poder de iniciar e também de interromper o processo terapêutico. Por isso, é fundamental identificar claramente tal demanda, não só porque é crucial para todo o encaminhamento do processo terapêutico (ou seja, para decidirmos se a criança vai ou não ser submetida à psicoterapia, se precisaremos entrar em contato com outros profissionais que trabalham com ela, se necessitaremos de um diagnóstico diferencial etc.), mas também para verificar *se podemos atender* a tal demanda. Nem sempre aquilo que nos é pedido é de nossa competência ou pode ser simplesmente atendido, uma vez que se configura como apelo neurótico dos responsáveis, demandando intervenção clínica. Os adultos trazem expectativas ao espaço terapêutico que simplesmente não podem ser satisfeitas. Desejam soluções mágicas, curas rápidas e milagrosas, criação de conchavos, respostas únicas para todas as suas perguntas. Desejam que transformemos seus filhos em crianças perfeitas, de preferência à sua imagem e semelhança, querem receitas de como ser responsáveis, de como não errar, de como não sofrer.

Sabemos que é impossível atender a esse tipo de demanda; devemos mostrar aos responsáveis o que de fato podemos oferecer. Não podemos dizer a uma criança, por exemplo, que somos fonoaudiólogas em vez de psicólogas porque a mãe acha que "'psicóloga' é uma palavra muito forte". Não podemos concordar com um pai que nos pede um laudo antes mesmo do período necessário para a construção de uma compreensão diagnóstica, porque ele precisa provar que a ex-mulher está fazendo mal para o filho. Precisamos esclarecer-lhes que crianças não são aparelhos eletrônicos com defeito levados à assistência técnica. Não podemos dizer a uma mãe, em pleno mês de outubro, que vamos fazer seu filho passar de ano na escola, nem que vamos deixá-lo

GESTALT-TERAPIA COM CRIANÇAS

menos *bagunceiro*, menos *mentiroso*, menos *respondão* etc. Verificar quais são as expectativas dos responsáveis e esclarecer exatamente o que podemos fazer – ou seja, em que consiste de fato o nosso trabalho, quais são suas possibilidades e limitações – é tarefa primordial desse momento inicial da psicoterapia.

Denominamos tal momento de *"entendendo e ajustando a demanda"* e temos razões para acreditar firmemente que, caso não a ajustemos, ou seja, não deixemos claro a essas pessoas aquilo que realmente podemos fazer por elas, todo o processo terapêutico já estará de alguma forma comprometido, criando-se assim condições propícias para interrupções precoces.

Vale lembrar, nesse ponto, que não apenas as expectativas dos responsáveis estão presentes nesse momento. É essencial que o psicoterapeuta preste atenção em suas próprias expectativas e fantasias, tais como a de entender tudo de uma vez só, de fornecer devoluções mirabolantes e respostas geniais, de impressionar os responsáveis, de ser aceito e amado, de ser visto como o profissional perfeito. Identificar esses elementos em nós mesmos é condição básica para que possamos trabalhá-los, evitando assim interferências na tarefa terapêutica.

O estabelecimento do vínculo

Em paralelo ao movimento de entender e ajustar a demanda e de certa forma permeá-lo o tempo inteiro temos um segundo ponto crucial nesse momento da psicoterapia com crianças: o *estabelecimento do vínculo terapêutico*.

Se na Gestalt-terapia entendemos que o desenvolvimento e a construção da criança se dão na relação (Aguiar, 2001) e, por causa dos ajustamentos criativos (Perls, 1977) que se fazem necessários, ela estabelece formas empobrecidas, repetitivas e pouco satisfatórias de interação com o mundo, o processo terapêutico, que tem como fio condutor a relação terapêutica, se apresentará como uma alternativa para a reconstrução e/ou reconfiguração de seus padrões de relação com o mundo. Desse ponto de vista, a *relação terapêutica* é percebida como o próprio instrumento da psicoterapia (Ribeiro, 1991), ou seja, um fenômeno interativo facilitador da emergência de formas mais saudáveis e satisfatórias de interação com o meio. Tal relação facilitadora se estabelece regulada pelos princípios básicos da *confirmação da criança tal qual ela se apresenta e de suas potencialidades, do respeito ao seu tempo e à sua forma de ser e estar no mundo, do acolhimento de seus sentimentos, da permissividade de expressão com limites e da frustração de seus ajustamentos evitativos.*

Assim, o vínculo é a condição básica para que a psicoterapia aconteça; é o suporte onde repousarão nossas intervenções e o que permitirá que elas sejam efetivamente transformadoras. Para que o outro seja tocado por nós, é preciso que ele sinta-se acolhido, compreendido, respeitado em sua singularidade, em seu tempo e, principalmente, em suas possibilidades. Dessa forma, ouvir, acompanhar empaticamente, sem julgamentos, prescrições e direcionamentos são condições básicas para que esse vínculo se estabeleça.

Cabe ressaltar que tão ou mais importante quanto o vínculo estabelecido com a criança é o vínculo que o psicoterapeuta estabelece com os responsáveis. Precisamos de um forte vínculo com eles para que nos autorizem a trabalhar com a criança e com eles mesmos. Um vínculo frágil acaba traduzindo-se em ações ambivalentes dos responsáveis sobre o processo terapêutico e culminando na maioria das vezes em sua interrupção.

Outro aspecto a destacar quando uma criança é trazida para a terapia: não existem "mocinhos e bandidos" disfarçados de responsáveis e filhos, mas pessoas, sempre pessoas, com dificuldades. Tal observação reveste-se de capital importância principalmente para jovens psicoterapeutas, que muitas vezes tendem a identificar-se e estabelecer alianças com as crianças que sofrem, em geral sem se dar conta, vendo-as como pequenas vítimas de responsáveis maldosos e, com isso, obstruindo a possibilidade de ajudá-las a lidar com os responsáveis por elas. Evitar o trabalho direto com eles ou fazer-lhes acusações mais ou menos explícitas e cobranças instauradoras de culpa em nada auxilia o caminhar do processo terapêutico e o incremento da qualidade de vida da criança e da família.

A construção de uma compreensão diagnóstica

O terceiro ponto que caracteriza esse momento inicial da psicoterapia é a construção de uma *compreensão diagnóstica*, entendida aqui como uma visão ampla de como a criança apresenta-se em sua relação com o mundo e consigo mesma, que fatores estão em jogo nessa relação e quais são seus recursos e possibilidades para a mudança.

A construção de uma compreensão diagnóstica é fundamental nesse momento inicial, não só para clarificar e orientar nossas intervenções terapêuticas posteriores como para criarmos a possibilidade de devolver aos responsáveis, de forma integrada, consistente e clara a nossa perspectiva acerca do que está se passando com a criança. Cabe ressaltar aqui que nossa compreensão diagnóstica nos aponta os pontos de interrupção, as funções de contato bloqueadas, as percepções distorcidas e as figuras pouco nítidas, o que nos serve de referencial para escolhermos as possíveis intervenções naquilo que é trazido pela criança ao longo do processo terapêutico. Da mesma forma, ousamos afirmar que é praticamente impossível trabalharmos psicoterapeuticamente com uma criança sem que precisemos efetuar algum tipo de devolução para aqueles que demandaram inicialmente a psicoterapia e que, ainda por causa dos responsáveis, o manejo clínico da psicoterapia com crianças é muito difícil e delicado, em virtude da quantidade e da relevância dos elementos envolvidos na situação. Assim, é melhor que saibamos nos preparar para esse tipo de manejo, sendo nossa maior aliada nesse momento a construção de uma clara compreensão diagnóstica.

Quando falamos de compreensão diagnóstica no momento inicial da psicoterapia, é inevitável nos remetermos à questão da compreensão do sintoma apresentado pela criança ou relatado na queixa dos responsáveis.

Na medida em que percebemos a criança como uma totalidade que interage com seu meio, buscando de todas as maneiras a melhor configuração para seu estar no mundo, seu sintoma não pode ser encarado como algo destacado de seu todo e destituído de qualquer função. Ao contrário, ele se apresenta como a melhor forma possível encontrada pela criança de se ajustar criativamente a um meio muitas vezes adverso e pouco facilitador.

Essa forma de perceber o sintoma tem duas implicações: uma relacionada à compreensão diagnóstica, outra ligada à intervenção terapêutica.

Ao longo da construção de nossa compreensão diagnóstica, tal perspectiva faz que *não nos detenhamos no sintoma*; se a criança é uma totalidade, o sintoma é apenas uma forma de essa totalidade manifestar-se. Portanto, não precisamos "perseguir" o sintoma, o que muitas vezes se traduz em interpelações diretas acerca dele, ou em tentativas sutis de aproximação com o uso de indiretas, sugestões de temas ou uso de determinado recurso lúdico.

Contrariando novamente a postura defendida por Violet Oaklander (1980) e por outros Gestalt-terapeutas (Carrol, 1996; Lampert, 2003), não acreditamos que seja necessário trazer a questão do sintoma para a psicoterapia sem que a criança o faça, a não ser no primeiro contato entre ela e o psicoterapeuta – quando o motivo pelo qual seus responsáveis o procuram é comentado e é dada à criança a possibilidade de se manifestar como quiser a esse respeito, ainda que inúmeras vezes ela não o faça.

Essa forma de perceber o sintoma implica que o foco de nossa atenção vai ser aquilo que a criança, como totalidade, trará para o espaço terapêutico, da maneira como ela trouxer, seja o sintoma ou não. Acreditamos que desde cedo a criança percebe a função do espaço terapêutico e que sua sabedoria organísmica lhe permitirá expressar exatamente aquilo que ela pode, ou seja, o dado oferecido para nossa compreensão e intervenção. Tal postura com relação ao sintoma é fundamental para a construção do vínculo. Uma vez que a criança percebe que não é obrigada a falar daquilo que não quer e que o psicoterapeuta está disponível para acompanhá-la naquilo que ela quiser, ela sente-se aceita e respeitada. Essa é uma das maiores e mais relevantes experiências que podemos proporcionar a uma criança em psicoterapia.

Gostaríamos de acrescentar que tal postura com relação ao sintoma está fundamentada na perspectiva de homem da Gestalt-terapia, que, acreditando em um ser humano de potencialidades, permite que acompanhemos a criança sem *a priori*, sem direcioná-la, aceitando-a da forma como ela se apresenta, com aquilo que ela pode ser e trazer em cada momento, suspendendo nosso juízo de valores e permitindo que ela seja efetivamente o centro de sua terapia.

Sessões iniciais

São as primeiras sessões realizadas com os responsáveis, a criança e demais pessoas envolvidas na situação com vistas à elaboração de uma compreensão diagnóstica que será compartilhada posteriormente com cada um dos envolvidos no processo: as chamadas sessões devolutivas.

As sessões iniciais em psicoterapia com crianças podem variar num *continuum* que vai da sessão livre até a completamente diretiva. Na primeira, o psicoterapeuta interfere o menos possível, seja com perguntas ou com intervenções, deixando que o cliente discorra à vontade acerca dos motivos pelos quais ele se encontra no espaço terapêutico e quaisquer outras informações que surjam em seu discurso – no caso dos adultos – ou brinque livremente – no caso da criança. Na sessão diretiva, como a própria expressão sugere, o psicoterapeuta traz perguntas ou técnicas específicas que devem ser respondidas e aceitas pelo cliente, de forma que se alcancem os objetivos da investigação.

Diante dessas duas posições, em consonância com nossa visão de ser humano, entendemos que, quanto mais elementos do cliente estiverem presentes no campo, maior será a possibilidade de contemplarmos suas formas de funcionamento, seus padrões de interação, suas necessidades predominantes e a maneira que utiliza para satisfazê-las. Nesse aspecto, concordamos com Greenspan (1993) quando comentam que a diretividade da sessão tende a contaminar as observações do terapeuta, tornando difícil saber quanto do que está acontecendo é produto do que ele faz e quanto é resultado do que o cliente traz para a situação. Tal observação sublinha a importância de o psicoterapeuta agir pressupondo uma inevitável participação sua no campo, apontando para a necessidade de que ele suspenda seu juízo de valores *a priori*, de forma que não interfira ou interfira minimamente no campo terapêutico.

No que diz respeito às crianças, costumamos trabalhar exclusivamente com sessões livres. Em relação aos adultos, trabalhamos num primeiro momento com sessões livres seguidas de sessões semidiretivas.

Na sessão semidiretiva o psicoterapeuta traz algumas questões para serem comentadas, elucidadas, esclarecidas ou aprofundadas, sem no entanto forçar as respostas ou submeter o cliente a um "questionário". A figura dominante continua sendo o cliente, ainda que se organizando em torno de um tema proposto pelo psicoterapeuta. Um exemplo disso seria, em uma sessão com os responsáveis, pedir que eles contassem um pouco a respeito da história do casal desde quando se conheceram até o presente momento. Existem muitas formas de contar isso, mas é o jeito específico de esse casal contar sua história que vai configurar o campo da sessão. Seria diferente se o psicoterapeuta fizesse as seguintes perguntas: "Em que ano vocês se conheceram? Quanto tempo vocês namoraram? Vocês são casados legalmente? Quando pensaram em ter filhos?" Esse tipo de pergunta não facilita a descrição da situação do ponto de vista do cliente, pois acaba por "fechar" as possibilidades de resposta em poucas palavras, muitas vezes reduzidas simplesmente a "sim" ou "não".

Uma vez que trabalhamos sob a perspectiva fenomenológica, precisamos priorizar perguntas que abram a possibilidade de o cliente discorrer sobre sua experiência e, assim, nos mostrar sua forma de perceber o mundo, a si mesmo e aos outros.

Diante desses relatos, o psicoterapeuta tem sempre duas possibilidades de observação e compreensão, que se alternam sob uma perspectiva de figura e fundo: a do conteúdo e a da forma. Ao longo do processo terapêutico, nossas intervenções também se alternam entre esses dois níveis. Quando falamos em *conteúdo*, estamo-nos referindo àquilo que o cliente traz como história, como relato, como dito. Ao nos referirmos a *forma*, estamos assinalando *como* ele traz essa história, com que postura, com que tom de voz, com que apresentação, com que padrões de uso de suas funções de contato e com quais mecanismos de evitação de contato predominantes. Ao falarmos de forma, não estamos nos referindo, por exemplo, às introjeções do cliente, mas ao seu padrão de introjetar; do mesmo jeito, ao falarmos de forma, não estamos apontando aquilo que os responsáveis nos contam sobre o filho, mas sobretudo a forma de fazê-lo: orgulhosos, culpados, raivosos, queixosos, desapontados etc.

A observação constante de ambos os níveis – forma e conteúdo – é de fundamental importância para nossa compreensão diagnóstica e para nossa intervenção terapêutica, já que permite integrar aspectos verbais e não verbais do cliente de modo que possamos entendê-lo efetivamente como uma totalidade.

Sessões com os responsáveis

Como já foi dito, começamos a psicoterapia por aqueles que a demandam em primeiro lugar, tendo como objetivo básico responder às seguintes questões: quem está pedindo? O que está pedindo? Como isso se relaciona com a criança em pauta?

Interessa-nos saber quem são esses adultos, conhecer suas expectativas, suas formas de pensar, de relacionar-se e de perceber a situação atual. Queremos entender o que estão pedindo e de que modo acham que o psicoterapeuta pode satisfazer essa necessidade. E precisamos compreender como esse pedido e essa expectativa de ajuda relacionam-se com a criança identificada como "doente" ou "problemática".

Na medida em que temos uma perspectiva de campo, entendemos que o comportamento da criança é a figura que emerge do campo familiar total, e para elaborarmos nossa compreensão diagnóstica precisamos relacioná-la aos outros elementos do campo. Em geral, os responsáveis comparecem à psicoterapia com a postura de alguém que leva algo para ser consertado, sem nenhuma percepção de suas possíveis implicações na situação. Muitos já chegam com um "pré-diagnóstico" fornecido pela escola, por outros profissionais de saúde ou até elaborado por eles mesmos, geralmente apontando para uma causa única e não os comprometendo em nenhum sentido. No caso de uma forte problemática de casal, tenta-se responsabilizar um dos parceiros. É preciso que o psicoterapeuta fique muito atento aos pré-diagnósticos, principalmente quando eles se apresentam por meio de histórias que lhe causam um grande impacto, pois, com isso, corre-se o risco de olhar somente para aquilo que os responsáveis estão apontando.

Precisamo-nos nos lembrar, com base em nossa compreensão fenomenológica, de que aquilo que os responsáveis nos descrevem é apenas *uma forma* de perceber a situação – a forma deles –, existindo certamente outras. Nossa tarefa está em descobri-las e articulá-las para uma melhor compreensão do campo total da criança. Aliás, é comum que, quando encontramos com a criança, nenhum ou quase nenhum dos comportamentos citados pelos responsáveis apareça na relação com o psicoterapeuta. Longe de ser uma "falha" do profissional em propiciar a emergência das questões da criança, uma forma de simulação ou tentativa de enganá-lo por parte da criança, esse aspecto aponta para o fato de que em contextos diferentes reagimos de formas diferentes. Entendemos que no contexto terapêutico a criança simplesmente não precisou lançar mão de tais comportamentos, o que mostra de maneira ainda mais clara quanto o contexto familiar está implicado nos padrões interacionais apresentados por ela.

Na verdade, quando isso acontece, constatamos de forma positiva que a criança ainda não se encontra tão cristalizada em seus padrões disfuncionais quanto outras que se relacionam com o psicoterapeuta com os mesmos padrões utilizados na família e/ou escola, uma vez que ainda não os generalizou para todos os demais contextos. Porém, é importante assinalar que não temos condições de constatar isso com apenas algumas sessões, porque também sabemos que muitas crianças, ao iniciarem o processo psicoterapêutico, mostram aquilo que acreditam ter de melhor para somente depois expressar suas dificuldades e suas coisas "feias".

Então, ao encontrarmos os responsáveis pela primeira vez, precisamos não só questioná-los acerca do motivo da consulta, mas também reconstituir a história e "pré--história" dessa criança, ou seja, a história do próprio casal e suas famílias de origem, particularmente no que diz respeito às relações estabelecidas, e, numa perspectiva processual, articulá-las com o momento atual e com suas dificuldades e queixas.

Fernandes et al. (1995), ao abordar o diagnóstico em Gestalt-terapia com crianças, menciona a importância de trabalharmos com duas coordenadas de investigação que se entrecruzam: uma no sentido horizontal e outra no sentido vertical. Enquanto esta refere-se à história de vida da criança, a horizontal diz respeito a "como a criança está no presente, não só em relação a si própria como em relação às várias intersecções dos sistemas dos quais ela é dependente, como o contexto familiar, escolar e social" (p. 66).

O conhecimento da "pré-história" da criança é de extremo valor para nossa compreensão diagnóstica, particularmente no que diz respeito às expectativas construídas para a criança com base nas necessidades não satisfeitas de seus responsáveis, fazendo que ela acabe por desempenhar determinados papéis e ocupar certos lugares na família incongruentes com suas próprias necessidades e, portanto, culminando em ajustamentos criativos disfuncionais.

Lembramo-nos dos responsáveis de um menino de 5 anos que veio à psicoterapia por estar acometido de violentos episódios de terror noturno. Indagados sobre o que desejavam para o filho, descreveram uma minuciosa lista de "planos" – que incluía até um MBA nos Estados Unidos quando ele completasse 25 anos! Outro menino de 6 anos, cuja queixa era a de não conseguir ser alfabetizado (os responsáveis eram pós-

-doutores), já tinha a incumbência de ser um pesquisador renomado como seu avô paterno, de quem herdou também o nome. Outro menino, com diagnóstico de autismo, nascido após "quatro tentativas de um filho homem", foi "abandonado" pelo pai por não corresponder às suas expectativas de ter um "filho companheiro". E assim, vamos descortinando uma série de legados, incumbências, tarefas e papéis destinados à criança dentro da família, diante dos quais ela se posiciona da melhor forma possível de acordo com seus recursos, com o intuito de, como nos diz Frazão (1996), articular o "lá então" do passado com o "aqui e agora" do momento presente.

De modo geral, realizamos de duas a três sessões iniciais com os responsáveis, cuja condução segue numa direção que vai de livre para semidiretiva. Optamos por iniciar o contato com os responsáveis com uma sessão livre que se desenvolve com base na consigna básica "Gostaria de ouvi-los a respeito do motivo que os trouxe aqui", pois entendemos que, como nada sabemos sobre essas pessoas, é crucial que elas configurem ao máximo o campo da sessão (Bleger, 1987), de forma que se criem as melhores condições possíveis para observar seus padrões de funcionamento e os elementos que emergirão prioritariamente na sessão. Se o psicoterapeuta iniciar de uma maneira mais diretiva, fazendo muitas perguntas, ou tentando direcionar a sessão para algum tema específico no afã de colher dados ou de saber mais *sobre a criança*, como se os responsáveis fossem meros informantes acerca da criança que "deveria" ser o foco da psicoterapia, corre o risco de sobrepor suas "figuras" às figuras do cliente (Ribeiro, 1985) e de impedir a emergência de um quadro significativo para a compreensão da situação total. Nesse momento, não estamos interessados, ainda, em obter informações sobre a história da criança ou dos responsáveis, tal como encontramos em uma anamnese[57] convencional; queremos observar, escutar e experienciar aquilo que eles têm a dizer para compreender o que estão nos pedindo.

> A regra básica já não consiste em obter dados completos da vida total de uma pessoa, mas em obter dados completos de seu comportamento total no decorrer da sessão. Este comportamento total inclui o que recolheremos aplicando nossa função de escutar, porém também nossa função de vivenciar e observar o cliente. (Bleger, 1987, p. 13)

Tal procedimento costuma gerar certo alívio nos responsáveis, que em geral chegam bastante ansiosos, com muita necessidade de falar, de ser ouvidos e confirmados

---

57. Questionário exaustivo acerca da história de vida da criança, da eclosão e do desenvolvimento dos sintomas, organizado geralmente em uma rígida ordem cronológica.

pelo psicoterapeuta em seu sofrimento. Atropelá-los com uma anamnese, na maioria das vezes, não é a melhor maneira de iniciar um relacionamento com eles e, portanto de estabelecer um vínculo que permita o desenrolar do trabalho de forma produtiva. Com isso, não estamos retirando o valor de estabelecer um histórico a respeito da criança, o que sem dúvida será necessário, conforme atesta nossa própria visão de homem processual e relacional. Entendemos que num primeiro momento isso não é o mais importante, pois interessa-nos verificar como eles configuram o campo, em termos de conteúdo e principalmente de forma. Assim, a maneira de estabelecermos esse histórico relacional caminhará com flexibilidade, sem ordens preestabelecidas e a partir daquilo que eles forem apresentando nas sessões.

Nesse ponto, cabe assinalar que quando usamos o termo "responsáveis" estamo-nos reportando a todo e qualquer adulto que venha buscar psicoterapia para a criança na qualidade de responsável por ela, o que inclui, além dos pais, avós, tios, irmãos mais velhos etc. Começaremos o processo com quem nos procurou, porém sem excluir a possibilidade de convidar outras pessoas significativas no contexto da criança. Tomemos como exemplo uma criança que é trazida à psicoterapia pela avó, considerada sua responsável financeira e cuidadora predominante, uma vez que seu pai não trabalha e sua mãe não tem condições de arcar sozinha com as despesas. Apesar de a demanda de psicoterapia ter sido formulada pela avó, seus pais foram chamados para participar do processo, já que além de terem a guarda legal da criança continuam sendo elementos significativos e presentes em seu campo.

Da mesma forma, apesar de solicitarmos claramente que os responsáveis venham juntos e sem a criança na primeira sessão, não raro deparamos com situações interessantes, tais como a da mãe que comparece sozinha à sessão porque o pai "teve um imprevisto". Às vezes um dos responsáveis chega só no final da sessão; também é comum que a avó venha "no lugar da mãe" ou que os responsáveis tragam a criança porque "não tinham com quem deixá-la" – isso quando não comparecem com todos os filhos!

Em nossa coleção de histórias memoráveis, temos a seguinte: na sessão inicial, os responsáveis que buscavam psicoterapia para o filho mais velho compareceram não só com a criança em questão, mas com o caçula, o sobrinho, o filho do vizinho que estava brincando com as crianças no momento de sair e a tia, "para ajudar a tomar conta". Ao entrarem no espaço terapêutico, iniciou-se uma balbúrdia sem precedentes, com todos falando e gritando ao mesmo tempo, enquanto os responsáveis tentavam nos dizer, aos berros e interrompendo a fala inúmeras vezes para brigar com uma ou outra criança, que a relação com o filho mais velho estava muito difícil, pois ele sentia-se incompreendido, pouco ouvido e só respondia aos responsáveis aos gritos. Não foi difícil para o psicoterapeuta entender aquilo que eles estavam relatando: estava acontecendo diante dos seus olhos!

Qualquer que seja a situação que se apresente na sala de espera do consultório, o psicoterapeuta precisa decidir com a família quem vai participar da sessão, deixando que eles se responsabilizem por encaminhar a situação, já que estão revelando com sua atitude a impossibilidade de seguir as instruções previamente oferecidas. Diante da configuração inicial estabelecida (quem entra, se entra, como entra), ele inicia a sessão da mesma forma que faria se estivesse em outra situação, observando o que vai surgir e como o campo vai ser configurado. Da perspectiva fenomenológica, ele trabalha com base no que se apresenta, não existindo assim uma única forma possível para que a sessão aconteça. À medida que a família se apresenta ao psicoterapeuta, qualquer que seja a maneira como ela o faz nesse primeiro momento é bastante reveladora da sua configuração e forma de funcionamento. As instruções oferecidas inicialmente para que os responsáveis venham juntos e sem a criança continuam sublinhando as condições ideais de trabalho. No entanto, se a família não pode cumpri-las, já existe nessa impossibilidade um dado importante para a compreensão diagnóstica.

Nesse ponto, vale sublinhar que, caso a primeira sessão acabe sendo realizada com a presença da criança, de forma alguma é possível ignorá-la, falando o tempo todo "sobre ela" sem oferecer a possibilidade e o espaço para que ela se coloque, se assim o desejar. Em geral, a criança não tem muito que dizer, concorda passivamente com o que está sendo dito ou responde com lacônicos "Não sei" ou "Não lembro". O que importa nessa situação é que ela perceba que o psicoterapeuta a reconhece, a respeita, a vê, considerando que sua voz também tem importância.

Outra situação comum é a de crianças cujos responsáveis são separados e a demanda de psicoterapia parte de um deles, geralmente da mãe. Nesse caso, costumamos atender os responsáveis em separado, a não ser que eles se disponibilizem a estar juntos durante a sessão, o que é raro. É razoável pensarmos que se esses responsáveis estivessem bem resolvidos quanto à separação provavelmente seus filhos estariam reagindo bem à mudança e, talvez, não viessem à psicoterapia. Por isso, quando as crianças chegam, de forma geral seus responsáveis separados não têm uma boa relação, não sendo tarefa do psicoterapeuta fazer que se juntem "em prol" da criança, pois a experiência mostra-nos que tal manobra, quando aceita por eles, traz mais dificuldades do que benefícios, tanto na condução da sessão em si – que facilmente se torna um "campo de batalha" – como na representação que esses responsáveis, ou mesmo a criança, podem construir a respeito da função do espaço terapêutico. Se o psicoterapeuta exige a presença de ambos na sessão, podem surgir fantasias no casal acerca de uma possível aliança do terapeuta com o membro do casal que deseja reatar a relação ou mesmo uma fantasia da criança de que a psicoterapia servirá para reunir novamente papai e mamãe.

Às vezes, é preciso trabalhar com mais de uma família, porque os responsáveis já são separados e recasados e têm companheiros que, de alguma forma, também participam da vida da criança, além de outros filhos oriundos do recasamento, bem como os filhos dos novos companheiros. Cabe ao psicoterapeuta verificar até que ponto existe uma influência desses contextos familiares na situação da criança e, com base nisso, buscar os elementos presentes em tais contextos para as sessões iniciais, a fim de completar um cenário que permita uma compreensão clara do universo da criança.

Diante de cenários familiares mais complexos, uma questão comum é a de quem paga as sessões, já que nem sempre todos os envolvidos concordam com a demanda de psicoterapia que foi enunciada por um membro específico da família. De forma geral, quem paga é quem busca a psicoterapia e com quem o profissional realiza o contrato. Isso aponta para a importância não só de definir quem vai se responsabilizar pelo pagamento das sessões, mas de esclarecer que todas aquelas realizadas em prol da psicoterapia da criança serão cobradas e são necessárias, ou seja, explicar com detalhes e argumentos a proposta de trabalho. Isso é fundamental para que o responsável não considere as sessões desnecessárias ou com o único objetivo de "render dinheiro"; faz parte do contrato estabelecer de que forma elas serão pagas; não compete ao psicoterapeuta definir quem vai pagar, isso é da incumbência do responsável que o contrata. Todas as possíveis objeções a esse item do contrato devem ser trabalhadas imediatamente para que não se apresentem depois como entraves do processo terapêutico.

É bastante comum o caso da mãe que vem procurar psicoterapia para o filho embora o pai "não concorde" com a iniciativa, principalmente se o casal está separado. Em geral, tal discordância é fruto muito mais da necessidade de confrontar a mãe do que de uma real avaliação dos padrões de interação da criança e da necessidade de submetê-la a um processo terapêutico. Assim, como o que parece estar em foco não é a criança, mas a disputa entre o casal – usando a criança como motivo –, é frequente o psicoterapeuta ouvir da mãe que buscou a psicoterapia o seguinte: "Ah, mas quando ele vier eu não vou pagar!" O pai, por sua vez, ainda que concorde em comparecer às sessões, também não se dispõe a pagá-las, uma vez que ele está vindo "só porque ela quer" e, por isso, quem deve arcar com a despesa é a mãe. Para que esse tipo de situação não aconteça, é preciso deixar bem claro para essa mãe, desde o início, que ela é responsável pelo pagamento de todas as sessões, independentemente da origem do dinheiro ou de que tipo de acordo ela tem com o ex-marido. Ao psicoterapeuta compete realizar seu trabalho e ser remunerado por isso, e não gerenciar o orçamento de ninguém. Se oferecemos um serviço, ele precisa ser pago, até para que os responsáveis nos respeitem como profissionais; do contrário, é como se disséssemos: "Nosso trabalho não vale nada. Se você quer pagar tudo bem, se não pagar também está bom". Colocada nesses termos, a situação parece, por vezes, muito dura. No entanto, esses são limites essenciais em nosso trabalho: não devemos nos responsabilizar por algo que é deles, para não corrermos o risco de nos colocar em uma situação precária. Caso os responsáveis não cheguem a um consenso, o processo fica suspenso até que eles resolvam o que fazer e nos comuniquem. Nesse item do contrato, assim como em outros, a atitude condescendente do psicoterapeuta costuma reforçar e manter o ajustamento criativo disfuncional da família, que utilizará seus padrões cristalizados na relação com o profissional, pondo em prática suas velhas e conhecidas "ferramentas", sejam elas a persuasão, a sedução, a intimidação etc.

Se existe um responsável que não quer comparecer às sessões iniciais, o psicoterapeuta não pode obrigá-lo ou persuadi-lo a vir; porém, faz parte de sua tarefa, de um lado, permitir que essa pessoa se posicione claramente a esse respeito, a fim de evitar manipulações do outro; de outro, fazê-la arcar com sua escolha. Nesse caso, o psicoterapeuta entra diretamente em contato com o responsável que se nega a comparecer, para que ele possa então se posicionar sobre como gostaria de participar do processo, ainda que seja para reafirmar sua discordância e sua não participação. De qualquer forma, o psicoterapeuta comunica-lhe que vai iniciar um processo de compreensão diagnóstica com a criança e coloca-se à disposição para recebê-lo posteriormente, caso ele reveja sua posição.

O caso do pai que não "pode" comparecer por excesso de trabalho é quase um clássico. Em geral, sugerimos horários alternativos e, na medida em que ele recusa todas as possibilidades oferecidas, inclusive a de ele mesmo sugerir um horário, precisamos intervir para esclarecer o que de fato está em jogo: não parece ser um problema de agenda, mas uma questão de disponibilidade e engajamento. É preciso assegurar ao pai que, embora consideremos importante a sua participação, ele tem o direito de não vir se não quiser, mas que seria importante assumir seu não querer para não se perder mais tempo com a questão da incompatibilidade de agendas. Cansamos de repetir que a liberdade de escolha responsável é fundamental para implicar os principais envolvidos no processo da criança, pois de forma alguma, em nenhum momento, eles devem participar do processo como se fosse uma dádiva ou um favor para o psicoterapeuta. Nesse mesmo sentido, o profissional precisa ficar atento às suas próprias motivações na psicoterapia com crianças, para não criar situações em que fique demonstrado que a pessoa mais motivada para o trabalho psicoterapêutico seja ele mesmo. O interesse e a responsabilidade do psicoterapeuta são essenciais para o processo, mas não podemos esquecer que a demanda é do cliente e assim deve permanecer para que as necessidades contempladas sejam as dele e não as do profissional.

Contrariando as expectativas, em inúmeros casos, quando o psicoterapeuta faz o contato direto com o responsável que se recusa a comparecer, este revê sua posição anterior e marca uma sessão para conversar pessoalmente, ou então nos procura um tempo depois. Isso comprova que, muitas vezes, o que o outro responsável nos relata é distorcido por sua percepção ou pelo desejo de que ele fique realmente de fora, para que o psicoterapeuta não obtenha um panorama mais amplo do contexto. É típico o caso em que a mãe não quer que o pai compareça às sessões porque teme que ele diga certas coisas, quer apresentar uma única versão da história, ou quer falar mal dele, mas não quer que ele fale mal dela. Porém, não podemos ficar com um pai que só existe no discurso da mãe. É fundamental que evitemos intermediários na comunicação do psicoterapeuta com os envolvidos no processo de compreensão diagnóstica a fim de eliminar distorções, mal-entendidos e manipulações.

Concluímos então algo óbvio, mas muitas vezes difícil de aceitar: não podemos fazer que os responsáveis sejam diferentes do que são. É essencial que o profissional trabalhe com a criança com base no pai que ela tem, e não no pai que gostaria de ter ou que o psicoterapeuta considere ideal. Vamos passar pela vida da criança; não vamos adotá-la, levá-la para casa ou protegê-la de todos os males. Nossa tarefa é ajudá-la a reunir recursos para lidar de forma mais satisfatória com seu contexto e assim realizar ajustamentos criativos mais funcionais.

É bastante comum na primeira sessão observarmos situações em que a criança torna-se fundo. Isso acontece, por exemplo, quando os responsáveis que vêm procurar psicoterapia para o filho só falam a respeito de si; a mãe que busca psicoterapia para a filha só fala de seu ex-marido; aqueles que procuram psicoterapia para um filho falam o tempo todo sobre outro filho; ou o pai que vem em busca de ajuda para o filho e só fala de seus planos fracassados. Tais situações por si sós já nos dão uma perspectiva bastante interessante a respeito dos possíveis elementos familiares envolvidos no intrincado processo de autorregulação organísmica da criança que vêm culminando nos ajustamentos criativos apresentados na forma de sintomas. Caso realizássemos uma sessão diretiva, talvez terminássemos com uma grande gama de "informações" sobre a criança, mas teríamos nada ou muito pouco a respeito dos elementos do campo que se encontram interagindo com ela nesse momento.

Remetendo-nos à nossa visão de homem relacional e de funcionamento saudável como um fenômeno interativo, concluímos que fatos e informações isolados sobre a criança e destacados de seu contexto não são de grande valor quando pretendemos realizar uma compreensão diagnóstica.

Considerar aquilo que os responsáveis trazem como tema (dimensão diagnóstica 1 e 5), observar como esses adultos se relacionam entre si e com o psicoterapeuta (dimensão diagnóstica 2), como utilizam suas funções de contato (dimensão diagnóstica 3) e quais os mecanismos de evitação de contato presentes nessas relações (dimensão diagnóstica 4), bem como a forma como eles articulam o que trazem para a primeira sessão com o motivo "principal" da consulta – a criança – (dimensão diagnóstica 6), é fundamental só para nossa compreensão acerca do que se passa com a criança e a família. Além disso, nos dá uma base de suas possibilidades de acolhimento de devoluções e intervenções vindas do psicoterapeuta num momento posterior do processo.

Na medida em que esse campo é configurado numa primeira sessão, damos prosseguimento às sessões iniciais de forma paulatinamente mais diretiva. Baseado no que aconteceu na primeira sessão, o psicoterapeuta pode começar a segunda fazendo uma pequena síntese da anterior e solicitando que eles falem um pouco mais sobre algum ponto que não tenha ficado muito claro, que precisem explorar mais ou ainda acerca de tópicos que não foram explorados pelos responsáveis na sessão anterior.

Nesse ponto, cabe ressaltar que nossa famosa "anamnese"[58] está se dando não da forma clássica, como um questionário estruturado, mas com a introdução de temas possíveis de explorar a cada momento dentro do fluxo relacional psicoterapeuta-responsáveis.

A proposta não é realizar um questionário estruturado, mas oferecer temas que nos interessam acerca da história dessa criança e/ou do seu momento atual, tais como "Me fale um pouco de como foi a entrada de fulano na escola", "Gostaria de saber como e onde fulano dorme e como a hora de dormir costuma ser tratada na família de vocês" ou "Como o restante da família percebe e lida com essa questão que vocês trouxeram sobre fulano". Ao oferecer esses temas, objetivamos mais uma vez deixar que os responsáveis discorram livremente, observando não só o que eles dizem, mas a forma como dizem ou tratam o próprio questionamento feito pelo psicoterapeuta. Alguns responsáveis, ao serem indagados sobre um tema, respondem rapidamente e

---

58. Veja o Anexo 1.

GESTALT-TERAPIA COM CRIANÇAS   **115**

logo engatam outro assunto, ignorando aquilo que foi proposto de início. Entendemos que tais fenômenos por si constituem material de compreensão diagnóstica, pois nos falam de maneira significativa a respeito desses responsáveis e de suas formas de relação com o mundo. Como estamos num momento inicial e, portanto, nosso foco não é prioritariamente de intervenção e sim de compreensão, não nos cabe ficar interrompendo-os na tentativa de "resgatar" o assunto e fazê-los voltar para o que estava sendo discutido porque precisamos de "dados" objetivos.

Poderíamos nos perguntar para que serve o dado objetivo a respeito, por exemplo, de se o parto da criança foi normal ou cesáreo, ou se ela nasceu com 38 ou 40 semanas. Para que nos serve a informação de que a criança andou com 1 ano e duas semanas ou com 11 meses e três dias? *Objetivamente*, para nada; porém *como* cada uma dessas coisas se deu ao longo do tempo muito nos interessa: a forma como as pessoas envolvidas perceberam a situação e reagiram a ela e as implicações decorrentes disso, pois é com esse material que a trama do desenvolvimento é tecida.

Algo que costumamos perguntar é sobre o nome da criança: quem escolheu, como foi escolhido e por quê. Inúmeras vezes verificamos que a história do nome carrega uma série de expectativas e crenças parentais, mitos familiares e legados para a vida da criança. Outro aspecto interessante diz respeito ao que os responsáveis esperam ou planejam para o filho, geralmente indagado assim: "Tentem imaginar o seu filho daqui a 15 ou 20 anos; o que vocês estão vendo?" A pergunta acerca de "com quem a criança se parece" e a questão do prognóstico dos responsáveis a respeito das possibilidades de transformação da criança figuram entre as mais importantes desse momento inicial, pois revelam expectativas e identificações presentes no campo familiar.

Outra forma de obter informação relevante é questionar sobre a infância dos responsáveis: como foi, o que eles lembram, como eles eram quando tinham a idade do filho? Muitas vezes constatamos que o sintoma da criança se apresenta para reproduzir a história infantil paterna ou materna – ou, ainda, exatamente para mantê-la no esquecimento. Descobrimos, por exemplo, que o menino que sofre de enurese tem um pai que também sofreu de enurese até a adolescência; ou que a menina que chega à psicoterapia com a queixa de agressividade contra a mãe tem uma mãe que era uma menina absolutamente submissa a uma progenitora agressiva ao extremo.

Uma vez que não dirigimos rigidamente as sessões, precisamos ter cuidado para não permitir que elas se tornem simplesmente um depósito da ansiedade dos responsáveis, um lugar aonde eles compareçam, "vomitam" e vão embora, sem nenhum tipo de intervenção. É fundamental que o psicoterapeuta faça uma síntese descritiva, ainda que breve, do que aconteceu na sessão para dar um contorno ao que foi trazido, relacionando o material ao propósito inicial e trabalhando algumas ansiedades básicas com as quais acreditamos que eles não devam sair, como: "Meu filho é maluco?" ou "O problema dele tem jeito?"

É bastante provável que surjam muitas perguntas nesses primeiros contatos; a algumas das quais não temos a menor possibilidade de responder: "Quanto tempo vai precisar para ele ficar 'bom'?" ou "Pelo que eu disse, o que você acha que está acontecendo com ele?" O que realmente importa em situações como essa é que os responsáveis não se sintam desqualificados e desatendidos. Assim, não podemos simplesmente deixar de responder ou dizer "Isso eu não posso responder agora" (pois aumenta a expectativa dos responsáveis a respeito de quando afinal o psicoterapeuta vai poder responder). É fundamental que qualquer questão trazida seja qualificada e acolhida, que possamos ajudá-los a fazer contato com a necessidade e/ou sentimento que se encontra em jogo na pergunta realizada e finalmente responder àquilo que for possível no momento.

Também é preciso atentar para o risco de as sessões iniciais se configurarem como uma psicoterapia do casal ou de um dos responsáveis, já que inevitavelmente surgem muitas questões deles nessas sessões. Esse risco se agrava se as sessões se estendem para mais de três encontros ou se o psicoterapeuta começa uma série de intervenções focalizando aspectos específicos de um deles ou questões do casal. Para que isso não aconteça, obedecemos ao critério da economia de intervenções nas sessões iniciais, privilegiando a escuta empática, a observação e a compreensão do que está sendo trazido, efetuando intervenções somente no sentido de facilitar o curso e a consecução dos objetivos da própria sessão – ajustar a demanda, estabelecer vínculo e começar uma compreensão diagnóstica – ou de trabalhar algumas ansiedades iniciais que possam comprometer o andamento do processo de sessão.

Dessa forma, seja qual for o rumo que a sessão tomou ou o conteúdo trazido, seu propósito ainda continua sendo a compreensão diagnóstica de um pedido de ajuda para uma criança, enunciado por um ou mais adultos, e precisamos pautar nossa condução por essa premissa.

Caso haja um pedido explícito de psicoterapia para um dos responsáveis ou para o casal, cabe ao profissional decidir se o pedido para a criança ainda faz sentido e, então, proceder à psicoterapia com o responsável ou casal. Caso fique decidido dar continuidade ao processo com a criança, encaminhá-los (um dos responsáveis ou o casal) a outro profissional.

Embora isso possa acontecer nas sessões iniciais, outra situação é bem mais comum na rotina dos psicoterapeutas de crianças: a identificação de profundas dificuldades nos responsáveis e o desejo de encaminhá-los à psicoterapia quanto antes. Nada poderia ser mais desastroso do que um encaminhamento precoce dos responsáveis, principalmente se condicionarmos a psicoterapia da criança à deles. Partimos do pressuposto de que, se eles vêm buscar auxílio para a criança, provavelmente não estão reconhecendo sua própria demanda de psicoterapia, que, nesse momento, pode encontrar-se projetada na criança. Diante de um encaminhamento desse tipo, os pais podem sentir-se profundamente culpados, incompreendidos, desqualificados e ofendidos, fazendo que o psicoterapeuta corra o risco de eles abandonarem o processo, não conseguindo assim oferecer ajuda nem à criança nem aos responsáveis. Axline (1986), em seu famoso caso clínico intitulado *Dibs: em busca de si mesmo*, já sublinhava a respeito da mãe de seu paciente:

> A mãe de Dibs havia demonstrado muito maior medo, ansiedade e pânico na sua primeira sessão do que Dibs na sua sessão inicial de terapia. Senti que não havia clima propício para persuadi-la dos benefícios de um tratamento pessoal. Seria ameaçá-la demais. E não quis assumir este risco. Representaria a possibilidade de perder Dibs. (p. 49-50)

É essencial que nesse primeiro contato com os responsáveis eles sejam informados e esclareçam suas dúvidas quanto ao que é psicoterapia, seus limites e possibilidades, a forma como ela se desenrola e as condições objetivas e subjetivas para que isso aconteça, até para que eles possam escolher se efetivamente querem ingressar num trabalho como esse. Assim, é preciso esclarecer, sempre em média, de quantas sessões precisaremos para elaborar uma compreensão diagnóstica e que existirá um momento de devolução para conversarmos sobre o que está se passando com essa criança. Da mesma forma, é fundamental informar aos responsáveis que o trabalho com crianças é diferente do realizado com adultos, utilizando recursos lúdicos, e que trabalhamos com o que a criança traz e não com o que o psicoterapeuta ou eles acham que ela deva trazer. Essa postura evita ou minimiza situações posteriores como: "Eu pago terapia para o meu filho brincar?", "Quando é que ela vai começar a contar as coisas que acontecem em vez de só ficar brincando?", "Vê se você consegue *puxar* dele isso ou aquilo". Ou, dirigindo-se à criança: "Você contou isso ou aquilo para a psicóloga?", "Você vai à psicóloga e tem que contar tudo para ela", "Se você não falar, eu vou contar para ela que você..."

A questão da escolha dos responsáveis é extremamente importante, uma vez que não se deve "convencer" quem quer que seja a ingressar ou prosseguir num processo terapêutico, e as decisões – e a responsabilidade por elas – a respeito da vida de uma criança cabem somente a eles.

Estabelecer e esclarecer as condições objetivas e subjetivas que permeiam o trabalho terapêutico e permitem que ele aconteça é crucial para o processo inicial de escolha dos responsáveis, evitando uma série de transtornos e mal-entendidos posteriores ao longo do processo terapêutico. A esse conjunto de condições objetivas e subjetivas que permeiam o processo terapêutico desde o momento da compreensão diagnóstica damos o nome de *contrato*.

A literatura técnica não oferece muitas orientações concernentes ao tema (Lima Filho, 1995; Sills, 1997)[59], e quando o psicoterapeuta inicia seu cotidiano de atendimentos encontra-se, em geral, completamente despreparado para tal função, uma vez que em sua graduação a preocupação é bem maior com os conteúdos assimilados do que com a sua vinculação à prática. Isso faz que ele depare com um grande número de dificuldades, que culminam na impossibilidade, muitas vezes, de prosseguir a psicoterapia.

Verificamos que a maior parte das dificuldades que se apresentam ao longo do processo terapêutico, particularmente em relação ao seu manejo, advém de um contrato pouco delineado, discutido e estabelecido.

O contrato dá limite, dá contorno, estabelece algumas fronteiras básicas dessa relação que se inicia, auxiliando a caracterizá-la como terapêutica. A estabilidade apontada pelo horário e pela periodicidade da psicoterapia, por exemplo, é responsável por boa parte do sucesso do trabalho. Ambos são elementos organizadores, configurando, por isso mesmo, uma parcela significativa das intervenções "ocultas"[60] que a psicoterapia imprime à vida do cliente. As questões relativas ao contrato ocupam papel central na dinâmica da relação terapêutica, e a forma de o cliente engajar-se aponta seu modo de fazer acordos na vida, suas modalidades de dar e receber, sua representação do papel do dinheiro nos relacionamentos etc. No caso dos responsáveis, muitas vezes revela quanto estão dispostos a abrir mão de coisas para a criança, na forma de reorganizações do orçamento com o objetivo de custear a psicoterapia, ou ainda sentimentos de competição e inveja da relação estabelecida pela criança e pelo profissional.

O contrato funciona como um "contorno" para o cliente e, por isso, seus elementos devem ser estáveis no processo terapêutico. Segundo Lima Filho (1995, p. 77):

---

59. Para uma discussão sobre esse tópico, veja também Müller-Granzotto e Müller-Granzotto (2007)
60. As intervenções "ocultas" são aquelas oferecidas pela própria configuração da relação terapêutica, do espaço terapêutico e pela situação da psicoterapia (Lima Filho, 1995).

todos os elementos contextuais e ambientais, dos quais o contrato é um componente, precisam ser estáveis e manter uma coerência com sua concepção de homem e saúde psíquica, com seu modo de ser, com a estrutura da sala de atendimento e com o corpo conceitual teórico que norteia a abordagem que adota em psicoterapia.

Dessa forma, nuanças, leituras, variações, distorções ou interpretações particulares serão, certamente, variáveis do cliente, e assim devem ser percebidas, compreendidas e trabalhadas em benefício do crescimento psíquico dele.

O contrato envolve não só regras e princípios objetivos – tais como preço da sessão, duração, frequência, horários, procedimentos com relação a faltas, feriados, férias, formas de pagamento – como a disponibilidade para viver o trabalho terapêutico como uma parceria e não algo unilateral, particularmente no caso da psicoterapia com crianças, na qual a participação dos responsáveis, segundo nossa visão de homem relacional e contextual, é de extrema importância para o desenrolar do processo[61].

Sabemos que, para que cliente e psicoterapeuta desenvolvam um trabalho satisfatório, é necessário que estejam aliados em um mesmo fim, que haja uma cooperação consciente entre ambos para que seus esforços se canalizem numa única direção, independentemente das inevitáveis dificuldades e resistências que surgirão em decorrência do processo. Na psicoterapia com crianças, tal premissa é válida tanto para elas quanto para seus responsáveis.

Cabe ressaltar que o item do contrato que prevê a participação ativa dos responsáveis no processo terapêutico é um dos mais importantes em se tratando de psicoterapia com crianças, uma vez que grande parte dos ganhos obtidos em tais processos advém dela. No entanto, não é recomendado condicionar o início do processo a essa participação, a menos que os responsáveis declarem, sem sombra de dúvida, que simplesmente querem "entregar" a criança ao psicoterapeuta e buscá-la quando estiver bem. Também não é adequado condicionar o início do processo a essa participação porque, na verdade, como estamos começando, ainda não os conhecemos a ponto de saber se eles de fato participarão do processo tal qual nos garantiram na primeira sessão. Com o desenvolvimento do processo de compreensão diagnóstica, vamos conhecendo-os melhor, de forma que no momento da devolução já possamos nos posicionar mais diretamente sobre esse tópico. É fundamental sabermos de antemão que nem sempre os responsáveis participarão da forma que julgamos ideal e sim daquela que for possível para eles,

---

61. Veja o Anexo 2.

sendo com isso que vamos trabalhar. Na pior das hipóteses, devemos lembrar que, às vezes, um breve porém autêntico contato terapêutico com uma criança pode fazer uma enorme diferença em sua vida[62].

O estabelecimento do contrato demanda um compromisso recíproco para a prestação e o recebimento de serviços e delimita o campo em que a relação terapêutica se construirá, com suas regras e responsabilidades. Contrato é um *trato que se faz com* e, por isso, o fato de ter elementos fixos não indica que ele não seja democrático, como destaca Lima Filho (1995). O cliente é considerado na medida em que o processo só acontecerá se ele estiver de acordo com as regras propostas e se dispuser a começar o trabalho. O psicoterapeuta está oferecendo seus serviços, e faz parte do processo o cliente escolher se quer ou não se relacionar dentro dessas bases.

No trabalho com psicoterapia de crianças, constatamos ao longo do tempo que o estabelecimento de um contrato escrito facilita a sua compreensão e o cumprimento de seus itens. Embora seu valor legal seja questionado, ele é essencial para que os responsáveis "lembrem-se" de todos os itens e tenham algo por escrito para consultar quando surgirem dúvidas. Além disso, o ato concreto de ler e discutir seus tópicos com o profissional e depois assiná-lo em duas vias – uma para o responsável e outra para o psicoterapeuta – enfatiza a responsabilidade e a parceria dos responsáveis no trabalho terapêutico.

Embora cada cliente seja singular, os elementos fundamentais da formulação contratual são os mesmos. O psicoterapeuta precisa formular um contrato que o deixe confortável e valorize seu trabalho, a fim de manter sua postura básica de aceitação e disponibilidade para com o cliente. Por isso, modelos preexistentes podem não servir para determinado psicoterapeuta[63]. Não existe uma única forma de elaborar contratos terapêuticos, mas tantas quantas forem os psicoterapeutas, seus métodos de trabalho e os custos que eles têm para oferecer seus serviços.

Assim como não encontramos farta literatura sobre contrato em psicoterapia, quase não há trabalhos sobre os honorários do psicoterapeuta. Supomos que isso se dê pelo fato de os psicoterapeutas identificarem, muitas vezes, uma profissão de "ajuda" como algo incompatível com cobrar e receber por isso. No entanto, é preciso destacar que o pagamento da sessão é o que efetivamente concretiza a troca realizada pelo pro-

---

62. Esse ponto de vista é aprofundado no Capítulo 9.

63. Compartilhamos nosso contrato atual no Anexo 2 não para que sirva de modelo, mas como ilustração da possibilidade de elaborar um contrato que seja compatível com nossas características, nossas necessidades e nossos pressupostos básicos de trabalho.

fissional e o seu cliente: o psicoterapeuta dá algo ao cliente que é sua escuta, o seu tempo e as suas intervenções, o cliente oferece algo em troca que é o pagamento da hora de psicoterapia. Muitas questões acerca do dar e receber, por parte de ambos, surgem nesse momento específico do contrato. O que faz um cliente "pechinchar" o preço da sessão quando ele gasta dinheiro em outras coisas? De que modo esse cliente encara o receber e até que ponto ele está disponível para dar em troca? Isso não seria uma forma de desvalorizar aquilo que ele recebe em psicoterapia? O que faz um psicoterapeuta não conseguir cobrar por seus serviços ou sentir-se culpado por isso? Ou só realizar trabalhos sociais e jamais conseguir sustentar-se com sua profissão? Ou ceder aos apelos de negociação dos clientes, deixando que eles resolvam quanto vale o seu trabalho? O que faz o psicoterapeuta ceder aos apelos de um cliente e não ceder a outros? Ou ainda cobrar honorários irrisórios de forma que praticamente "paga para trabalhar"? Até que ponto um profissional envolvido nessas dificuldades está sendo terapêutico para seu cliente ou satisfazendo por intermédio do outro suas próprias necessidades?

Todas essas questões e outras tantas estão presentes no momento de formulação do contrato e do estabelecimento de um padrão de honorários; invariavelmente apontam para elementos da vida do cliente e do psicoterapeuta que transcendem a situação terapêutica. Enquanto o cliente está no seu papel e, portanto, se apresentará com seus padrões e mecanismos de evitação de contato e manipulação do meio, espera-se que o psicoterapeuta possa trabalhar tais questões num espaço de psicoterapia pessoal a fim de estabelecer contratos que o valorizem e sejam terapêuticos para seus clientes.

No processo de estabelecimento de honorários, muitos psicoterapeutas, principalmente os iniciantes, por ficarem enredados nos critérios da experiência e do "valor" subjetivo de seu trabalho, esquecem que existem outros detalhes também importantes, como os custos concretos que eles têm para estar disponíveis durante determinado tempo, em certo lugar, com determinados recursos – despesas com sua locomoção, sublocação de horários, aluguel, contas, impostos, manutenção do espaço de trabalho e, particularmente no caso de crianças, manutenção e reposição de recursos lúdicos. Tudo isso precisa ser levado em consideração no momento de calcular os honorários, para que o psicoterapeuta não só cubra seus custos como tenha lucro suficiente para investir em si mesmo (cursos, livros, supervisão, psicoterapia, participação em congressos e tempo livre para fazer coisas de que gosta e estar com pessoas queridas). Mencionamos isso por entender que, para que se possa manter de fato uma atitude de aceitação, presença e respeito, é preciso cuidar muito bem do seu principal instrumento: ele mesmo. Isso significa cuidar de si como pessoa e como profissional, o que envolve, entre outras coisas, recursos financeiros.

Cabe ressaltar nesse momento que, quando mencionamos "o terapeuta como seu próprio instrumento", não estamos nos referindo à perspectiva apresentada por Polster (2001) a respeito da revelação da experiência pessoal do psicoterapeuta na relação terapêutica, mas ao fato de ele ser o instrumento direto do seu trabalho, pois, a partir da *sua apreensão* do campo psicoterapêutico, com suas funções de contato e seus padrões relacionais, inclusive seus ajustamentos neuróticos, serão realizadas suas intervenções. Quanto mais "afinado" estiver esse instrumento, ou seja, quanto mais saudável e apoiado teórica e tecnicamente o profissional se mantiver, maiores serão suas chances de aceitação, acolhimento e discriminação das necessidades do cliente e das possíveis intervenções facilitadoras.

As sessões iniciais com a criança

O objetivo das sessões iniciais com a criança é, antes de tudo, estabelecer um vínculo de confiança para criar uma base a partir da qual a relação se desenrolará. Nada é mais importante nesse momento, uma vez que sem ele dificilmente conseguiremos desenvolver algum tipo de trabalho.

Para que esse vínculo se estabeleça é fundamental que adotemos uma postura de acolhimento, aceitação e respeito[64] pela criança e por sua forma de estar naquele momento, independentemente do que possa acontecer. Isso significa que não podemos estabelecer *a priori* o modo como a sessão vai acontecer e precisamos estar preparados para lidar com uma grande diversidade de situações: a criança não quer entrar na sala ou quer entrar somente acompanhada da mãe ou de outro familiar, não quer brincar, senta-se amuada num canto, não quer sair no final da sessão ou deseja sair antes, quer levar para casa um ou mais objetos da sala, não atende a nenhuma solicitação do psicoterapeuta, comporta-se como se não estivesse vendo e/ou ouvindo o psicoterapeuta, chora, sai da sala inúmeras vezes, vomita, tem dor de barriga, quebra coisas, tem uma crise de raiva, tenta machucar o psicoterapeuta ou se machucar etc.

Todas essas situações e tantas outras quantas forem as crianças com quem vamos trabalhar são passíveis de acontecer e, na verdade, ocorrem com muito mais frequência do que a literatura aponta. Costumamos dizer que se as crianças pudessem estar de outra forma talvez não estivessem ali, diante de nós, iniciando um processo terapêuti-

---

64. Veja o Capítulo 7.

co. Isso parece óbvio, porém muitas vezes alimentamos expectativas irreais acerca das possibilidades de a criança comportar-se no espaço terapêutico, particularmente em um contato inicial.

Diante de todas as situações descritas e de quaisquer outras que se possam apresentar, nossa postura de acolhimento, aceitação e respeito pelas possibilidades da criança mantém-se inalterada. Conforme já enfatizamos[65], ter uma visão de homem solidamente assimilada é fundamental para nortear nossa prática, em especial nos momentos mais adversos. Se acreditarmos de fato que a criança é um ser de potencialidades, que ela tem uma sabedoria organísmica que guia seus ajustamentos, que seu comportamento é a expressão de como ela se encontra no momento e que só podemos encontrá-la no ponto onde está e da forma como está, não teremos dificuldade de colocar em prática tais princípios. Cabe assinalar aqui que esses princípios não significam ausência de limites[66]. Faz parte das regras do espaço terapêutico, por exemplo, não levar nenhum brinquedo para casa, e tal regra será mantida apesar da insistência da criança. O que vai ser acolhido, aceito e respeitado é a sua necessidade de levar algo do consultório e os sentimentos articulados a essa necessidade, bem como aqueles despertados pela apresentação do limite.

É importante destacar que o que vai ser ou não permitido à criança deve obedecer rigorosamente a nossos critérios básicos de limites no espaço terapêutico[67] e nunca à nossa própria vontade, baseada em nossos valores, julgamentos, expectativas ou necessidades[68]. Assim, perante uma criança que não aceita separar-se da mãe na sala de espera e insiste em levá-la ao espaço terapêutico, acolhê-la, aceitá-la e respeitá-la em seu momento é permitir que ela possa estar conosco dessa forma. Afinal, o fato de a mãe acompanhá-la em nada afeta nossos critérios de limites nesse espaço e ainda nos permite iniciar trabalhando o que provavelmente se constitui na questão primordial para a criança: sua dificuldade de separação e discriminação da sua mãe. O que faria não aceitarmos a impossibilidade da criança de deixar a mãe na sala de espera? Nossa pressa de estabelecer um vínculo *com a criança*, sem a mãe? Nossa crença de que se ela não quer ficar conosco sozinha significa que não somos bons o bastante? Nosso incômodo com a presença da mãe? Essas e outras razões que porventura identifiquemos ao nos perguntarmos sobre nossas atitudes diante da criança dizem respeito às nossas dificuldades

---

65. Veja o Capítulo 2.
66. Veja o Capítulo 7.
67. Idem.
68. Idem.

pessoais e não estão baseadas em nossa visão de homem nem numa postura terapêutica fenomenológica.

Com base nesses princípios, não iniciamos qualquer tipo de sedução ou tentativa de persuasão, como oferecer recompensas caso a criança entre ou permaneça no espaço terapêutico ou nos dirigirmos a ela falando como "animador de festa". É preciso que fique claro desde o início que a criança não vai entrar e/ou permanecer no espaço para nos agradar ou agradar aos responsáveis. A escolha de entrar e de permanecer será sempre dela. Verificamos que, uma vez mantidos os princípios básicos da aceitação e do respeito, praticamente todas acabam por se permitir entrar e experimentar essa nova situação.

Costumo realizar uma espécie de "aquecimento" quando recebo uma criança pela primeira vez. Depois de me apresentar, convido o responsável que a trouxe para fazer um passeio pelas dependências da clínica, ajudando-me a mostrar-lhe o espaço. Como essa pessoa já esteve comigo antes, ela já conhece o local e está pronta para servir de "ajudante" nesse contato inicial com um ambiente totalmente desconhecido pela criança. Ao chegarmos à sala onde realizaremos nosso encontro, pergunto à criança se ela pode nos levar de volta à sala onde a mamãe, ou quem quer que esteja com ela, vai ficar esperando enquanto nós voltamos para ficar um pouco mais na sala de brinquedos. Com isso, a maioria das crianças volta à sala sem problemas, pois elas já se encontram familiarizadas, tiveram o apoio do responsável no contato inicial com o ambiente e com a psicoterapeuta, percebem que podem escolher o que fazer e serão respeitadas em qualquer decisão que tomarem.

Essa percepção precoce do respeito que temos pela criança é fundamental para o estabelecimento de um vínculo de confiança. Desde o primeiro momento ela percebe que não estamos lá para forçá-la a fazer algo, porque não queremos que ela faça isso ou aquilo, mas para prestar atenção e respeitar o que ela precisa e quer fazer.

Ao entrarmos na sala, apresentamos o espaço, os recursos lúdicos disponíveis, o que podemos realizar ali e o tempo de que dispomos para isso. Falamos sucintamente do motivo pelo qual estamos nos encontrando e abrimos espaço para a criança pronunciar-se a esse respeito. Caso ela queira falar, acolheremos aquilo que vier; caso não queira, faremos o mesmo, assinalando sua escolha de não falar naquele momento e indagando-a sobre o que gostaria então de fazer e/ou falar.

O restante da sessão segue de forma absolutamente singular já que a única regra de condução é acompanhar a criança em suas escolhas com o objetivo de observar como ela funciona no mundo, com seus limites e recursos. O fundamental é que o campo da sessão seja configurado prioritariamente pela criança, e por isso trabalhamos com sessões livres e não estruturadas. Isso significa nenhum tipo de planejamento *a priori*, tanto no que diz respeito a técnicas utilizadas quanto a recursos lúdicos ou atividades. É preciso seguir a comunicação da criança, acompanhando-a e permitindo que se mostre da melhor maneira possível, observando-a a partir das categorias diagnósticas.

Acompanhá-la significa interessar-se genuinamente pela criança e pelo que ela tem a mostrar, aceitar seus convites, sugestões e pedidos – desde que não quebrem o critério de limites –, assinalar com descrições aquilo que ela mostra e fazer poucas perguntas. O excesso inicial de perguntas pode ser extremamente persecutório para a criança e não dá espaço para verificarmos o que ela traria se não estivesse sendo "interrogada". Em geral, uma profusão de perguntas atende mais às necessidades e ansiedades do psicoterapeuta do que se apresenta como um facilitador da criança. Axline (1986, p. 37), a respeito da primeira sessão de Dibs, comenta:

> Sentei em uma cadeirinha perto da porta. Dibs permaneceu no meio da sala, de costas para mim, torcendo as duas mãozinhas. *Esperei. Tínhamos bastante tempo. Não havia pressa para executar qualquer coisa.* Poderia brincar ou não brincar. Conversar ou manter-se silencioso. Aqui, não faria nenhuma diferença. (Grifo nosso)

É também sobre a possibilidade de o psicoterapeuta *esperar* que Greenspan (1993, p. 153) nos alerta acerca da primeira sessão:

> Para tornar-se um bom observador e não interferir, você deve seguir o princípio de tolerar o desconforto tanto na criança quanto em você. [...] Se uma criança mostra ansiedade e você a apoia com demasiada rapidez, em vez de deixá-la exibir esse sentimento, você não observará como ela maneja a situação por conta própria.

Isso é particularmente importante para psicoterapeutas que, por não tolerarem o desconforto inicial da sessão, não permitem que a criança tome a iniciativa e preenchem esses primeiros minutos com perguntas, sugestões ou longas explicações a respeito do espaço terapêutico e da função do profissional – tema que a maioria das crianças não entende ou pelo qual não demonstra interesse.

Cornejo (1996, p. 64) comenta algo que nos parece óbvio mas que, muitas vezes, principalmente o psicoterapeuta iniciante, no afã de "extrair" informações e relatos mirabolantes da criança, pode perder de vista. Diz ela:

Muitas vezes as crianças não gostam de falar dos seus conflitos. [...] porque muitos dos seus problemas se referem às suas famílias, sobretudo aos seus responsáveis [...]; e para elas, falar algo de sua família com uma pessoa que não pertence a ela pode gerar muita culpa e mal-estar. A diferença para um adulto é que ele, quando trabalha algum problema com seus responsáveis, não os encontra logo depois na sala de espera...

Com isso, reforçamos o pressuposto básico da psicoterapia com crianças que privilegia a linguagem lúdica em detrimento da linguagem verbal. Esperar que uma criança *fale* sobre seus problemas e questões costuma ser algo bastante frustrante para o psicoterapeuta e uma ameaça para o vínculo com a criança, já que pode fazer que ela sinta-se exigida e pressionada a agir de uma forma que não lhe convém.

Greenspan (1993) descreve três momentos da sessão com a criança: o inicial, no qual o principal objetivo é o estabelecimento de vínculo – verificar como a criança lida com situações novas e a ideia que faz do propósito da sessão; o intermediário, cujo objetivo principal é observar o que a criança traz para a sessão, tanto em termos de conteúdo quanto de formas, realizando um mínimo de intervenções somente para facilitar o desenrolar da sessão; e o final, para verificar como a criança lida com términos e resumir questões importantes comunicadas por ela na sessão.

Cabe ressaltar que quando mencionamos resumir as questões trazidas estamo-nos referindo a uma síntese daquilo que foi feito e do que o psicoterapeuta pôde conhecer da criança naquele encontro. Nesse ponto, ele pode perguntar-lhe se ela gostaria de dizer o que achou do psicoterapeuta e/ou do espaço naquele momento. É importante também, antes de encontrar os responsáveis, verificar o que ela achou do encontro, como se sentiu e se gostaria de voltar ali, para que uma nova sessão seja marcada.

Embora a maior parte das cláusulas do contrato seja discutida e estabelecida com os responsáveis pelas crianças, é fundamental que também possamos realizar uma espécie de contrato com elas, para que possam compreender, dentro de suas capacidades, as regras básicas que permeiam nosso encontro: frequência das sessões, horário fixo, tempo de duração da sessão, sigilo acerca do que é experienciado em cada sessão, trabalho de acompanhamento dos responsáveis, possibilidades de sessões conjuntas e de sessões familiares e regras básicas de limites no espaço terapêutico segundo critérios de integridade da sala, do psicoterapeuta e da criança[69]. Nesse momento, também abrimos espaço para a criança fazer perguntas e tirar dúvidas; algumas gostam de elaborar uma lista das "regras" para guardar em sua pasta ou levar para casa. Essa atividade, por si só, já dá

---

69. Veja o Capítulo 7.

margem ao trabalho de muitas questões importantes referentes a limites e negociação de regras de convivência.

No final da primeira sessão ou no início da sessão seguinte também oferecemos algumas pastas coloridas para que a criança escolha uma que ficará reservada caso ela queira guardar algo que foi realizado durante a sessão. Essa pasta terá seu nome e será utilizada somente por ela nesse espaço terapêutico. O objetivo é servir como um pequeno espaço de privacidade onde a criança possa deixar coisas que não queira levar consigo e possam ficar guardadas em um lugar seguro pelo tempo que ela desejar, até o momento em que julgar necessário. Se durante a sessão inicial a criança realizou algum trabalho, o psicoterapeuta vai indagá-la a respeito do que ela gostaria de fazer com ele e oferecerá a possibilidade da pasta, caso ela tenha concordado em voltar, como uma das alternativas possíveis.

O momento de ir embora também pode ser interessante para que o psicoterapeuta observe a interação criança/responsável e como ambos lidam com a despedida. É bastante comum os responsáveis solicitarem à criança que se despeça do psicoterapeuta, geralmente dentro dos parâmetros que eles consideram aceitáveis e julguem causar boa impressão.

Consideramos fundamental intervir nesse momento, ainda que seja em uma primeira sessão, mostrando gentilmente que não há necessidade de uma despedida formal, que existem muitas formas de se despedir que não só com beijos e abraços, que geralmente nos despedimos de nosso encontro ainda dentro da sala e que, nesse espaço, fica a critério da criança o modo como isso vai ser feito. Dentro de nossa perspectiva de respeito pela criança e pela sua forma de ser e apresentar-se naquele momento, não podemos permitir que ela se despeça dando-nos um beijo, um abraço, ou qualquer outra coisa que seja estipulada por alguém que não ela mesma. Para crianças, beijos e abraços ainda são predominantemente expressões de afeto, e nos perguntamos a partir disso como alguém que acabou de conhecer-nos se expressaria dessa forma ao dizer-nos "Tchau, até a próxima semana". Por certo, ao longo do processo terapêutico as crianças costumam manifestar algum tipo de afeto pelo profissional (não só os considerados "positivos"), o que inclusive faz parte do desdobramento do próprio trabalho; porém, isso acontecerá sempre no momento da criança, a partir das possibilidades e necessidades dela e não das necessidades de seus responsáveis ou do psicoterapeuta. As crianças geralmente são muito desrespeitadas em suas fronteiras corporais; são agarradas e manipuladas o tempo inteiro, na maioria das vezes sem permissão, e ainda são obrigadas a travar contato físico e a demonstrar sentimentos que não experimentam por meio do toque e da proximidade corporal com outra pessoa.

Cabe ressaltar que pior do que as manifestações dos responsáveis, no sentido de que a criança comporte-se de determinada forma ou expresse alguma emoção que não sente ou de modo que não lhe convém, é o psicoterapeuta cair nessa mesma "armadilha". Relatos de profissionais que põem crianças no colo, apertam bochechas, dão abraços apertados e perguntam "Cadê meu beijo?" no início ou final de cada sessão, sem que tal postura parta de alguma necessidade específica da criança, não são incomuns. Tais aproximações só devem acontecer com base em um pedido ou em uma iniciativa da criança. Se em dado momento o psicoterapeuta suspeitar que uma atitude desse tipo pode ser terapêutica, ainda assim é preciso que a criança tenha a chance de recusar, se for o caso. Não podemos esquecer que o toque é uma das funções de contato do indivíduo; por isso, as fronteiras estabelecidas pela criança nesse sentido devem ser reconhecidas e respeitadas para que se possa criar a possibilidade de expandi-las.

Ao reencontrarmos os responsáveis na sala de espera, conforme foi combinado com a criança anteriormente, comunicamos nossa decisão quanto a continuarmos nos vendo e, se for o caso, marcamos a próxima sessão.

Após as sessões, nosso trabalho continua com o registro do que aconteceu e posteriormente com a organização de todo o material vivenciado, baseando-nos nas categorias diagnósticas. No que se refere a estas, é bom lembrar que a observação do campo total da criança começa e termina na sala de espera com a relação que ela estabelece com o responsável que a trouxe para a sessão, e tudo que acontecer nesse campo também é importante para nossa compreensão da totalidade do campo criança-meio.

Vale ressaltar aqui que tão importante quanto identificar os pontos de cristalização, os padrões enrijecidos, os bloqueios e distorções de contato apresentados pela criança é identificar seus pontos de saúde, suas capacidades não desenvolvidas e seus recursos disponíveis, pois ambos os lados fazem parte de nossa compreensão diagnóstica. Ademais, é justamente com seus recursos disponíveis que trabalharemos a possibilidade de criar formas alternativas de contato, reforçando a ideia de que atuamos para promover a saúde e não para aniquilar a doença. Da mesma forma, apresentar em uma sessão de devolução apenas aspectos negativos da criança pode, muitas vezes, reforçar ainda mais a imagem depreciativa que os responsáveis têm dela, ou, em outros casos, deixá-los excessivamente culpados ou desanimados com as perspectivas de transformação da situação.

Em nossa organização do material observado nas sessões iniciais com a criança, utilizamos as categorias diagnósticas descritas a seguir.

Categorias diagnósticas

1. Tema das atividades: tema geral de cada atividade realizada pela criança na sessão. Ex.: desenho – tema: barco no meio da tempestade / dramatização com família de bonecos – tema: discussão durante o jantar.

2. Tema central da sessão: aquele mais investido pela criança, seja por intensidade ou por repetição. Ex.: briga entre o bem e o mal, com o mal sempre vencendo.

3. Padrões temáticos: temas que se repetem ao longo das primeiras sessões, apontando-nos a presença de um padrão. Ex.: situações nas quais as crianças são sempre esquecidas pelos adultos.

4. Organização da autoimagem: como a criança percebe a si mesma, particularmente no que diz respeito aos seus recursos para lidar com o meio e com seus sentimentos e necessidades. Ex.: "Eu não sei fazer isso, sou burro".

5 Padrões de contato com a realidade: organização e uso dos mecanismos de evitação de contato. Observar particularmente o uso da deflexão e da projeção, bem como a presença de introjeções. Ex.: a criança que não olha para o psicoterapeuta, que disfarça seus sentimentos, que "não ouve" as intervenções; a criança que não pode se sujar, que é sempre a boazinha ou que acha que "não serve para nada"; a criança que fala de suas necessidades atribuindo-as a outra criança.

6. Uso da fantasia: possibilidade de "fazer de conta", dramatizar e "entrar em personagens". Ex.: a criança que propõe brincadeiras de "faz de conta"; a criança que "entra" no diálogo com o fantoche utilizado pelo psicoterapeuta; a criança que se recusa a "dar voz" a um elemento do desenho.

7. Sequência da sessão: articulação cronológica das atividades realizadas durante a sessão. Ex.: a criança que começa a sessão com atividades que envolvem recursos não estruturados e finaliza com recursos estruturados*; a criança que começa atirando no alvo, em seguida soca o "João Teimoso", depois desenha um vulcão que entra em erupção e mata toda a aldeia e termina se cobrindo com todas as almofadas da sala, fazendo de conta que é uma caverna.

8. Habilidade para fazer escolhas: como a criança realiza escolhas em toda a situação terapêutica, desde a sala de espera – como ela decide a respeito de entrar ou não na sala de brinquedos, como aborda os recursos lúdicos, como escolhe o que fazer durante sua sessão e o grau de plasticidade e possibilidades de negociação dessa escolha. Certas crianças ficam literalmente apavoradas diante da possibilidade de escolher algo para fazer no espaço terapêutico, não conseguindo assumir nenhum tipo de escolha. Especialmente nesses casos, podemos reduzir o campo de escolhas para a criança apontando-lhe apenas duas ou três possibilidades; somente em última instância, caso sua ansiedade pela "liberdade" de escolha chegue a um limite que possa comprometer a sessão, escolhemos e propomos algo para ela fazer. No entanto, nessas situações é fundamental lembrá-la de que, ao transferir a possibilidade de escolha para o psicoterapeuta, ela também está arriscando usar seu tempo de uma forma que talvez não lhe agrade, destacando a sua responsabilidade na satisfação de suas necessidades.

9. Uso da criatividade: como a criança transforma ativamente o meio por intermédio de suas brincadeiras, fantasias, produções e manipulações. Ex.: a criança que usa os recursos não estruturados para criar algo com que ela gostaria de brincar e não existe na sala; a criança que usa os recursos estruturados a fim de subverter seu significado consensual e criar outras possibilidades; a criança que tenta seduzir o psicoterapeuta com choros ou gracinhas ao final da sessão com o objetivo de estender a hora ou levar algum brinquedo para casa.

10. Uso da curiosidade: como a criança busca ativamente conhecer o espaço terapêutico e o psicoterapeuta usando a energia da curiosidade. Ex: a criança que se dirige aos recursos interessada e curiosa a respeito do seu uso, faz perguntas, quer experimentar; a criança que não se interessa pelos recursos ou pela sala ou pouco explora o material; a criança que faz inúmeras perguntas acerca da vida pessoal do psicoterapeuta ou aquela que não pergunta absolutamente nada; a criança que, ao perceber uma mudança na sala, comenta e faz perguntas, aquela que percebe a mudança, mas não se permite perguntar, ou aquela que nem sequer nota as mudanças realizadas no espaço terapêutico.

11. Responsabilidade por seus atos e/ou sentimentos e necessidades: como a criança se reporta aos próprios comportamentos e questões e como ela se apropria daquilo que realiza no espaço terapêutico. Ex.: a criança que projeta seus sintomas em outras crianças (é o irmão que faz xixi na cama ou o colega da escola que faz "coisas erradas"); a criança que não reconhece o próprio mérito nas situações (tirou uma boa nota na prova porque a professora ajudou com uma prova fácil ou conseguiu realizar algo que dependia de sua habilidade "por sorte"); a criança que não assume os próprios sentimentos (aquela que, ao bater no irmão, diz que "foi sem querer" ou a que ao ficar triste ou magoada diz não se importar; a criança que não se apropria das próprias produções realizadas no espaço terapêutico (indagada a respeito do que quer fazer com seu desenho, transfere a responsabilidade para o psicoterapeuta).

12. Disponibilidade para as intervenções do terapeuta: como a criança reage às intervenções usando suas funções de contato. Ex.: olha e ouve atentamente o psicoterapeuta; tampa os ouvidos e canta bem alto para não ouvi-lo; sai correndo pela sala, distanciando-se do psicoterapeuta sem olhar para ele; comporta-se como se não tivesse ouvido a intervenção; interrompe bruscamente aquilo que está fazendo e pede para sair, ir ao banheiro ou brincar de outra coisa; diz diretamente para o psicoterapeuta calar-se; expressa algum tipo de emoção tal como tristeza ou raiva etc.

13. Respeito e tolerância aos limites e frustrações: impostos pela própria configuração do espaço terapêutico, pelas dificuldades encontradas pela criança na abordagem dos recursos lúdicos e pelo psicoterapeuta com base no critério de integridade da sala, da criança e do profissional**.

14. Tipo de vínculo estabelecido com o terapeuta: dependente, queixoso, autossuficiente, desafiador, confrontador, desqualificador etc.

15. Emprego da função de contato tátil: como a criança usa o tato e como ela se permite tocar as coisas e as pessoas. Ex.: a criança "grudenta", que se segura, se pendura e se enrosca na mãe e/ou no psicoterapeuta; aquela que não permite ser tocada ou não expressa nenhuma afetividade por meio de beijos ou abraços.

16. Uso da função de contato auditiva: como se apresenta a possibilidade de escuta da criança, particularmente no que se refere à sua capacidade discriminativa. Ex.: a criança que ouve nossas intervenções sempre como "crítica"; a criança que "não ouve" os apelos da mãe ou os limites apresentados pelo psicoterapeuta.

17. Uso da função de contato visual: como a criança explora visualmente o ambiente e estabelece contato visual com as pessoas, em especial com o psicoterapeuta. Ex.: a criança que, ao fazer pouco contato visual com o ambiente, esbarra em coisas da sala e "perde" os utensílios que estão sendo usados; a criança que olha sempre para baixo; a criança que não fixa o olhar em nada.

18. Uso da linguagem verbal: não só seu desenvolvimento formal e compatível com as regularidades observadas em sua faixa etária, mas principalmente a forma que ela adquire e sua função nas relações que a criança estabelece com o mundo. Ex.: a criança que fala com voz de bebê; a criança que fala muito baixo; a criança que fala alto e imperativamente.

19. Postura, expressão e gestual: uso expressivo do corpo e do movimento. Observar particularmente a congruência entre o que é expresso verbalmente e aquilo que a criança demonstra por intermédio do corpo.

20. Movimento e deslocamento geográfico: uso do espaço físico no espaço terapêutico. Ex.: a criança que percorre todo o espaço e o explora ativamente; a criança que corre e pula o tempo todo sem parar; a criança que só utiliza um canto da sala ou evita certos espaços ou itens da mobília.

---

* Veja o Capítulo 7.

** Idem.

Assim, o trabalho principal na compreensão diagnóstica baseia-se fundamentalmente naquilo que o psicoterapeuta observa e nem tanto na história, nos sintomas ou na queixa dos responsáveis ou da escola. Observamos como a história e os sintomas articulam-se com movimentos, gestos, sons, maneirismos, expressões – todas essas características que, combinadas, formam uma criança única.

Conforme ressalta Cardoso-Zinker (2004) "o conteúdo, a história, tem sua validade, mas não define a criança", pois quem quer que fale *sobre a criança* estará falando com base em sua experiência com ela; portanto, não temos uma única criança, mas tantas quantas forem as percebidas por esses adultos que nos procuram. Não há ninguém "certo" ou "errado", mas percepções diferentes de um mesmo fenômeno: a criança. Assim, a ênfase na forma permite que observemos como ela usa o corpo no espaço, como usa a voz, o movimento e a expressão facial. Possibilita que acompanhemos sua energia e onde ela é investida, seja nos recursos lúdicos, seja no espaço em si, seja na relação terapêutica. Auxilia-nos a traçar um "mapa" de suas formas de fazer contato com o mundo, independentemente dos conteúdos presentes nesse contato. Quando validamos a forma, estamos validando a experiência da criança, sem julgamentos, preconceitos, críticas ou interpretações acerca daquilo que estamos observando. Aceitamos o que se apresenta, sabendo que não se trata da "verdade absoluta", mas apenas da experiência da criança naquele momento, naquele contexto, conosco. No aqui e agora, essa é a mais completa e competente expressão do seu ser (Cardoso-Zinker, 2004). O foco no momento presente e a atenção ao processo da criança facilitam a construção de um campo de aceitação, confirmação e respeito, que auxilia sua expressão autêntica e possibilita a emergência e o risco de novas formas de contato.

Cabe lembrar que o uso das categorias diagnósticas contará sempre com a perspectiva das regularidades do desenvolvimento como pano de fundo, o que significa que levaremos em consideração nessa compreensão todos os elementos presentes no desenvolvimento global da criança: neurológico, motor, sensorial, cognitivo, relacional e social.

A sessão familiar diagnóstica

Ao destacar a importância de atendermos primeiro os responsáveis sem a presença da criança, não consideramos adequadas as sessões familiares no momento inicial em razão do próprio movimento de autorregulação da família que formula uma demanda de psicoterapia para a criança e não para si. Na grande maioria das vezes, tais famílias não têm, em um primeiro momento, autossuporte suficiente para se beneficiar desse tipo de sessão. No entanto, em algumas situações, dependendo do andamento do processo de compreensão diagnóstica estiver acontecendo, do grau de autossuporte da família, da intensidade do vínculo com o psicoterapeuta e, principalmente, das possibilidades e necessidades da criança em questão, podemos realizar uma sessão familiar ao final do período de compreensão diagnóstica com o objetivo de verificar nossas articulações e obter mais dados e/ou exemplos concretos para ser utilizados nas sessões de devolução.

O critério básico para a inserção de uma sessão familiar antes das sessões de devolução sempre diz respeito às necessidades da criança. Ao longo das sessões iniciais, se o psicoterapeuta percebe questões que podem ser mais desenvolvidas e/ou esclarecidas com a presença dos demais membros da família, e a criança mostra-se receptiva e interessada, podemos propor uma sessão familiar.

Esta tem como meta prioritária observar a família funcionando como uma unidade, sem fazer muitas intervenções. Da mesma forma que nas outras sessões, as intervenções serão sempre no sentido de promover o desdobramento do que cada participante está expressando, de modo que se possam obter mais elementos para sua compreensão. O objetivo é convidar a família a descrever sua experiência no campo e não especificamente promover *awareness* acerca de suas relações e implicações na problemática da criança, embora isso possa vir a acontecer com tal descrição.

A condução da sessão familiar diagnóstica dá-se com base nas instruções do psicoterapeuta para que a família realize algo em conjunto. Podemos dizer algo como: "Meu objetivo aqui é perceber um pouco como vocês funcionam como família; em vez de fazer perguntas, vou propor que vocês realizem algo". Em uma sessão diagnóstica costumamos propor, em uma folha grande de papel, a representação da casa onde a família reside, pois isso nos permite perceber como cada membro da família se insere com respeito à criança em questão. Após terminarem a tarefa, durante a qual o psicoterapeuta se manifesta o menos possível, pedimos que eles nos apresentem a casa e falem como se sentiram realizando a atividade, como se percebem e como percebem uns aos outros *no desenho*. Em momento algum o psicoterapeuta deve sair daquilo que se encontra representado no desenho, encorajando-os a fazer uma leitura fenomenológica não só do seu produto – o desenho em si – como do seu processo de realizar a tarefa. Quaisquer articulações que transcendam aquilo que foi representado e, porventura, venham a ser realizadas *pela família* serão acolhidas e confirmadas pelo psicoterapeuta, porém não serão desdobradas ou desenvolvidas até o momento das sessões de devolução – quando então ele escolherá o melhor encaminhamento para as questões levantadas.

Questões diagnósticas

Vamos denominar de diagnósticas as questões que guiam o psicoterapeuta na elaboração da sua compreensão diagnóstica com base no material obtido nas sessões iniciais, organizado segundo nossas categorias diagnósticas. Tais questões, em consonância com nossa concepção de ser humano, valorizam não só o conteúdo, mas também a forma, focalizando particularmente as relações que se estabelecem no campo e o contorno que elas tomam a partir das necessidades de autorregulação de seus membros. São elas:

1. Que lugar a criança ocupa na família de modo que ela permaneça autorregulada? Em outras palavras, qual é seu papel diante das expectativas, dos valores e das necessidades dos membros da família?

Ao nos fazermos essa pergunta, estamos questionando a função específica da criança na autorregulação familiar. Existem famílias, por exemplo, que têm uma criança que costuma ser "pau para toda obra": ela busca água para todo mundo; se quiserem pedir uma pizza, é ela quem liga; se faltar pão em casa, é ela que vai à padaria. Em outras palavras, a criança ocupa o lugar da "durona", que nunca chora, aquela que está sempre consolando os outros e resolvendo seus problemas. Outras crianças vêm ao mundo para "segurar maridos" e renovar casamentos, ou ainda para fazer companhia à mãe ou ocupar o lugar de alguém que já morreu.

Vejamos o exemplo de um menino que nasceu após a morte do irmão mais velho e várias gestações interrompidas naturalmente. Além de ter o mesmo nome do irmão morto, não era reconhecido senão quando se comportava como o falecido, sendo comparado com ele e exigido o tempo inteiro por seus responsáveis. Chegou à psicoterapia em profunda depressão, expressando verbalmente o desejo de morrer, pois não havia "lugar" para ele nessa vida. Outro menino, que havia sido concebido para salvar a vida da irmã mais velha por meio de um transplante de medula, não conseguia aprender e "só fazia coisas erradas". A forma como ele se percebia, longe de enaltecê-lo como o "salvador da irmã", fazia que ele se sentisse usado e depois "jogado no lixo" pelos responsáveis. Tal questão é extremamente importante, pois é reagindo e ajustando-se criativamente a esse papel designado pela família que a maior parte das crianças adoece na sua relação com o mundo, cristalizando e generalizando os padrões desenvolvidos no contexto familiar para todo o restante de suas relações.

Os valores de uma família costumam se apresentar por meio de fortes introjeções que são passadas através das gerações e permeiam aquilo que pode ou não ser aceito dentro dela, influenciando de forma relevante as possibilidades de expressão e satisfação de necessidades de uma criança. Constituem também pedras angulares do trabalho do psicoterapeuta, pois o que está em jogo não são crenças ou valores da família *versus* crenças ou valores do psicoterapeuta, mas a possibilidade de a criança discriminar suas necessidades e escolher de que modo quer satisfazê-las, independentemente de tal escolha ser ou não congruente com os valores familiares. O pai de um garoto de 15 anos que veio à psicoterapia com dúvidas quanto à sua orientação sexual diz claramente como ele se posiciona em relação às questões do filho: "Na minha família não tem esse negócio de homossexualidade, não; homem é homem e mulher é mulher. Então quando ele me pergunta se o que ele sente está certo ou errado, eu digo: 'Homem com mulher é certo; homem com homem é errado'. Em outra família, com fortes valores religiosos, uma menina de 9 anos padece com fantasias de punição divina para suas "malcriações" para com a mãe e tem pesadelos de "morrer queimando no inferno". Ao mesmo tempo, não consegue discriminar nenhuma necessidade que seja de fato sua, pois tudo "é a vontade de Deus".

Em ambos os casos, o foco de trabalho está na possibilidade de construção de autossuporte suficiente para que a criança questione tais valores e verifique até que ponto quer ou não nortear sua vida apoiada neles. E, caso os rejeite, de que forma pode lidar com as possíveis consequências advindas dessa escolha.

2. Que elementos específicos dessa interação interferem no comportamento atual da criança, influenciando-o?

Ao responder a essa questão, interessa-nos especialmente saber como se estabelecem as relações entre a criança e certos membros da família. Muitas vezes, determinada modalidade de relação estabelecida entre esses membros da família vem afetando-a sobremaneira. É o caso da criança que se responsabiliza pelas desavenças de seus responsáveis, ocupando o lugar de pacificadora da relação. Outras vezes, percebemos que ela estabelece uma relação complementar com um dos membros da família. Por exemplo, uma criança que abrigava dúvidas angustiantes a respeito de sua própria percepção – "Será que eu chorei porque estava triste ou porque eu estava sentindo outra coisa?" – tinha uma mãe que a tudo respondia e tudo assegurava, nunca permitindo que a criança ficasse com dúvidas e pudesse então lidar com elas. Nesse caso, ao dar as respostas, a mãe dizia-lhe nas entrelinhas: "Você nada sabe sobre si mesma nem mesmo consegue discriminar suas emoções. Eu é que faço isso para você". Em outras situações, observamos a criança que estabelece relações especulares, ou seja, reproduz o comportamento de um dos membros da família, como uma menina de 8 anos que critica a tudo e a todos tal como a mãe e queixa-se de não ter nenhum amigo na escola.

Seja qual for a situação, é fundamental levar sempre em consideração que tais comportamentos têm sua razão de ser, sendo em parte funcionais em seus contextos, não podendo portanto ser simplesmente eliminados da configuração familiar, mas focalizados, compreendidos em sua função e reconfigurados de acordo com as necessidades de cada um dos membros envolvidos.

3. De que recursos a família dispõe para se reconfigurar, ou seja, quais são as possibilidades de escuta, aceitação e reflexão de cada um dos membros?

Responder a essa questão talvez seja um de nossos grandes desafios, pois crescemos e nos graduamos dentro do paradigma da doença. Ainda trabalhamos predominantemente para restaurar o funcionamento saudável e não para promovê-lo ou intensificá-lo. Na Gestalt-terapia, não focalizamos o sintoma nem a queixa, mas trabalhamos para buscar e desenvolver as possibilidades saudáveis do indivíduo, de forma que ele possa ter mais "opções" além do seu ajustamento criativo disfuncional. Para isso, precisamos identificar e reconhecer tais possibilidades saudáveis – elementos facilitadores que nos acenam como pequenas portas, por onde conseguiremos acesso à potencialidade de cada um.

Se a característica mais marcante de uma família é o humor, então eles têm um recurso maravilhoso para trabalhar, pois é muitas vezes por meio dele que o psicoterapeuta oferece devoluções e faz intervenções com seus membros. Se se tratar de uma família que, a despeito de todas as dificuldades, se mantém coesa, verificamos que esse é o seu recurso e podemos aproveitá-lo trazendo-o para o espaço terapêutico da criança e trabalhando em sessões conjuntas ou familiares. Se existe determinado membro da família mais disponível para a psicoterapia ou com mais possibilidades de *awareness*, podemos inseri-lo nas sessões de acompanhamento familiar.

Tais questões podem ser endereçadas a todos os contextos dos quais a criança faz parte – não apenas ao familiar –, e suas respostas comparadas no sentido de observar até que ponto ela consegue discriminar os diferentes contextos ou se encontra cristalizada em determinado padrão relacional.

Sessões de devolução

Após o momento inicial que compreende uma sequência de duas a três sessões com os responsáveis pela criança, cinco a oito sessões com a própria criança e uma a duas sessões com quaisquer outras pessoas que porventura possam contribuir para a nossa compreensão diagnóstica, realizamos o que costumamos designar de *sessão devolutiva* ou *sessão de devolução*.

É nesse momento que vamos compartilhar com quem nos procurou e solicitou ajuda, bem como com a criança em questão, nossa compreensão geral acerca do funcionamento da criança no mundo, articulando-a com a queixa inicial e os sintomas apresentados.

Começamos a pôr em ordem todo o material observado e registrado segundo nossas categorias diagnósticas, organizando-o em totalidades cada vez mais amplas, elaborando hipóteses e correlacionando-as com o motivo da consulta, a fim de conseguirmos responder às questões diagnósticas básicas. Com isso montamos um cenário a respeito da criança e de suas manifestações, que podem ser descritas em seus elementos e relações principais.

Nesse processo, é particularmente importante identificar elementos que se repetem e aqueles que se complementam, pois eles costumam ser bastante expressivos quanto à natureza das relações estabelecidas no campo.

Tais informações devem ser organizadas e diferenciadas segundo o destinatário, isto é, precisamos verificar, com base no que observamos ao longo da fase inicial da psicoterapia, *o que* podemos devolver num primeiro momento e qual *a melhor forma* de realizar tal tarefa. A observação acurada dos limites e dos recursos, tanto dos responsáveis quanto da criança, dá-nos uma medida prévia de suas possibilidades de escuta e disponibilidade para intervenções e, portanto, mostra até onde podemos caminhar. Daí a importância que damos ao contato com os responsáveis no momento inicial da psicoterapia, sem pressa ou ansiedade por "ver logo a criança", pois entendemos que conhecê-los suficientemente é crucial tanto para reunir dados diagnósticos quanto para encaminhar depois o processo terapêutico.

Assim, a sessão de devolução é um momento muito importante e delicado, pois é a partir dela que fica estabelecido o destino da criança e da família no espaço terapêutico. No afã de devolver tudo que foi percebido, de marcar todas as implicações dos responsáveis na questão da criança e de prescrever uma série de orientações para a família, o psicoterapeuta corre o risco de invadir esses responsáveis e inviabilizar, com isso, a permanência da criança e da família no processo terapêutico. Se vamos propor um processo terapêutico para a criança, não precisamos devolver TUDO de uma só vez ou buscar níveis elevados de *awareness* na sessão de devolução. Uma vez que vamos trabalhar com o acompanhamento dos responsáveis, as intervenções podem ser feitas aos poucos, na medida em que o vínculo se fortalece, e gradativamente promovemos mais

GESTALT-TERAPIA COM CRIANÇAS **137**

awareness a respeito de suas implicações no campo criança-meio. Se não vamos trabalhar com a criança e esses responsáveis, como no caso em que apenas nos pedem uma "avaliação", a situação é ainda mais delicada, pois precisamos devolver aquilo que é fundamental, mas ainda assim de forma que possa ser razoavelmente acolhido pelos responsáveis, garantindo em parte o cumprimento das recomendações terapêuticas.

Consideramos fundamental a realização da sessão de devolução, uma vez que ao nos procurar essas pessoas fizeram-nos um pedido, vieram com uma pergunta, trouxeram uma solicitação. É nesse momento que, caso a demanda inicial tenha sido devidamente "ajustada", essa solicitação será, pelo menos em parte, atendida. Só o fato de saberem que em algum instante poderão ouvir do psicoterapeuta algo sobre o que está acontecendo faz que muitos responsáveis consigam controlar a própria ansiedade a respeito de respostas salvadoras, soluções mágicas e curas milagrosas. A sessão de devolução também é fundamental para trabalhar a ansiedade dos responsáveis, dissipando fantasias, esclarecendo fatos, compreendendo situações e atribuindo significados novos a velhas questões.

Na medida em que muitas coisas estão sendo apontadas, levantadas, exemplificadas, articuladas e esclarecidas, a sessão de devolução não deixa de ser mais uma oportunidade para o surgimento de elementos novos a partir da mobilização gerada pela própria devolução. É comum surgirem não só elementos novos como extremamente significativos para a compreensão do que está se passando. Muitas vezes, é como se surgisse a última peça do quebra-cabeça que estava faltando para a "cena" se completar e todos os seus elementos encaixarem perfeitamente numa teia unificada.

Perante essa possibilidade, mais uma vez nosso caráter processual de diagnóstico apresenta-se factível e viável. A própria devolução de nossas impressões diagnósticas mobiliza o surgimento de outras questões que, por sua vez, reconfiguram a compreensão diagnóstica, levando-nos a fazer outras observações, que podem promover outras reconfigurações – e assim por diante.

Assim, a ideia de que é preciso "devolver tudo" não é compatível com a própria noção de processo, pois nos remete a uma impressão de que tal criança se resume a esse momento e a essas características, como se o fato de devolvermos tudo nos livrasse da tarefa de realizar outras devoluções posteriormente ou, numa espécie de "ambição de quantidade", nos tornasse melhores psicoterapeutas pelo montante de aspectos pontuados.

Uma vez que outras coisas podem emergir como figura na sessão de devolução e precisamos acolhê-las, não devemos ter pressa e sim prioridades. O material a ser devolvido deve ser organizado de forma que não deixemos de lado aquilo que é central ou fundamental para que determinado encaminhamento terapêutico se dê. Se entendermos que a criança em questão se beneficiaria de uma intervenção terapêutica, precisaremos dar prioridade ao ponto que justifica tal encaminhamento e, na sequência, assinalar as implicações dos responsáveis nas dificuldades dela.

Apesar de contarmos com uma organização prévia do material a ser devolvido, bem como de sua forma, sequência e intensidade, isso não nos exime de realizar ajustes constantes ao longo da sessão de devolução. Não podemos esquecer que trabalhamos sempre no *aqui* e *agora* da relação terapêutica e precisamos observar a cada momento a reação dos envolvidos, de modo que possamos realizar as intervenções necessárias.

Observar as reações dos responsáveis e sua capacidade de dar-se conta de suas implicações na situação da criança nos fornece algumas diretrizes bastante importantes para o posterior trabalho a ser desenvolvido nas sessões de acompanhamento.

Quanto à condução da sessão, é indicado começarmos com os aspectos saudáveis e percebidos como positivos para, progressivamente, apresentar os pontos menos satisfatórios até fecharmos a sessão, articulando-os novamente com os aspectos saudáveis. Tal devolução "em círculo" evita que se priorize um ou outro aspecto e promove a oportunidade de perceberem de forma mais integrada os limites e as possibilidades da criança. Com o mesmo objetivo de integração em uma totalidade significativa do material devolvido, realizamos a devolução dos elementos menos saudáveis, a que denominamos "devolução em espiral" (Arzeno, 1995). Assim, indicamos o primeiro elemento, como o fato de a criança apresentar características regressivas para sua idade, exemplificando-as e contextualizando-as no campo. Em seguida, a partir da primeira característica apresentada, introduzimos uma segunda, por exemplo, a percepção de um mundo extremamente perigoso e assustador, ilustrando, contextualizando no campo e articulando com a primeira característica (o que uma percepção de mundo predominantemente "mau" tem que ver com atitudes de bebê?). Na sequência, a partir desses dois elementos, introduzimos um terceiro elemento, por exemplo, a ausência de diferenciação de papéis entre crianças e adultos, de novo exemplificando, contextualizando no campo e articulando com os dois elementos já apresentados (como se articulam uma percepção de mundo predominantemente mau e uma dificuldade de caracterização do papel do adulto com atitudes de bebê?). E assim por diante, com cada elemento, a cada momento, voltando e "costurando" os elementos anteriores, de forma que, ao final, tenha-se construído uma percepção integrada e significativa das dificuldades da criança.

É importante ressaltar que tal exemplificação não significa revelar aquilo que a criança trouxe para as sessões, mas usar metáforas, exemplos genéricos, dramatizações e referências a situações que foram apresentadas ao longo das sessões iniciais pelos próprios responsáveis, no intuito de facilitar a compreensão daquilo que está sendo descrito. Quanto mais pudermos usar elementos que os próprios responsáveis trouxeram, exemplos cotidianos e linguagem fácil e acessível, sem jargões psicológicos e/ou médicos, maior a chance de sermos compreendidos e de os afetarmos empaticamente. A empatia nesse momento é fundamental para que nossas devoluções e intervenções possam ser mais bem aproveitadas. Precisamos estar muito atentos à nossa postura para que de forma alguma pareça que estamos condenando, culpando ou desqualificando os responsáveis e sua maneira de lidar com a criança.

Também é importante lembrar que em muitos momentos atuaremos como "porta-vozes" da criança, o que não significa ir contra os responsáveis, mas fazê-los compreender determinada situação pela perspectiva infantil. Tomemos o exemplo de uma criança que está sendo alfabetizada e tem uma mãe muito zelosa e exigente que, ao deparar com um "trabalhinho" da criança, diz que está bom, mas poderia ficar melhor, e então apaga tudo para a criança fazer de novo, com uma letra mais bonita. Ela com certeza vê a situação da sua perspectiva e não da perspectiva da criança. Na sua concepção, ela está ensinando e ajudando o filho a "fazer as coisas benfeitas"; na concepção do filho, ela está desqualificando aquilo que ele produziu com prazer e orgulho e foi o melhor possível naquele momento. Ser porta-voz da criança, nesse sentido, é convidar a mãe a colocar-se no lugar de uma criança de 5 anos que está começando a aprender a escrever. Como a criança vai entender que o que ela pode produzir está bom mesmo, se não é o bastante para a mamãe? Que sentimentos e ações podem advir daí? Quem sabe a recusa da criança em realizar as tarefas escolares esteja ligada a um sentimento de inadequação, de insuficiência e de que "não adianta nada mesmo"? E assim vamos caminhando, costurando, articulando, fazendo convites para refletirmos juntos sobre os motivos da criança, sobre a sua forma de ver o mundo e as pessoas que a cercam.

Quando falamos de "convite", expressamos bem esse "desafio dialógico" (Lampert, 2001) que é estar com os responsáveis na tarefa de fazê-los refletir sobre o que eles nem sempre querem ou de fazê-los perceber aquilo que evitam a todo custo. Não somos os algozes que determinam o que é certo e errado; apenas vamos ajudá-los a ir além do que puderam ir sozinhos, a expandir suas possibilidades na relação com a criança, ampliando sua compreensão acerca das necessidades infantis que estão em jogo e, sobretudo, de suas próprias necessidades alienadas e muitas vezes projetadas nas crianças.

Fechamos a sessão de devolução apresentando nossa orientação terapêutica, o que inclui a indicação ou não de psicoterapia à criança, bem como, se for o caso, um encaminhamento para outro profissional, tal como neurologista, psiquiatra ou fonoaudiólogo para uma avaliação específica com vistas a um diagnóstico diferencial. Em alguns casos, tal encaminhamento já acontece ao longo da compreensão diagnóstica, de forma que no momento da devolução muitas vezes já temos um parecer nesse sentido – portanto, nossa devolução contempla os possíveis elementos oriundos de tais avaliações envolvidos na situação total da criança. Porém, é importante assinalar que os casos em que realizamos encaminhamentos desse porte são infinitamente menos comuns do que o inverso, ou seja, de recebermos uma criança já diagnosticada por esses profissionais.

A possibilidade de encaminhamento para outros profissionais precisa estar presente não só ao longo da compreensão diagnóstica como de todo o processo terapêutico. Temos de perceber até onde podemos caminhar com nosso conhecimento e nossas possibilidades de intervenção a fim de evitarmos o risco de "psicologizarmos" o campo, eliminando a possibilidade da presença de outros elementos, tais como deficiências físicas, síndromes neurológicas, desequilíbrios hormonais etc. – que, apesar de pertencerem à totalidade da pessoa e estarem em íntima articulação com os outros elementos do campo, precisam e podem ser abordados de forma específica, paralelamente à intervenção terapêutica, que, muitas vezes, não é suficiente para restaurar o equilíbrio do organismo como um todo.

Isso aponta para uma discussão polêmica acerca do uso de medicamentos em crianças, particularmente de antidepressivos como a imipramina, muito utilizada para casos de enurese, e de estimulantes como a ritalina, receitada a crianças diagnosticadas com Transtorno do Déficit de Atenção com Hiperatividade (Green, 1997). Em artigo intitulado "O que os psicoterapeutas de criança deveriam saber sobre medicação", Sweeney e Tatum (2001) assinalam que numa época em que, de um lado, cada vez mais as crianças chegam medicadas aos consultórios e, de outro, as pesquisas a respeito dos benefícios da medicação em crianças têm aumentado, o psicoterapeuta infantil deveria ter mais conhecimento acerca das possibilidades de medicação para acompanhar a criança com mais qualidade. É preciso discriminar até que ponto uma indicação a outro profissional a fim de que a criança seja medicada vai melhorar o trabalho psicoterapêutico ou se a medicação que a criança ingere provoca efeitos colaterais na forma de alterações de comportamento. Os autores afirmam ainda que o desconhecimento a respeito dos tipos de substância, de seus efeitos e indicações por parte dos psicoterapeutas infantis parece estar ligado a uma espécie de vergonha, como se o fato de indicar um acompanhamento medicamentoso diminuísse a importância de seu trabalho ou decretasse sua incompetência profissional. Encontramos as raízes dessa questão na própria formação do psicoterapeuta, na qual, desde a graduação, ele não recebe informações suficientes sobre medicamentos, revelando com isso uma fronteira bastante rígida que demarca os terrenos da psicologia e da medicina que, contrariando o que vem acontecendo cada vez mais na prática, mantém-nas diferenciadas e estabelecidas em polos opostos de conhecimento a respeito do ser humano, como se uma necessariamente descartasse a outra.

Naturalmente, dentro de uma perspectiva holística como a da Gestalt-terapia, não há espaço para esse tipo de dicotomia, sob o risco de reproduzirmos o movimento de segmentação do ser humano em várias partes, tal qual aconteceu na medicina, com suas inúmeras especialidades.

O homem não é um ser psicológico ou orgânico, é um ser total e, por isso, precisa ser visto como um todo. Isso significa que em alguns momentos não basta intervir em apenas uma parte para que o todo mobilize energia para se reconfigurar, apesar de sabermos que qualquer intervenção na parte reverbera no todo. O grande desafio do psicoterapeuta nesse momento é saber quando a intervenção em determinada parte é suficiente para reconfigurar o todo e quando é necessário intervir ao mesmo tempo em várias partes de modo que essa reconfiguração se dê mais rapidamente e com menor desgaste e sofrimento para os envolvidos. Isso de alguma forma já não é desconhecido do psicoterapeuta de crianças, uma vez que na maioria das vezes ele não intervém somente em uma parte do campo, mas também na família e na escola. Assim, a entrada de outro elemento no campo com o objetivo de reconfigurar a situação total da criança, vista desse prisma, de modo algum feriria os princípios da Gestalt-terapia. O importante nessa situação é o uso que se faz da medicação e os motivos pelos quais ela é indicada.

Concordando com Sweeney e Tatum (2001), entendemos que os abusos na prescrição de medicamentos para as crianças é mais um ponto a favor para que os psicoterapeutas infantis busquem conhecimento a respeito da medicação, pois dessa forma terão mais recursos e argumentos para discutir com os responsáveis e outros profissionais que cuidam da criança sobre a pertinência do uso da medicação em cada caso.

Em situações como essa, é primordial ponderar os riscos e possíveis benefícios, a fim de que não nos posicionemos baseados em dogmas "anti ou pró-medicação", mas em necessidades específicas apresentadas por uma criança singular em dado momento de sua vida. Nesse aspecto, Green (1997, p. 34) observa: "Os sintomas-alvo devem ser de severidade suficiente e interferir de forma tão significativa no desempenho atual, no amadurecimento e no desenvolvimento futuro da criança ou adolescente que os benefícios potenciais da droga justifiquem os riscos concomitantes de sua administração".

Vejamos o exemplo do menino de 12 anos cujos responsáveis procuraram psicoterapia porque ele vinha apresentando comportamentos "muito esquisitos" que culminaram em situações de extremo sofrimento e incômodo para todos. Ele pedia desesperadamente a ajuda dos responsáveis para se livrar daquelas "manias" que o perseguiam. O menino expressava uma série de sintomas de cunho obsessivo, com a presença de exaustivos rituais que o impediam de comer, de dormir e de sair de casa. Diante dessa situação, o psicoterapeuta verificou com os responsáveis a possibilidade de um acompanhamento concomitante de um psiquiatra que pudesse medicá-lo a fim de aliviar as manifestações sintomáticas, permitindo que ele retomasse alguns afazeres cotidianos e até comparecesse às sessões de psicoterapia.

Em nossa visão holística de ser humano, não acreditamos na possibilidade de uma reconfiguração total somente após o uso da medicação, pois embora ela promova alterações no campo estas geralmente não se mantêm com a retirada do estímulo medicamentoso, pois novos ajustamentos criativos ainda não foram construídos. Exatamente porque a medicação costuma impedir ou minimizar o ajustamento criativo pelo sintoma, temos nesse momento um terreno fértil para trabalhar outras possibilidades de autorregulação, desenvolvendo outros recursos e construindo maneiras diversas de a criança lidar consigo mesma e com o mundo que a cerca, para que ela não precise mais se expressar por meio de seus sintomas. No caso do menino com sintomas obsessivos, distanciar-se um pouco deles e do medo que o faziam sentir permitiu que compreendêssemos gradativamente o sentido de cada um deles e os integrássemos à história da criança e ao seu padrão de satisfação de necessidades. Uma vez obtida a compreensão de seus sintomas e afastada a ideia de que era "maluco", o menino viu-se livre para começar a implementar mudanças e realizar escolhas diferentes na vida[70].

Conforme mencionamos, cabe ao psicoterapeuta realizar a devolução não só para os responsáveis como para a própria criança. A devolução para a criança não precisa ser formal e, em muitos casos, acaba acontecendo antes mesmo da devolução "oficial" para os responsáveis, uma vez que costumamos avisá-la de que vamos encontrar seus responsáveis com o objetivo de conversar sobre o que conhecemos dela e dar nossa opinião a respeito do que está acontecendo. Nesse momento, perguntamos à criança se ela gostaria de saber o que vamos falar. Caso a resposta seja afirmativa, procedemos à devolução do que percebemos em termos de suas potencialidades e suas dificuldades,

---

70. Esse caso será integralmente discutido em obra posterior.

bem como de alguns elementos que supomos estar colaborando para que as coisas mantenham-se da maneira como estão. É fundamental nesse momento não perder de vista até onde vai a possibilidade da criança de ouvir nossas devoluções, tal qual observamos com os adultos. Da mesma forma, a devolução precisa ser adequada à compreensão da criança e conter tópicos que o psicoterapeuta considere possíveis de ser abordados nesse momento ainda precoce do processo. Com a criança, valem os mesmos critérios utilizados com os adultos: não se devolve tudo, mas aquilo que é passível de ser ouvido. Naturalmente, ela vai fornecer pistas o tempo inteiro a respeito de sua possibilidade de ir ou não adiante nos assuntos levantados, cabendo ao psicoterapeuta ficar atento a isso.

Se a criança optar por não saber, isso deve ser respeitado, pois mostra que ela ainda não está disponível para suportar devoluções acerca de suas formas de estar e agir no mundo. O importante é deixar claro que existe a possibilidade de ela saber o que o psicoterapeuta pensa e tem a intenção de discutir com seus responsáveis, estando a escolha do que fazer com isso em suas mãos, inclusive a de não querer saber.

Quanto a outros profissionais que, porventura, estejam envolvidos na situação de compreensão diagnóstica, caso seja necessário o psicoterapeuta pode realizar uma pequena devolução, focalizando somente aquilo que vier facilitar o contato desse profissional com a criança. Cabe lembrar que devemos manter ao máximo as normas que regem o sigilo terapêutico para não expor nem a criança nem a família a situações alheias ao espaço terapêutico. Em geral, tais devoluções acompanham a entrega em mãos de informes escritos acerca das conclusões da compreensão diagnóstica na forma de um laudo ou parecer. Sempre que um informe escrito é solicitado, conforme apontaremos em seguida, optamos por realizar também uma devolução verbal, a fim de minimizar os riscos de simplificação e de uso indevido que um informe desse tipo pode acarretar.

O informe psicológico

Consideramos crucial, sobretudo na abordagem gestáltica – que costuma não se afinar com tais demandas –, abordar a questão do informe psicológico, pois o psicoterapeuta de crianças é convidado a apresentar informações por escrito decorrentes de suas avaliações diagnósticas, independentemente de sua abordagem.

Vale lembrar que a elaboração de documentos escritos é legalmente uma atribuição do psicólogo, segundo o Código de Ética Profissional do Psicólogo, e pode ser solicitada a qualquer momento pelos responsáveis e/ou demais profissionais envolvidos com a criança.

No entanto, apesar da frequência com que tais informes podem ser solicitados, não nos parece que seja dada uma ênfase suficiente a esse aspecto ao longo da graduação do psicólogo, muito menos durante a formação do Gestalt-terapeuta de crianças[71]. Isso pode explicar, em parte, o grande número de queixas que colocam em questão a qualidade dos documentos escritos produzidos pelos psicólogos.

Assim, é importante, ainda que não necessário em todos os casos, elaborar, com base nos dados compilados para a sessão de devolução, um informe diagnóstico. O objetivo é nos familiarizarmos com as diretrizes para sua construção[72] e exercitarmos nossa habilidade ao realizá-lo.

O documento deve seguir as normas da língua escrita, partindo de conclusões baseadas no uso dos instrumentais técnicos do psicoterapeuta, e obedecer rigorosamente aos princípios éticos estabelecidos pelo Código de Ética Profissional do Psicólogo.

O Manual de Elaboração de Documentos Escritos do Conselho Federal de Psicologia define os documentos escritos em quatro modalidades distintas: *declaração*, *atestado psicológico*, *relatório/laudo psicológico* e *parecer psicológico*. Segundo essa classificação, as modalidades *declaração* e *parecer psicológico* não são oriundas de uma avaliação psicológica, embora possam assim parecer em alguns momentos. Assim, o que estamos aqui denominando de informe diagnóstico ou informe psicológico corresponde à modalidade *relatório/laudo psicológico* estabelecida pelo Conselho Federal de Psicologia.

O informe diagnóstico consiste em um resumo por escrito das conclusões da compreensão diagnóstica inicial, incluindo as recomendações terapêuticas, e geralmente é endereçado a outros profissionais da área de saúde que porventura estejam trabalhando com a criança – neurologistas, pediatras, fonoaudiólogos e psiquiatras – ou especialistas da área de educação, em geral a partir de encaminhamentos iniciais oriundos do âmbito escolar.

É fundamental redigi-lo em linguagem objetiva e, tal como a sessão de devolução, adaptada ao destinatário. Isso significa relatar somente as informações necessárias relacionadas à demanda, solicitação ou petição e de tal forma que seja compreendido com objetividade e não possa ser usado em prejuízo da criança. Questões relativas ao sigilo

---

71. Veja o Capítulo 10.

72. O Conselho Federal de Psicologia, em sua Resolução n. 007/2003, institui o Manual de Elaboração de Documentos Escritos, disponível no site do CFP para *download*.

terapêutico devem ser observadas com a finalidade de preservar tanto a criança quanto seus familiares, e o profissional precisa se responsabilizar por tudo que foi relatado.

Quanto à adequação do informe ao destinatário, Arzeno (1995) nos dá várias sugestões, apresentadas a seguir:

Quando o laudo dirigir-se a um profissional da mesma área, no caso, por exemplo, de um encaminhamento para psicoterapia ou troca de psicoterapeuta, ele deve ser elaborado em linguagem técnica, com descrições detalhadas e elaboradas acerca da criança e de sua situação familiar, escolar e social.

Caso o laudo seja encaminhado para um profissional da área de educação ou a um psicólogo escolar, ele deve ser breve, referindo-se exclusivamente ao que o profissional demandou, com ausência de termos técnicos e com as devidas precauções para que não transpareçam intimidades do caso sem relação com o campo pedagógico.

Quando o laudo for fornecido a um advogado, seus principais requisitos devem ser clareza e objetividade, com afirmações que não deixem margens ambíguas de interpretação, de forma que não sejam usadas conforme convier à causa.

Aos profissionais da saúde em geral, como pediatras, neurologistas, psiquiatras e fonoaudiólogos, é recomendado um informe sucinto, destacando particularmente informações sobre a presença de elementos que justifiquem certa sintomatologia cuja etiologia não pode ser atribuída somente ao aspecto orgânico.

Se o informe for dirigido aos responsáveis, deve ser redigido numa linguagem simples, resumindo tudo que foi dito na sessão de devolução, de forma que possa ser lido também pelo próprio sujeito com quem foi realizado o diagnóstico.

Cabe ressaltar que de forma alguma um documento escrito substitui a sessão de devolução. Por ser uma situação interpessoal, tal sessão, como já vimos, possibilita a observação e a emergência de elementos significativos ao processo, bem como a intervenção direta nesses mesmos elementos. Em função disso, costumamos estabelecer sempre que possível uma condição específica para a elaboração e o envio de laudos psicológicos: a oportunidade de entregarmos "em mãos" o documento escrito, realizando assim uma devolução verbal para o solicitante acerca dos conteúdos abordados no documento. Tal procedimento permite-nos observar as reações do solicitante diante do exposto, dissipar eventuais dúvidas que surjam com a leitura do documento e ainda realizar intervenções que julguemos relevantes para o encaminhamento do processo.

Segundo sugestão do Manual de Elaboração de Documentos Escritos, o informe psicológico[73] deve conter, no mínimo, cinco itens, que apresentamos ligeiramente adaptados para os nossos propósitos:

Identificação

Autor (quem realiza):
Interessado: (quem solicita):
Motivo:
Nome da criança:
Idade:
Data ou período da investigação:

Descrição da demanda (análise que se faz da demanda para justificar o procedimento adotado)

Procedimentos utilizados (instrumentos técnicos usados para coletar informações; no caso do Gestalt--terapeuta, são utilizadas sessões livres e semidiretivas)

Análise (descrição e articulação dos dados observados)
- Nível físico
- Nível cognitivo
- Nível emocional
- Conclusões

Hipótese diagnóstica[74]

Indicação terapêutica (inclui a indicação de psicoterapia à criança, de acompanhamento aos responsáveis e/ou escola e de avaliação por outros profissionais)

---

73. Veja o Anexo 3.

74. Em algumas situações, particularmente quando o psicoterapeuta trabalha em instituições, existe a necessidade de "encaixar" a compreensão diagnóstica em alguma categoria descrita pelo CID-10 ou o DSM 5.

7 O PROCESSO TERAPÊUTICO EM GESTALT-TERAPIA COM CRIANÇAS

O processo terapêutico em Gestalt-terapia com crianças tem o objetivo de resgatar o curso satisfatório do desenvolvimento da criança, propiciando oportunidades, conforme diz Oaklander (1992), de reencontrar a vivacidade e o contato pleno com o mundo por meio da desobstrução de seus sentidos, do reconhecimento do seu corpo, da identificação, aceitação e expressão de seus sentimentos suprimidos, da possibilidade de realizar escolhas e verbalizar suas necessidades, bem como de encontrar formas para satisfazê-las, além de aceitar-se como é na sua singularidade.

Ele vai se desenrolar tendo como fio condutor a relação estabelecida entre a criança e o psicoterapeuta, experienciada em um espaço e enquadre específicos. A metodologia empregada é a *fenomenológica*, que, com o auxílio de técnicas facilitadoras, visa proporcionar uma maior *awareness* da criança a respeito de si mesma e do mundo, expandindo e flexibilizando suas possibilidades de contato e, com isso, criando outras formas de ser e estar no mundo.

Esse processo pode ser caracterizado como semidiretivo, na medida em que é facultada ao psicoterapeuta a possibilidade de, em alguns momentos, além das intervenções descritivas na forma de afirmações ou questionamentos, intervir no material trazido pela criança com propostas denominadas *experimentos*. Estes, porém, como todas as intervenções do psicoterapeuta, acontecerão sempre com base no que a criança traz, seja no que diz respeito a formas, seja em termos de conteúdo, e objetivam facilitar a descoberta de algo mais acerca de suas interrupções e possibilidades, e não fomentar determinada atitude ou comportamento, o que faz que ela continue sendo o centro de sua psicoterapia e responsável por sua direção (Axline, 1984).

Observamos um predomínio da linguagem lúdica em detrimento da linguagem verbal da criança, que, em muitos casos, ainda se encontra em franco desenvolvimento. Por isso, utilizamos recursos lúdicos – estruturados ou não – para facilitar a expressão e a comunicação no espaço terapêutico, e várias técnicas para explorá-los nas diversas atividades realizadas ao longo das sessões.

O método fenomenológico

O método de abordagem do ser humano utilizado pela Gestalt-terapia é o fenomenológico, que se caracteriza pelo uso de linguagem descritiva, que se opõe à linguagem interpretativa e à prescritiva.

Denominaremos de linguagem interpretativa aquela que concede significado ao material trazido pela criança, estabelecido *a priori* com base em um conhecimento teórico, realizando uma interpretação daquilo que a criança diz ou apresenta pelo uso que faz dos recursos lúdicos. Em linguagem prescritiva, o psicoterapeuta determina e estabelece formas específicas de uso dos recursos lúdicos pela criança para que ela possa resolver aquilo que traz ao espaço terapêutico como um problema. Já o método descritivo da Gestalt-terapia possibilita à criança, por meio das intervenções descritivas do psicoterapeuta, construir gradativamente o significado do material que traz para a sessão, sem a interferência de qualquer "*a priori*" do terapeuta, seja ele de caráter teórico ou oriundo de seus próprios valores.

Para que o psicoterapeuta se mantenha dentro de uma atitude fenomenológica, ou seja, para que realize intervenções descritivas sem "*a priori*", é fundamental que ele mantenha suas crenças, seus valores e suas necessidades "entre parênteses". Isso implica uma suspensão de seu juízo de valor tanto na compreensão quanto na condução de qualquer situação terapêutica. Conforme nos aponta Yontef (1998, p. 218),

> A atitude fenomenológica é reconhecer e colocar entre parênteses (colocar de lado) ideias preconcebidas sobre o que é relevante. Uma observação fenomenológica integra tanto o comportamento *observado* quanto *relatos* pessoais, experienciais. A exploração fenomenológica objetiva uma descrição cada vez mais clara e detalhada do que é; e desenfatiza o que seria, poderia ser, pode ser e foi. (Grifo nosso)

Assim, cabe assinalar que, quando nos referimos ao método fenomenológico da Gestalt-terapia como descritivo, não estamos reduzindo a atuação do psicoterapeuta à técnica de reflexão, conforme nos é apresentada por Axline (1984), na qual ele somente descreve aquilo que a criança diz ou faz ao longo da sessão. Ao caracterizarmos o método fenomenológico como descritivo, estamo-nos referindo não só às intervenções puramente descritivas do material trazido pela criança como também às feitas pelo psicoterapeuta na forma de perguntas ou propostas. Estas funcionam como um "convite" para *a criança descrever* sua experiência e, com isso, alcançar novos significados para aquilo que foi descrito inicialmente, bem como criar novas formas de viver e encaminhar aquilo que emergiu na sessão. Nesse aspecto, ao compararmos as duas abordagens, observamos um papel mais ativo do psicoterapeuta de abordagem gestáltica – que, sem abandonar o caráter descritivo da intervenção, fomenta um desenvolvimento maior do material trazido pela criança.

Tomemos o exemplo do desenho realizado por uma criança conforme nos mostra a Figura 1. Quando o psicoterapeuta lhe pede para descrever o desenho, J., de 5 anos diz:

J.: *É um homem e uma mulher discutindo e uma menina debaixo de um coqueiro num dia de sol.*

Uma descrição reflexiva do psicoterapeuta poderia ser assim:

T.: *Então você fez um desenho a respeito de um homem e uma mulher discutindo e de uma menina debaixo de um coqueiro num dia de sol.*

Na perspectiva de Axline (1984), isso seria suficiente para a criança continuar o trabalho. Caberia ao psicoterapeuta apenas refletir, no sentido de servir de espelho, para aquilo que ela trouxe e aguardar a continuação da própria criança. É verdade que, em alguns momentos, tal intervenção já basta para que a criança dê seguimento ao processo, porém muitas vezes a simples reflexão não é suficientemente provocativa para que a criança vá um pouco além.

Assim, outra possibilidade de intervenção, ainda descritiva, mas apresentando o mesmo material de forma ligeiramente diferente seria:

T.: *Então você fez um desenho onde* **dois adultos** *estão discutindo* **enquanto** *uma* **criança** *se encontra embaixo de um coqueiro num dia de sol.*

Em nenhum momento o psicoterapeuta acrescentou qualquer elemento que não tenha sido trazido pela criança, mas alterou sua *maneira de descrever* a situação enfatizando – ou, em outras palavras, *tornando figura* – a presença da polaridade adulto/criança e a dimensão temporal que os interliga com o uso do advérbio de tempo "enquanto". Essa pequena modificação na intervenção poderia ser facilitadora o bastante para a criança produzir um pouco mais de material, uma vez que o psicoterapeuta não devolveu o que foi apresentado como ela forneceu, mas introduziu outra forma de configuração dos mesmos elementos, fazendo que isso soasse como novidade para a criança.

É isso que chamamos de "trabalhar na fronteira". Sabemos que é na fronteira de contato que as trocas acontecem, o ser humano assimila o novo e se livra daquilo que não lhe serve mais. Como assimilar o novo se o que devolvemos à criança é exatamente aquilo que ela nos ofereceu? Assim, ao introduzirmos com nossas intervenções uma "pitada" de novidade, ainda que seja só em alguns momentos, fomentamos o enfrentamento do novo na fronteira de contato. Claro que isso não permite que o psicoterapeuta, em nome de oferecer a "novidade" à criança, faça uma intervenção assim:

T.: *Parece que são o papai e a mamãe discutindo enquanto você fica de longe se protegendo debaixo de um coqueiro num dia de sol.*

Ainda que ao final do processo a criança reconheça nos adultos as figuras do pai e da mãe, ou que admita a busca de proteção em algo quando essas brigas acontecem, tal intervenção jamais poderia ser caracterizada como fenomenológica por dois aspectos.

O primeiro aspecto diz respeito à natureza da novidade a ser apresentada à criança. Ao reorganizarmos alguns elementos que ela nos forneceu, promovemos uma alteração nas possibilidades de percepção destes, mas não incluímos elementos novos, oriundos de nossas hipóteses – tais como o fato de os adultos serem identificados com as figuras materna e paterna, ou de a criança ser identificada com ela, ou ainda de o coqueiro ter a função de proteção. Essa seria uma intervenção interpretativa. Percebam que a cena de "um homem e uma mulher discutindo" pode ser descrita por "dois adultos discutindo", porque um homem e uma mulher são dois adultos efetivamente. Descrever a mesma situação por "papai e mamãe discutindo" é incluir uma suposição do psicoterapeuta, pois tal homem e tal mulher podem ser quaisquer outras pessoas que não o papai e a mamãe, assim como a menina em questão.

O segundo aspecto pelo qual não podemos afirmar que essa última intervenção tenha um caráter fenomenológico diz respeito à sua "graduação". Zinker (1977) aponta a importância de graduarmos nossas intervenções de acordo com o nível de expansão da fronteira de contato do cliente. O autor mostra como trabalhar uma mesma questão trazida pelo cliente com vários tipos de intervenção, correspondendo a diversos níveis de complexidade e desafio na fronteira de contato. Uma afirmação como essa só poderia acontecer se o trabalho já tivesse percorrido uma série de patamares, de forma que a própria criança trouxesse os elementos nela contidos. Nesse caso, o papel do psicoterapeuta seria descrever a situação "papai e mamãe discutindo enquanto você se protege", e a partir dessa descrição verificar se a criança continuaria tal percurso sozinha, se precisaria de outra intervenção para continuar ou resolveria parar nesse ponto.

Outra possibilidade de intervenção, com a finalidade de desdobrar fenomenologicamente o material, poderia acontecer na forma de uma pergunta:

T.: *Sobre o que o homem e a mulher estão discutindo?*

Ou ainda:

T.: *O que a menina está fazendo embaixo do coqueiro?*

E mais:

T.: *Essa menina conhece o homem e a mulher que estão discutindo?*

Tais perguntas teriam o objetivo de desdobrar o conteúdo do material trazido pela criança, bem como estabelecer possíveis relações entre os elementos humanos do desenho. Particularmente em nosso trabalho, e ainda de acordo com Zinker (1977), preferimos sempre iniciar com intervenções afirmativas e em seguida introduzir intervenções interrogativas, tomando cuidado para que elas não se tornem um inquérito e, com isso, pressionem a criança além do que ela pode produzir. Uma combinação que tem se mostrado razoável é a de intervenções afirmativas mescladas com interrogativas, como:

C.: *É um homem e uma mulher discutindo e uma menina debaixo de um coqueiro, num dia de sol.*

C.: *Então você fez um desenho onde **dois adultos** estão discutindo **enquanto** uma **criança** se encontra embaixo de um coqueiro num dia de sol.*

C.: *É...*

T.: *Sobre o que esses adultos estão discutindo?*

C.: *Sobre aonde eles vão depois.*

T.: *Ah, sim, os adultos estão discutindo aonde eles vão depois enquanto a criança está debaixo do coqueiro.* (introduzindo a informação fornecida pela criança e articulando com os elementos contidos na sua descrição inicial)

C.: *A menina quer ir ao shopping...* (com base na intervenção realizada, a criança introduz a menina na situação)

Poderíamos seguir assim:

T.: *A menina que está debaixo do coqueiro quer ir ao shopping e o homem e a mulher estão discutindo sobre aonde eles vão depois.*

Nesse caso, o psicoterapeuta afirma a escolha da menina e enfatiza o fato de os adultos ainda não terem decidido aonde vão, retomando os termos iniciais (menina, homem e mulher), uma vez que a expressão "menina" foi usada novamente pela criança. Com isso ele faz uma nova descrição integrando o elemento novo apresentado por ela – o desejo da menina de ir ao shopping – aos antigos. Outra possibilidade seria:

T.: *A menina que está debaixo do coqueiro quer ir ao shopping... e o homem e a mulher, aonde eles querem ir?*

Nesse caso, o psicoterapeuta volta à discussão entre o homem e a mulher para verificar se a criança identifica a escolha de um dos adultos com a escolha da menina de ir ao *shopping*. Com isso, ele descreve o novo elemento – o desejo da menina de ir ao *shopping* – com alguns elementos antigos – coqueiro, homem e mulher –, introduzindo paralelamente uma nova questão.

Ou ainda:

T.: *A menina que está debaixo do coqueiro quer ir ao shopping. O que a menina vai fazer no shopping?*

O psicoterapeuta seguiria pela linha de investigação do desejo da menina e seus desdobramentos. Assim, faria uma descrição combinando o novo elemento – o desejo da menina de ir ao *shopping* – com um elemento antigo – coqueiro –, introduzindo um questionamento diante do novo elemento.

As três possibilidades caberiam no desenrolar da sessão e, provavelmente, outras que não foram apresentadas, pois na realidade não existe *uma* intervenção certa, mas algumas possibilidades que em dado momento, com determinada criança, vão se mostrar mais ou menos facilitadoras para o desenvolvimento do seu processo.

A primeira intervenção, em termos de graduação, seria a mais adequada, já que consiste apenas em uma descrição e não em descrição combinada com pergunta. Porém, caso o psicoterapeuta escolhesse outras intervenções, poderia privilegiar outros recortes mais articulados com a história da criança ou seu momento de vida, ou ainda o processo que veio se desenrolando nessa sessão ou em anteriores, ao longo do processo terapêutico com a criança. O fundamental nessa escolha é que o psicoterapeuta tenha consciência dela e realize-a tendo em vista as possibilidades da criança e os elementos importantes do campo.

Nos três exemplos de intervenção, o psicoterapeuta manteve em sua descrição o elemento "embaixo do coqueiro", embora ele não tenha aparecido na última fala da criança. Ele poderia ter descrito exatamente o que a criança disse, eliminando assim o elemento coqueiro e focalizando ainda mais sua intervenção. Por outro lado, optar por manter o coqueiro, ainda que a criança o tenha colocado no fundo, pode facilitar a emergência de alguma articulação futura entre a menina e o coqueiro, o que poderia não acontecer se o psicoterapeuta não tivesse mantido tal elemento na sua descrição. E qual seria o critério para mantê-lo, ainda que a criança o tenha colocado no fundo? Nesse caso, há dois motivos:

1) Ele apareceu na primeira descrição e era um elemento de referência de onde a menina se encontrava (reparem que a criança não mencionou, por exemplo, onde se encontravam o homem e a mulher). Assim, trabalhamos com a suposição de que talvez ele possa ter uma função e uma importância específica.

2) Ao *olhar* o desenho, algo nos chama muito a atenção. Desse coqueiro está caindo um coco em direção à menina, o que não foi mencionado no discurso da criança, mas fenomenologicamente está presente, óbvio, para o psicoterapeuta. Manter a descrição do coqueiro pode ser uma forma de facilitar que em dado momento do trabalho emirja a questão do coco que está caindo.

Quanto aos elementos que estão presentes no desenho, mas não são descritos pela criança, existe a possibilidade de deixá-los de lado se uma nítida figura de interesse forma-se a partir de outros elementos, ou de intervir, assinalando a presença deles e perguntando sobre sua participação no desenho. No caso específico do coco caindo, consideramos que constitui um elemento muito significativo para que seja deixado de lado. Afinal, não é um coco qualquer caído no chão ou preso ao coqueiro; é um coco em movimento e na direção da menina, o que faz supormos algum sentido específico para a criança. Partindo disso, poderíamos intervir da seguinte forma:

T.: *Ih! Percebi agora que tem um coco caindo do coqueiro...* (descrição pura e simples do elemento coco sem fazer nenhuma correlação com o elemento menina, pois, na verdade, *não sabemos* se o coco vai cair na cabeça dela)

Essa intervenção jogaria o foco para o coco em movimento e convidaria a criança a desdobrar o material, introduzindo-o na história e relacionando-o de alguma forma com a menina. A criança poderia responder:

C. (sarcasticamente): *É, ele vai cair na cabeça dela e... BUM!*

Ou ainda:

C. (com ar assustado): *Ele está caindo e vai passar de raspão por ela e cair no chão!*

Ou ainda:

C. (preocupada): *Ele está caindo e ela nem está vendo...*

Ou talvez:

C. (angustiada): *Ele não vai cair nela, não, tá vento, ele vai cair lá longe, do outro lado...*

Qualquer uma dessas respostas demandaria determinado tipo de intervenção diferente na forma de afirmação e/ou pergunta a fim de alcançar significados que, por sua vez, poderiam ser articulados com os outros elementos do desenho – o homem e a mulher discutindo sobre aonde eles vão depois.

Nota-se que há muitas possibilidades de combinar e articular elementos e desdobramentos do trabalho a partir de um simples desenho. O que define a tônica da condução é sempre aquilo que a criança sinaliza para o psicoterapeuta como uma pequena "flecha" para ir adiante.

Nesse ponto, é preciso lembrar que, assim como é importante estar atento ao tipo e à graduação da intervenção de acordo com cada criança, é fundamental saber respeitar o momento de parar. Por mais interessante que pareça o material, por mais elementos óbvios (ao psicoterapeuta) que ele tenha, por mais hipóteses que o psicoterapeuta levante e por mais técnicas de que ele disponha, se a criança diz "não", *é hora de parar*. Vale destacar que parar não significa ignorar a interrupção realizada pela criança; ao contrário, é tarefa do psicoterapeuta apontar e descrever tal interrupção a fim de ajudar a criança a se dar conta de como e quando suspende o contato.

Se depois de descrever seu desenho ela parte imediatamente para outra atividade, podemos perguntar se ela gostaria de falar um pouco sobre ele. Caso a resposta seja negativa, partimos para outra atividade – e assim por diante, sem deixar de assinalar, sem nenhum traço de crítica na voz, algo como: "Você realizou um desenho, mas não quer comentá-lo comigo, você já quer fazer outra coisa". Com isso, estamos trabalhando no nível básico da descrição fenomenológica, descrevendo o próprio processo da criança ao longo da sessão terapêutica, e é isso o possível naquele momento. Se ela descreve o seu desenho, mas não aceita nenhum outro tipo de intervenção posterior sobre o que foi descrito, respeitamos também. E assim por diante. Qualquer etapa do processo pode ser o momento de parar para aquela criança específica, e nós caminhamos com ela até esse ponto. Ao chegar lá, mostramos a interrupção e com base em sua reação seguimos com sua próxima escolha, e depois de algum tempo tentamos prosseguir com outras intervenções – e assim por diante, em um eterno processo que aos poucos permite à criança trazer cada vez mais coisas e avançar na compreensão de si mesma e de suas possibilidades de interação com o mundo.

O processo terapêutico se desenvolve com a utilização do método fenomenológico, desdobrado em três níveis de intervenção: *descrição, elaboração e identificação* ou *integração*. É importante ressaltar que não estamos trabalhando com a noção de fases ou estágios que obrigatoriamente aconteçam dessa forma e nessa ordem. Em uma sessão é possível passar pelos três níveis. Em outro momento, ou com uma criança diferente, pode-se levar todo o processo terapêutico a percorrê-los. Em outras situações, pode-se chegar ao fim sem que trabalhemos dentro do nível da identificação.

O nível da descrição é o mais básico e provavelmente aquele em que começamos o trabalho com a grande maioria das crianças que vêm à psicoterapia. Estabelecer uma comunicação nesse nível é a única possibilidade que a criança fornece, de início, ao psicoterapeuta. Ele descreve seu comportamento, faz, na medida do possível, alguns questionamentos ao longo das brincadeiras e solicita que ela descreva suas produções. Não é raro permanecermos nesse nível durante muito tempo; isso não é bom nem ruim, apenas sinaliza aquilo que o cliente pode em determinado momento. Ao que tudo indica, quanto mais comprometida a criança, maior sua dificuldade de ultrapassar a descrição pura e simples, pois seus mecanismos de evitação de contato costumam ser mais elaborados e suas funções de contato, mais distorcidas. Um exemplo típico se dá quando o psicoterapeuta pede à criança que comente uma produção sua e ela descreve-a com meia dúzia de palavras, quando a descreve, e passa logo para outra atividade, responde a questionamentos com "Não sei", não aceita nenhuma proposta do psicoterapeuta, faz de conta que não ouviu, ou ainda profere a frase bastante conhecida dos psicoterapeutas de crianças: "Vamos brincar de outra coisa?"

Vale assinalar que o fato de uma criança não permitir que o psicoterapeuta saia do nível da descrição em seu processo terapêutico não significa que "a terapia não está evoluindo", ou seja, que ele é incompetente e/ou a criança não está sendo beneficiada. Naturalmente, o psicoterapeuta precisa, utilizando suas descrições, sinalizar os pontos de interrupção e sempre propor situações de experimentação que convidem a criança a ir além de suas formas habituais. Porém, tal processo costuma ser lento e por vezes parece que nada está acontecendo.

Não é incomum verificar, por meio de acompanhamento dos pais ou de uma visita à escola, que a criança vem apresentando uma série de transformações em sua forma de estar e relacionar-se no mundo, assim como se referindo de forma positiva e investida ao processo terapêutico, embora o psicoterapeuta muitas vezes tenha a impressão de que nada está acontecendo ou de que não há possibilidade de mudança, uma vez que a criança "não entra" em nenhuma de suas propostas e parece não estar ouvindo suas intervenções. Por outro lado, é óbvio que, se temos essa impressão e os demais elementos do campo corroboram-na, seria fundamental uma profunda avaliação de nossa compreensão diagnóstica e da natureza da relação que estamos travando tanto com a criança quanto com seus responsáveis, bem como da pertinência de nossas intervenções.

Quando a criança aceita intervenções que vão além da descrição, como questionamentos e propostas de experimentos, atuamos no nível da elaboração. É nesse nível do trabalho fenomenológico que se localiza a grande maioria das técnicas gestálticas, tal como apresentadas em Oaklander (1980), Cornejo (1996), Zorzi (1991) e Lampert (2003)[75]. Como o próprio nome sugere, nesse nível, nossas intervenções têm o flagrante objetivo de desdobrar, esmiuçar, desenvolver e aprofundar aquilo que a criança traz ao espaço terapêutico. Cabe ressaltar que a maior parte das crianças, ao contrário do que a leitura da bibliografia por vezes sugere, demora muito a chegar nesse ponto de trabalho e nem sempre se mostra tão desenvolta ou produtiva como aquelas citadas nos livros. Oaklander (1980, p. 219), apesar de seus inúmeros relatos bem-sucedidos de exploração do material trazido pelas crianças, adverte: "Não quero dar a impressão de que em toda sessão acontece algo de maravilhoso. Muitas vezes parece não acontecer nada de abertamente excitante e importante".

Para algumas crianças o simples fato de poder brincar em um espaço seguro, permissivo, acolhedor e confirmador com aquilo que ela queira escolher, da forma como o fizer, já é suficiente para promover as reconfigurações necessárias ao bem-estar e ao

---

75. Mais recentemente, Antony (2010) também trouxe algumas contribuições nesse sentido.

resgate de um funcionamento saudável na sua interação com o mundo. A respeito disso, em um texto inspirador, Vignoli (1994, p. 50) diz: "A facilitação da *awareness* vem da própria crença na capacidade de a criança descobrir por si, conosco, no próprio ato de brincar, os significados. Estes nem sempre precisam ser explicitados, podendo ser apenas vivenciados".

A possibilidade de o psicoterapeuta ir ao encontro da criança em seu espaço lúdico é fundamental para a realização das intervenções. Muitas vezes, ele precisará efetuar uma intervenção dentro da brincadeira, utilizando a linguagem lúdica. Isso nos remete a outro ponto crucial: a disponibilidade para brincar. Embora algumas crianças prefiram não envolvê-lo em suas brincadeiras, fazendo que ele assuma o papel de observador, constatamos que a grande maioria necessita que o psicoterapeuta faça parte delas. Na medida em que a linguagem lúdica é a predominante, a brincadeira é o diálogo – e o psicoterapeuta precisa participar.

Quando isso acontece, toda atenção é pouca para que ele não se desloque do seu papel de psicoterapeuta. Brincar com a criança não é *tornar-se* criança no espaço terapêutico. Brincar com a criança não é reagir *como se fosse* uma criança. Brincar com a criança é compartilhar da importância e da magia daquela linguagem sem perder de vista a tarefa terapêutica. Inclusive porque tal tarefa, com algumas crianças, pode demandar o desempenho impecável de determinados papéis elaborados de forma minuciosa e distribuídos de acordo com suas necessidades. Exemplos típicos são aqueles que contemplam a encenação de situações cotidianas das crianças com os adultos, tais como mãe/filho, professor/aluno e criança/médico, quando em geral cabe ao psicoterapeuta o papel da criança e à criança o do adulto, em uma típica inversão de papéis, reveladora de muitos aspectos significativos da vida da criança.

Várias crianças, ao desenvolver tais atividades, determinam em detalhe aquilo que o psicoterapeuta vai dizer e a forma como ele deve agir na brincadeira. Nessas situações, cabe a ele atendê-la, inicialmente, em todas as suas exigências no desempenho do seu papel. Muitas vezes, qualquer tentativa de mudança introduzida por ele é repelida de modo violento pela criança, o que significa que ainda não é a hora de questionar nada a respeito daquele comportamento ou daquela situação, nem dentro nem fora da brincadeira. Certas crianças não permitem que o psicoterapeuta saia da brincadeira para comentar coisas em "*off*"; outras só aceitam intervenções dessa forma. Algumas, principalmente as menores, só permitem a aproximação ou qualquer intervenção dentro da linguagem lúdica por meio de um personagem. Em geral, quando chegamos ao final do processo terapêutico, já é possível uma comunicação direta, sem intermediários, sendo esse elemento inclusive um dos indicadores de término do processo terapêutico[76].

O uso de fantoches ou "dedoches" como recurso intermediário para a comunicação com as crianças vem trazendo bons resultados. Concordando com Oaklander (1980), acreditamos que o fascínio das crianças pelos fantoches se dê pela possibilidade de ter uma parte de si mesmas – mãos e braços – literalmente envolvida na brincadeira, dando "vida" a ela. A possibilidade de identificação com as diversas figuras representadas pelos fantoches – em especial as figuras míticas, como reis, rainhas, bruxas, fadas, sacis, lobisomens e anjos – também parece contribuir para isso. Permite a "distância" necessária de uma figura humana "normal" para a projeção de determinados aspectos que a criança ainda não tem condições de aceitar e assimilar como seus.

---

76. Veja o Capítulo 9.

Temos também um boneco que "mora na sala", o Ostrogodo, da mesma forma que Cornejo (1996), que desempenha várias funções nesse sentido. Falar ao fantoche ou ao Ostrogodo ou ouvir coisas deles é bastante diferente de falar com/ouvir o psicoterapeuta. As crianças precisam desse tipo de linguagem durante quase todo o seu processo terapêutico. O boneco ocupa um lugar especial em nosso espaço terapêutico. Ele geralmente é apresentado à criança na sessão inicial e funciona, muitas vezes, como um "coterapeuta". Se a criança interessa-se por ele, começamos por aí e conseguimos abrir uma grande porta para seu mundo experiencial. Ela faz perguntas ao Ostrogodo, conta coisas a ele, inclui-o nas brincadeiras e, muitas vezes, auxilia-o a "resolver" seus problemas. Em contrapartida, em outros momentos, é o Ostrogodo quem faz intervenções e reflete os comportamentos apresentados pela criança. Muitas, ao término da psicoterapia, querem levar uma foto ou alguma coisa que as façam lembrar-se dele[77]. Nem todas as crianças estabelecem um vínculo tão forte com o boneco, da mesma forma que nem todas utilizam fantoches ou argila, embora ele costume fazer sucesso principalmente entre as crianças menores.

O último nível de trabalho a que nos referimos é o que denominamos de identificação ou integração. Ele consiste na apropriação, por parte da criança, dos conteúdos de sua brincadeira e em sua produção no espaço terapêutico. Em outras palavras, é quando a criança se identifica com o elemento do desenho, com o menino fantoche, com a escultura de argila, com o João Teimoso que só leva pancada – ou, no caso de nosso exemplo no início do capítulo, com a menina debaixo do coqueiro.

Nossa experiência demonstra que nem sempre mencionar tal identificação faz-se necessário. Muitas vezes, a partir da elaboração realizada por meio das intervenções técnicas do psicoterapeuta na linguagem lúdica, a criança reconfigura e ressignifica seu campo sem que a identificação precise ser verbalizada. Em outros momentos, ela só enuncia identificações claras na fase de término da psicoterapia, quando começa a efetuar "retrospectivas" de seu processo terapêutico[78]. Esse é o caso de M., 6 anos, que durante os quase 20 meses de psicoterapia desenvolveu praticamente todas as sessões baseada na brincadeira das "meninas superpoderosas"[79], na qual à psicoterapeuta cabia o papel de Florzinha e à menina o de Lindinha. Elas passaram por várias situações e por muito tempo a psicoterapeuta não conseguiu fazer mais do que algumas intervenções descritivas ao final de cada sessão, numa espécie de retrospectiva do conteúdo que havia emergido e do processo que se desenrolara. Depois de alguns meses, ela começou a fazer intervenções ao longo da brincadeira, na forma de afirmações e perguntas, mudando o tom de voz e "saindo" da personagem, para logo em seguida voltar ao seu papel. Aos poucos, a psicoterapeuta iniciou outra modalidade de intervenção, efetuando pequenas modificações no *script* das brincadeiras e verificando a reação de M., bem

---

77. Idem.
78. Idem.
79. Desenho animado em que três meninas com poderes para salvar o mundo – Florzinha, Lindinha e Docinho – vivem grandes aventuras.

como fazendo suas intervenções fora do papel. Ao final da psicoterapia, não só a profissional tinha condições de realizar intervenções fora do papel, como a menina também começou a fazer isso, fluindo entre a fala de Lindinha e a de M., assinalando para a psicoterapeuta quando era uma e quando era a outra. Com o tempo, as falas de Lindinha e de M. integraram-se cada vez mais. A menina falava de si mesma sem nenhum intermediário, o que culminou no término de sua psicoterapia.

Apesar do exemplo, cabe ressaltar que a verbalização de identificações não deve ser esperada como um critério de "progresso" da psicoterapia ou que sua presença deva figurar obrigatoriamente entre os elementos indicativos de término. A expectativa ou a exigência de que isso aconteça parece estar muito mais ligada à necessidade do psicoterapeuta do que das crianças, em especial as menores – que, pelo fato de se encontrarem em plena aquisição de suas capacidades cognitivas mais complexas e por não terem ainda a linguagem totalmente desenvolvida, nem sempre têm condições de realizá-la.

Princípios terapêuticos básicos

A postura fenomenológica

Denominaremos de postura fenomenológica a atitude do psicoterapeuta de abertura e interesse genuíno pelo que a criança traz, de forma verbal e não verbal, sem nenhum *a priori*. Isso significa encontrá-la sem verdades preestabelecidas nem julgamentos baseados naquilo que foi dito por seus responsáveis ou do que foi evocado por uma classificação diagnóstica prévia – como "hiperatividade" ou "autismo" –, ou ainda a partir dos possíveis "planos terapêuticos" que porventura o psicoterapeuta tenha realizado. Se a criança pedir ajuda, ele dá. Se pedir indicações sobre a maneira de usar o material, ele as fornece. A sala e o material estão à disposição da criança, esperando pela sua decisão. O psicoterapeuta não estabelece uma seleção prévia de recursos lúdicos para cada criança, esperando que ela escolha o que for mais conveniente para ela naquele momento. Ele guarda para si suas opiniões, seus sentimentos e sua orientação; deve manter-se fora e entrar na brincadeira somente quando for solicitado: é a criança quem indica o caminho.

Utilizando o método fenomenológico, o psicoterapeuta acompanha a criança ao longo da sessão, sem direcioná-la, sem sugerir atividades nem recursos, sem iniciar assuntos ou encaminhar a discussão para um ou outro tema, facilitando com isso a obtenção de *awareness* por parte da criança a respeito de sua experiência naquele momento, naquele espaço e naquela relação, ajudando-a a não julgar seu processo nem desprezar ou alienar aspectos de si mesma.

Conforme afirma Jacobs (1997, p. 75), "na abordagem fenomenológica, terapeutas e clientes suspendem ou colocam de lado seus preconceitos sobre que tipo de experiências são relevantes e permitem que seus sentidos processem e descubram o que quer que seja revelado pelo *self* e pela situação".

Essa observação é indispensável para os psicoterapeutas que esperam determinada *performance* da criança em sua sessão de psicoterapia e frustram-se quando ela não escolhe aquilo que eles acham relevante, não aceita suas intervenções, persevera em certa atividade ou não quer conversar, mas "só brincar" no espaço terapêutico. Não seria demais lembrar que a brincadeira continua sendo a linguagem principal da criança; por isso, é bastante comum que ela queira "só brincar" em vez de conversar, não existindo nada de errado com isso. As crianças vão às sessões fundamentalmente para brincar, e qualquer objeção à sua linguagem predominante pode dificultar o caminhar do processo terapêutico ao invés de facilitá-lo.

Também é importante ressaltar que o psicoterapeuta não precisa entender o significado daquele brincar, pois ele vai ser apontado pela criança em seu processo de *awareness* e na ampliação das funções de contato. Não há como "entender" a brincadeira da criança se nem mesmo ela, naquele momento, consegue fazê-lo! A exigência do psicoterapeuta de dar um sentido às brincadeiras da criança parece estar profundamente enraizada em uma perspectiva interpretativa que perpassa sua graduação e infiltra-se em sua prática, ainda que ele tenha escolhido desenvolvê-la com base em um paradigma diferente, como o da Gestalt-terapia. Dessa forma, ele precisa ficar atento à possibilidade de suspender o juízo de valores, a fim de manter uma postura fenomenológica na relação terapêutica, para que esta possa ser realmente terapêutica e não meramente recreativa ou educativa.

A respeito da necessidade constante da realização de uma "redução fenomenológica" pelo psicoterapeuta, Axline (1984, p. 78-9), com muita propriedade, adverte:

> Embora a atitude não diretiva do terapeuta pareça ser de passividade, isto está muito longe da verdade. Não há disciplina mais severa do que a de manter a atitude de completa aceitação de abster-se de fazer qualquer insinuação ou orientação ao brinquedo da criança.
> [...]
> E não há disciplina tão severa quanto a que exige que a cada indivíduo sejam dados o direito e a oportunidade de sustentar-se sobre seus próprios pés e tomar suas próprias decisões.

A experiência com a supervisão de Gestalt-terapeutas de crianças mostra-nos que essa é uma das principais dificuldades do profissional e a que demanda atenção constante ao longo do contato com a criança. O impulso para dar significados ou escolher caminhos que julgamos mais amenos ou satisfatórios para as crianças, particularmente as que nos mobilizam fortes sentimentos de compaixão ou aversão, parece estar sempre presente em nossa prática – que, como aponta Hycner (1995), é paradoxal: ao mesmo tempo que precisamos acompanhar a experiência de nosso cliente, precisamos também estar atentos à nossa experiência e discriminá-la da experiência dele[80]. Por isso, acreditamos que estar atento a essa questão é um desafio constante e perene para qualquer Gestalt-terapeuta, pois, como o próprio nome sugere, só conseguimos "reduzir" momentaneamente, em prol da experiência do cliente, mas jamais excluir de todo ou aniquilar nossa forma particular de perceber o mundo.

O papel da confirmação em psicoterapia

Nessa perspectiva, é necessário analisar o papel da confirmação na relação terapêutica. Como confirmar dentro da postura fenomenológica? Para responder a essa pergunta, precisaremos nos remeter à diferença crucial entre confirmação e elogio, desenvolvida no Capítulo 4, quando descrevemos a importância da família no desenvolvimento da criança.

Como vimos, o elogio, assim como a crítica, não tem caráter fenomenológico, uma vez que carrega consigo juízo de valores. Sobre a possibilidade de psicoterapeutas criticarem seus clientes durante a sessão, é senso comum que isso não condiz com sua função. Qualquer iniciante seria capaz de afirmar que não cabe ao psicoterapeuta criticá-los em suas escolhas e em suas formas de se apresentar ao mundo. É um tanto inimaginável uma situação em que o psicoterapeuta, ao deparar com o desenho de uma criança, diga: "Nossa, que desenho horroroso", ou ainda: "Você fez errado, o sol não é azul!" Porém, quando passamos para o terreno do elogio, isso já não fica tão claro e é nesse momento, em especial com crianças, que se pode abandonar a postura fenomenológica.

Esquecemos que o elogio é a polaridade da crítica, uma vez que continua sendo um juízo de valor, ainda que de caráter positivo. Se o psicoterapeuta, diante do mesmo desenho, diz algo como: "Puxa, fulana, que legal!", ou: "Que lindo que você fez!", ele está julgando esse desenho, adjetivando-o de bom, bonito e legal.

---

80. Veja o Capítulo 10.

Se estivermos trabalhando, por exemplo, com uma criança extremamente introjetiva, o que nossos elogios poderão gerar? Se ela tem um padrão relacional básico que tende para a introjeção sem discriminação, em que ela funciona com base no que é estabelecido como certo e errado pelo outro, possivelmente vai prestar atenção naquilo que agrada ao psicoterapeuta, e como tem a necessidade de ser "boazinha", "certinha", "a melhor cliente" acabará tentando reproduzir os comportamentos elogiados para ganhar a aprovação dele.

Tal situação é muito comum em psicoterapia infantil, pois a incidência de crianças predominantemente introjetivas é significativa, o que nos parece compatível com as vicissitudes de seu desenvolvimento – que depende, em parte, das possibilidades de discriminação que o meio oferece. O psicoterapeuta precisa ficar atento a isso, porque tais crianças, para muitos, podem ser adoráveis: tão quietinhas, tão colaborativas, fazem tudo que lhes propõem! Nesse momento, talvez, essa seja a grande questão da criança: especializar-se naquilo que o outro espera dela é o seu grande ajustamento criativo e, por outro lado, o que lhe vem trazendo sofrimento. Ao elogiá-la, o psicoterapeuta acaba por não trabalhar o que precisa ser focalizado especificamente nessa criança: ajudá-la a discriminar a sua necessidade da expectativa do outro e sustentá-la, ainda que isso desagrade a outras pessoas.

Por outro lado, ao confirmar a criança, o psicoterapeuta lhe permite ter uma noção exata da sua potência a cada momento e daquilo que ela ainda pode conseguir. Vejamos o exemplo de um menino de 7 anos que não sabia amarrar o cadarço do tênis e sempre pedia ajuda ao psicoterapeuta, argumentando que não sabia fazer aquilo nem ia conseguir, pois era "muito difícil". Confirmar é acolher seu pedido de ajuda, assinalando que ele ainda não pode amarrar o tênis, mas à medida que vai experimentando e tentando de outras formas ele criará condições para que isso aconteça. Quando ele conseguiu amarrar sozinho o cadarço do tênis, a confirmação se deu da seguinte forma:

T.: *Viu, fulano, você conseguiu. Lembra que quando chegou aqui você dizia que nunca ia conseguir amarrar o tênis? Você pedia a minha ajuda e, no início, nem queria experimentar. E quando escolheu experimentar experimentou uma vez, experimentou duas vezes e na terceira vez você conseguiu. Se você não tivesse tentado, não teria conseguido.*

Isso é confirmação em psicoterapia. Descrever um pouco do processo do menino, mostrando-lhe sua resistência em experimentar, assinalando sua escolha por arriscar, as tentativas que não foram bem-sucedidas e finalmente o momento em que ele conseguiu. Assim, o papel do psicoterapeuta na confirmação é de funcionar como um "espelho", descrevendo à criança seu processo e confirmando suas potencialidades. A intervenção com esse menino poderia continuar da seguinte forma:

T.: *Você não acreditava, mas conseguiu. E, da mesma forma que você conseguiu amarrar o tênis, pode conseguir outras tantas coisas que quiser, mas para isso você precisa experimentar.*

Embora não pareça, seria bastante diferente de dizer assim:

T.: *Você conseguiu amarrar o tênis, que legal, olha só!*

Nesse momento, o psicoterapeuta comemora aquilo que a criança conseguiu e o foco sai do que ela fez para o que ele está sentindo com relação ao que ela fez. É sutil, mas faz muita diferença, uma vez que não é o sentimento dele que precisa estar em foco na psicoterapia, mas o *que* e o *como* a criança realizou.

Ainda sobre o elogio, lembremos que ele pode servir como um elemento desqualificador da experiência da criança. Ainda no exemplo do menino com o tênis, se o psicoterapeuta faz uma "festa" pelo fato de ele ter conseguido amarrar o tênis, isso pode fazê-lo questionar a crença que o profissional tem acerca de potencialidades. Sobre isso, Axline (1986, p. 57) comenta a respeito dos ganhos de Dibs:

Não gostaria de proclamar admiração pelas suas habilidades. Porque me surpreender diante da evidência de sua capacidade? [...] Qualquer *exclamação de surpresa ou elogio* pode ser interpretada por ele como indicadora da direção que deverá seguir. E, com isso, outras esferas de exploração são fechadas, representando perdas da maior importância. (Grifo nosso)

Além disso, a confirmação incide sobre *todos* os elementos apresentados pela criança, e não só por aqueles que o psicoterapeuta considera como "ganhos". Por isso, ao exercer a confirmação, o psicoterapeuta permite que a criança sinta-se de fato aceita e reconhecida em sua totalidade, com seus sentimentos, suas resistências e suas formas de expressão, e não apenas em alguns aspectos que possam vir a causar impacto positivo nele.

A relação terapêutica

Seja qual for o recurso lúdico escolhido pela criança ou a técnica utilizada pelo psicoterapeuta, o ponto central de qualquer processo terapêutico é a relação que se estabelece entre eles. Antes de qualquer coisa, é a relação que podemos caracterizar como realmente "terapêutica", ou seja, aquilo que de fato fará diferença na possibilidade de reconfigurações mais satisfatórias na criança e em seu meio. Para que ela se estabeleça, é preciso adotar uma atitude dialógica caracterizada pela presença genuína do psicoterapeuta na relação, pela sua inclusão, ou seja, pela sua capacidade de se pôr no lugar da criança e de confirmar a ela seu potencial (Jacobs, 1997). Essas características permitem que o processo terapêutico seja regido pelos princípios básicos da aceitação, da permissividade e do respeito pela criança.

É necessário que o psicoterapeuta tenha interesse genuíno por crianças. Ele precisa gostar delas e conhecê-las de fato. É interessante que tenha algumas experiências pessoais com elas fora da situação terapêutica, para que entenda como são realmente, em seu mundo fora do consultório. Costumamos "receitar" aos psicoterapeutas em formação que frequentem pracinhas, festas de aniversário e parques, além de realizarem "estágios" com sobrinhos, primos e afilhados.

A familiaridade com crianças e com a linguagem lúdica não é decisiva para a formação de um psicoterapeuta infantil, mas sem dúvida discriminar situações terapêuticas das cotidianas é muito útil, pois evita que ele se comporte como qualquer outro adulto no espaço terapêutico ou tente fazer psicoterapia com os filhos do vizinho ou com as crianças da pracinha.

Outro aspecto importante é a forma de relacionar-se com a criança. Psicoterapeutas que usam linguagem tatibitate e falam com a criança como animadores de festa, ao contrário do que imaginam, não costumam estabelecer uma relação satisfatória com ela em função desse comportamento. Pelo caráter muitas vezes artificial desse tipo de conduta, muitas crianças simplesmente odeiam ser tratadas assim. Claro que o psicoterapeuta precisa utilizar uma linguagem acessível à faixa etária delas, sem jargões e formalidades. No entanto, isso não significa ter de tornar-se outra pessoa só porque está diante de uma criança. Nesse aspecto, vale lembrar uma das características básicas da relação de caráter dialógico: a *presença*. Jacobs (1997, p. 77-8) comenta o assunto com grande propriedade:

> O elemento básico e o mais difícil é a presença, em oposição ao "parecer". Uma pessoa está presente quando não tenta influenciar a outra a vê-la somente de acordo com sua autoimagem. [...] O terapeuta deve desistir, entre outras coisas, do desejo de ser validado como um "bom terapeuta" pelo cliente. Quando um terapeuta "cura" primordialmente para ser apreciado como aquele que cura, o processo dialógico é interrompido. O outro se torna um objeto, somente um meio [...] Se a "aparência" predominar mais do que a presença, então só será possível um contato de má qualidade.

Assim, a *presença* na relação terapêutica implica trazer para a interação com a criança a plenitude de nós mesmos, sem nos esquecermos, porém, da tarefa terapêutica.

No que diz respeito à inclusão, destacamos a disponibilidade do psicoterapeuta para entrar no mundo fenomenológico da criança. É bom lembrar que este é diferente, em maior ou menor grau da realidade fenomenológica do psicoterapeuta; por isso, entrar na realidade da criança não é misturar-se com ela, tampouco tentar trazê-la para a sua realidade. Colocar-se no lugar da criança é permitir-se ver o mundo segundo seus critérios e suas necessidades para confirmá-la como um ser singular que nesse momento só tem condições de perceber a realidade dessa forma e agir conforme essa percepção. Como aceitar o menino que passou quase quatro meses em psicoterapia só gritando "Eu vou te matar" e "Eu vim horrorizar" se não praticarmos a inclusão? Como aceitá-lo se não mergulharmos em sua realidade fenomenológica, encontrarmos e confirmarmos seus motivos e necessidades para tal manifestação? Ninguém até então havia ficado com ele até o fim; todo mundo desistira dele. Todas as pessoas que ele já encontrara respondiam à sua "agressividade" também com agressividade; essa era a única linguagem que ele conhecia. Como aceitá-lo sem nos colocarmos no lugar dele e experimentar ver o mundo de sua ótica?

Sem o suporte de uma relação dialógica baseada nesses princípios, as técnicas tornam-se exercícios e o espaço terapêutico, um simples lugar de recreação. As intervenções técnicas surgem no contexto da relação, e para que sejam efetivas é preciso que essa relação inspire confiança, exposição e entrega. A centralidade da relação terapêutica é tal em Gestalt-terapia que Ribeiro (1991), em um interessante trabalho, afirma que, antes de qualquer outro experimento, a própria relação terapêutica já constitui um experimento em si. O que é realmente terapêutico é como o psicoterapeuta reage ao comportamento e às diversas formas de ser da criança e se posicionar. Inúmeras vezes percebemos olhares incrédulos, expressões de surpresa e visíveis embaraços vindos de crianças diante de determinada atitude do profissional.

Elas chegam à psicoterapia com padrões relacionais e formas de ação e reação estereotipadas e cristalizadas e, por isso, com expectativas bastante certas a respeito das formas de agir do psicoterapeuta. Na medida em que descobrem, muitas vezes atônitas, que ele se posiciona de outra forma nessa relação, inevitavelmente, em sua busca de autorregulação na relação terapêutica, precisarão se posicionar de modo diverso – o que, por si só, já possibilita mudanças, tanto na forma de comportar-se dessa criança como na sua maneira de encarar o mundo. Se nos reportarmos à visão de ser humano relacional, constataremos que de fato não poderia ser diferente: se nos construímos na relação, será também pela relação que nos reconstruiremos, e a relação terapêutica é o espaço privilegiado para que isso aconteça.

Aceitação, respeito e permissividade

Em geral, a criança é trazida à psicoterapia porque os adultos querem modificá-la. Todos esperam que ela seja mais isso ou aquilo, deixe de ser assim ou assado, ou venha a ser de forma diferente daquela que ela apresenta no momento. Assim, uma das sensações que a criança experimenta é a de não ser aceita. Tal experiência costuma trazer muito sofrimento, uma vez que para identificar, aceitar e trabalhar seus sentimentos e necessidades ela precisa da aceitação, permissão e ajuda do meio. A aceitação do psicoterapeuta parece ser fundamental para o processo, já que este será um dos grandes diferenciais da relação terapêutica em face de outras relações estabelecidas pela criança. O caráter terapêutico da aceitação foi amplamente descrito por Rogers (2001) e Axline (1984, 1986) e desenvolvido na Gestalt-terapia na forma da *teoria paradoxal da mudança* (Beisser, 1980). Ela se refere não só à aceitação do cliente por parte do psicoterapeuta, mas também da aceitação do próprio cliente como a grande possibilidade de mudança. Ela sublinha que mudar não é tentar vir a ser algo diferente do que somos, mas exatamente aceitar aquilo que podemos ser a cada momento, com nossos limites e possibilidades. A aceitação permitiria uma maior *awareness* a respeito desses limites e possibilidades, o que por si só já seria uma mudança, colocando-nos em uma posição mais confortável para *escolher* o que fazer.

Em psicoterapia infantil, a aceitação da criança como um todo por parte do psicoterapeuta é crucial para que ela possa também aceitar a si mesma. Apenas no momento em que puder se perceber aceita sem restrições, independentemente do que pense, sinta ou faça, é que ela se permitirá expressar, examinar e apropriar-se de todos os seus sentimentos e necessidades sem precisar utilizar os mecanismos de *deflexão*, *projeção* e *retroflexão* (Polster, 1979).

A aceitação também é uma importante ferramenta terapêutica para integrar polaridades. Se a criança não aceitar o sentimento ou característica que tenta jogar fora, negar, disfarçar ou engolir, ela jamais poderá integrar aquilo que existe de positivo e funcional em tal sentimento ou característica. Vale lembrar que, segundo nossa concepção holística de ser humano, nenhum sentimento ou característica é em si bom ou ruim; sua presença em determinados contextos, sua intensidade, sua frequência e seu uso é que vão apontar uma maior ou menor funcionalidade, trazendo ou não benefícios para a criança. O medo pode ser extremamente paralisante, mas também protege; a raiva pode ser muito destrutiva, mas também uma mola propulsora para a ação e a construção; a vergonha pode ser devastadora, mas também ajuda a nos comportarmos dentro de parâmetros de adequação em vários contextos. Ajudar uma criança a aceitar sua raiva, por exemplo, permite que ela possa expressá-la de outras formas que não seja por meio de violentos ataques físicos às pessoas que ama ou a si mesma com doenças repetidas (Oaklander, 1992).

É tarefa da psicoterapia resgatar os sentimentos não aceitos da criança a fim de integrá-los ao seu ser total e, com isso, ajudá-la a utilizá-los de formas mais congruentes com suas necessidades em cada um dos contextos dos quais faz parte.

O psicoterapeuta deve estabelecer um clima de aceitação e permissividade no seu relacionamento com a criança, de forma que ela sinta-se livre para expressar por completo seus sentimentos. Essa postura depende da expressão verbal dele, mas vai além disso. Assim como Axline (1984) sublinhou a dificuldade de nos mantermos em uma atitude fenomenológica, constatamos que vivenciar a aceitação também não é tarefa fácil. A atitude do psicoterapeuta com sua expressão facial, seu tom de voz e seus gestos, assim como as palavras, são fundamentais para que a criança compreenda que está num espaço em que é possível experienciar inúmeras situações diferentes das quais ela está acostumada. Falar em aceitação com certeza é mais fácil do que vivenciá-la. O que dizer das crianças que não correspondem às expectativas do psicoterapeuta? Como aceitar as que ficam em silêncio se ele quer preenchê-lo com perguntas e propostas? Como aceitar as que não o solicitam se ele mesmo se sente abandonado? Como aceitar as que se recusam a entrar sem a mãe no espaço terapêutico se ele sente-se inseguro para desenvolver seu trabalho diante da progenitora? Como aceitar as que desafiam, as que gritam, as que tentam destruir o espaço e machucá-lo, se ele sente-se pessoalmente atingido?

Essas e inúmeras outras situações mostram-nos que o processo terapêutico com crianças pode ser extremamente difícil, podendo ameaçar os sentimentos que emergem na pessoa do profissional sua aceitação pela criança e sua disponibilidade para acompanhá-la e permitir que ela experiencie todos os seus sentimentos. Por isso, é fundamental que, no processo de construção do psicoterapeuta infantil, haja um espaço perene para psicoterapia pessoal, supervisão, discussão e troca[81].

A questão da permissividade implica a real possibilidade de a criança ser o centro de sua psicoterapia, escolhendo aquilo que quer fazer e os recursos que vai utilizar para isso e opinando a respeito da participação ou não do psicoterapeuta na atividade. Ele precisa ficar bastante atento ao que é permitido a fim de emitir mensagens claras para a criança e poder honrar aquilo que foi dito.

A famosa frase "Você tem uma hora para fazer tudo que quiser nessa sala" é um equívoco perigoso, pois se a criança agir literalmente, o que seria bastante natural, po-

---

81. Veja o Capítulo 10.

derá infringir uma série de limites do espaço terapêutico e ainda argumentar com o psicoterapeuta: "Você disse que eu podia fazer tudo que quisesse!" Assim, a permissividade de escolha em psicoterapia com crianças existe dentro das inúmeras opções oferecidas pelo espaço, mas não de forma ilimitada.

Sobre isso, Axline (1984, p. 129) comenta:

> Infelizmente, muitas crianças já tiveram a experiência de, tendo-lhes sido dito que podiam escolher, descobrir que, a menos que sua escolha coincidisse com a dos adultos, ela seria nula e vazia. Como resultado de vários tipos de experiência diferentes, as crianças a princípio mantêm-se receosas das consequências da permissividade na sessão de terapia.

Desde a sessão inicial, o terapeuta deixa claro para a criança que respeita sua capacidade de tomar decisões próprias e de fazer escolhas e mantém firmemente esse princípio, ainda que ela opte por não fazer nada ou por dormir durante a sessão. Acreditamos na sabedoria organísmica da criança e nas formas encontradas por ela de expressar-se e relacionar-se conosco. O respeito a tais decisões é fundamental para que ela sinta-se aceita do jeito que é no momento e para que, aos poucos, assuma a responsabilidade de escolher entre continuar dessa forma ou estabelecer mudanças na vida.

O psicoterapeuta não deve tentar apressar a terapia, pois o tempo é da criança e não dos seus responsáveis, da escola ou do psicoterapeuta que visa "mostrar serviço". É um processo gradativo e assim deve ser reconhecido por ele. Quando a criança estiver pronta para exprimir seus sentimentos em sua presença, ela o fará. Não se pode forçá-la a fazê-lo às pressas apenas porque os pais assim esperam ou a escola assim exige. Um dos desafios do manejo clínico em psicoterapia com crianças é exatamente lidar com as expectativas oriundas do campo que incidem sobre a psicoterapia, sobre a relação terapêutica e sobre o trabalho do psicoterapeuta. Às vezes o profissional, em particular o iniciante, sucumbe diante das expectativas e exigências dos responsáveis, da escola ou até mesmo de outro profissional de saúde, transformando a psicoterapia em um fórum para afirmação de sua competência baseada no parâmetro de eficiência fixado por eles. Tal parâmetro costuma estar ligado ao desaparecimento dos sintomas em um tempo recorde e de modo que satisfaça as necessidades dos adultos e não as da criança. O trabalho de acompanhamento dos responsáveis[82] é fundamental nesse sentido, pois é o espaço no qual o psicoterapeuta identifica e trabalha tais necessidades de forma que elas não atrapalhem a condução do processo terapêutico.

---

82 Veja o Capítulo 8 – "O trabalho com os responsáveis e a escola".

Embora, muitas vezes, pareça que "nada está acontecendo", ainda assim a criança está trabalhando, apesar de não se expressar como o psicoterapeuta gostaria. A própria definição de algo "acontecer" está ligada a um parâmetro fundado em determinadas expectativas, pois na verdade *sempre* está acontecendo alguma coisa. Por isso, se o psicoterapeuta não tem conteúdo significativo para intervir, ele tem *a forma*, aquilo que está se passando na sessão, aquilo que vem se passando no processo terapêutico. Em geral, é aí que residem as intervenções mais relevantes da psicoterapia. Assim, quando um supervisando me diz: "Não está acontecendo nada na psicoterapia desse garoto. Ele só quer jogar damas, uma sessão após a outra. Faz várias sessões que nós só jogamos damas e eu não sei mais o que fazer", costumo responder: "Está acontecendo, sim. Ele vem escolhendo jogar damas uma sessão após a outra, durante várias sessões". No que geralmente sou inquirida: "Mas qual é o significado disso?" Respondo: "Não sei, quem vai mostrar isso é a criança, não eu".

Não trabalhamos com significados predeterminados nem vamos "adivinhar" o significado daquilo para a criança. Vamos intervir devolvendo o próprio processo da criança de forma que ela, ao obter uma *awareness* mais ampla a respeito de seus padrões, possa conferir seu significado único para aquele comportamento. Esse é o processo, é aquilo que a criança vem apresentando, é a forma que ela vem escolhendo para se relacionar com o psicoterapeuta. Nesse caso, o conteúdo do jogo talvez nos traga alguma questão relativa à competição, ao ganhar e ao perder, ou à sua forma de lidar com regras. Porém, a repetição da atividade por várias sessões seguidas, sugerindo um padrão, emerge em primeiro plano para a intervenção do psicoterapeuta. Mais uma vez, a influência da formação realizada dentro de um paradigma linear e causal, que privilegia o conteúdo, aprisiona-o em uma busca frenética de significados, impedindo-o de prestar atenção ao que realmente acontece no espaço terapêutico.

Pelo caráter permissivo do espaço terapêutico, muitas atividades da criança dentro da sala, se realizadas fora dela, provocariam sérias críticas. Para protegê-la de possíveis sentimentos de culpa e para prevenir a formação de qualquer falso conceito a respeito do que deveria ser um comportamento aceitável socialmente, é fundamental que a auxiliemos a exercitar sua discriminação, ajudando-a a perceber as diferenças entre os contextos e aquilo que cabe e é permitido em cada um, para que a cada momento e situação ela possa escolher a melhor forma de agir, expressar-se e comportar-se. Em nosso espaço terapêutico, por exemplo, é aceitável e permitido o uso de palavrões de qualquer espécie. Não somos instrutores de etiqueta, somos psicoterapeutas. Se o palavrão é uma expressão genuína de algo importante para a criança, ela pode dizê-lo na psicoterapia. Porém, discutimos a respeito dos fóruns certos para esse tipo de expressão e das consequências de seu uso inadequado, permitindo assim que a criança perceba que a sala de aula, por exemplo, não é local para proferir palavrões e que xingar o coordenador não costuma trazer consequências positivas ao aluno.

A vivência dos limites

Se encararmos o espaço e a relação terapêuticos como essencialmente permissivos, concluiremos que serão poucos os limites estabelecidos nesse campo. Embora escassos, são extremamente importantes, pois, de um lado, propiciam a vivência da frustração e da possibilidade de superá-la de forma criativa e satisfatória; de outro, a sensação de proteção e cuidado fornecida pelo "contorno" que o limite imprime.

Em psicoterapia, utilizamos o critério da integridade para o estabelecimento de limites. Ele diz respeito a três modalidades de integridade: a da criança, a do psicoterapeuta e a do espaço terapêutico. Dessa forma, apesar de falarmos o tempo inteiro em permissividade, isso não significa ausência total, mas um número reduzido e inquestionável de limites que visa à segurança do campo total criança-psicoterapeuta.

O estabelecimento desses critérios é fundamental na medida em que precisa levar em conta as necessidades da criança no espaço terapêutico. Tais necessidades devem condizer com a tarefa psicoterapêutica e não com regras, valores ou humores do psicoterapeuta. É fundamental que ele fique atento àquilo que o incomoda no comportamento da criança para compreender sua mobilização pessoal na situação e não transformá-la numa justificativa desnecessária e contrária à posição terapêutica para a apresentação de determinados limites.

Nesse ponto lembramos duas situações em que a mobilização pessoal do psicoterapeuta funcionou como base para a apresentação de limites injustificados e prejudiciais ao processo da criança. Atendendo uma menina de 5 anos cujo comportamento mostrava-se bastante autoritário, a psicoterapeuta apresentou limites "educativos", como "Só pego o pincel se você pedir por favor", para minimizar seu incômodo de ser "comandada por uma pirralha". Outra situação foi a de uma psicoterapeuta que, ao atender um menino de 4 anos extremamente agressivo na relação terapêutica, não permitiu que ele colocasse água na argila, pois "ia ficar a maior lambança". O menino reagiu prontamente derramando toda a água em cima dela, que encheu outro pote de água e jogou em cima dele! Ambas as situações transformaram a relação terapêutica em uma guerra de vontades, inviabilizando a continuação do processo terapêutico das duas crianças.

Além de os limites não terem sido apresentados com base no critério de integridade (no caso do menino com a argila, o espaço terapêutico comportava o uso de água, pois tinha inclusive uma pia, e também a possibilidade de limpeza), os sentimentos dessas crianças não foram reconhecidos nem lhes foram oferecidas alternativas viáveis para sua expressão. Nesse ponto, ressaltamos que a aceitação não se estabelece tão facilmente em todas as situações.

No primeiro caso, a mobilização da psicoterapeuta tinha uma ligação direta com seu autoritarismo e com a dificuldade de aceitar a necessidade da criança de exercer seu poder no espaço terapêutico. A criança mostra-se da forma como pode e precisa. Crianças que "mandam" no psicoterapeuta muitas vezes reproduzem situações pelas quais vêm passando, praticando o que chamamos de "inversão de papéis". Ao não exercer poder em lugar algum, têm na psicoterapia seu fórum privilegiado de exercício dessa possibilidade. Diante de crianças com essas características, longe de intervirmos com medidas educativas ou de "etiqueta", utilizamos nosso método fenomenológico para focalizar, descrever e, usando um recurso técnico, ampliar ou exagerar tal comportamento (desde que não ultrapasse a regra da integridade). Com base nesse comportamento apresentado por um menino de 7 anos, desenvolveu-se uma brincadeira muito significativa para seu processo terapêutico. Ante as ordens expressas dadas pelo menino para que o psicoterapeuta arrumasse os pinos do boliche cada vez que ele os derrubava, o psicoterapeuta respondeu, batendo continência e marchando como um soldado: "Sim, senhor, é pra já!"

Tal atitude provocou risos na criança, que, reagindo à intervenção, ordenava mais e mais coisas, deliciando-se com a possibilidade de ver suas ordens atendidas sem questionamento. Dessa situação originou-se uma brincadeira típica de seu processo terapêutico durante um bom tempo: a de "comandante e soldado". Aos poucos, o soldado passou a questionar o comandante, sofrendo inicialmente terríveis retaliações, mas obtendo algumas chances de negociação sem que o comandante o "expulsasse do quartel". Isso se deu paralelamente a um trabalho com seus pais no sentido de discutir seus limites, implicando profundas reconfigurações nos papéis familiares.

No segundo caso, a limitação ao uso do material deu-se exclusivamente pela dificuldade da psicoterapeuta de lidar com a possível sujeira causada pelo material; é característica do espaço terapêutico a facilidade de limpeza exatamente para permitir o uso de recursos que possam sujá-lo. Diante da limitação apresentada junto com um juízo de valor e sem nenhuma alternativa para expressar sua necessidade, a criança demonstra a raiva e a frustração impostas atirando água na psicoterapeuta. Tal situação provavelmente não teria acontecido se o limite não tivesse sido apresentado ou se alguma alternativa tivesse sido oferecida (ainda que as fronteiras da sala ficassem ameaçadas).

Quanto à atitude de devolver a agressão da criança "na mesma moeda", é absolutamente inconcebível, pois lhe confirma que essa linguagem pode ser utilizada na psicoterapia e impede-a de experimentar uma forma diferente de se relacionar com suas manifestações e comportamentos. Se não fosse possível evitar a agressão (e, às vezes, as crianças são mais rápidas que os adultos), uma possível atitude terapêutica nesse momento seria a de descrever o que aconteceu, permitindo que a criança fizesse contato com seus sentimentos e reafirmando a impossibilidade de que aquilo ocorresse de novo – ainda que isso significasse não usar água e argila em suas sessões até que ela conseguisse utilizar o material de outra forma.

Reconhecer a frustração da criança e a possibilidade de que ela sinta raiva do psicoterapeuta é fundamental para que ela se sinta de fato aceita, com todos os seus sentimentos, sem precisar suprimi-los ou lidar com eles de forma pouco satisfatória.

Nesse sentido, é importante oferecer a possibilidade de expressão do sentimento em questão que seja adequada ao critério de integridade. No caso do menino zangado, outras opções seriam utilizar a própria argila, como socá-la ou picá-la, fazendo de conta que era o psicoterapeuta. Os recursos lúdicos existem exatamente para facilitar a expressão de sentimentos sem que o critério da integridade seja ferido. Se a criança sente raiva, há brinquedos com os quais pode dar vazão a isso, como o "João Teimoso", o saco de boxe, as almofadas ou as revistas velhas que podem ser rasgadas sem que isso ameace a integridade da sala, do psicoterapeuta ou dela. Crianças predominantemente retroflexivas, muitas vezes, voltam a raiva e a frustração para si mesmas, colocando-se em perigo no espaço terapêutico ou tentando deliberadamente se machucar. Atendemos um menino de 8 anos que, ao ser frustrado no espaço terapêutico, pegou as algemas de borracha do cesto de brinquedos, passou em volta do pescoço e apertou com toda força, implicando uma intervenção física imediata do psicoterapeuta.

Esse exemplo remete-nos a um desdobramento do limite em duas modalidades: verbal e físico. Em geral, apresentamos o limite de forma verbal; porém, em algumas situações, ele não será suficiente ou não haverá tempo para expressá-lo. Nesse exemplo, o psicoterapeuta precisou tirar imediatamente as algemas do pescoço do menino enquanto fornecia o limite verbal: "Você não está aqui para se machucar. Você pode escolher um boneco e apertar o pescoço dele. O seu, não".

Outras crianças chegam ao espaço terapêutico bem agressivas, ameaçando a integridade da sala e do psicoterapeuta. É preciso em muitos momentos contê-las fisicamente enquanto se oferecem os limites verbais, evitando ao máximo que elas destruam algo na sala ou machuquem o psicoterapeuta. Tais comportamentos podem gerar muita culpa, medo de retaliação ou percepção equivocada acerca do poder sobre a relação e o espaço terapêuticos, causando a sensação de "ninguém pode comigo" e implicando um sentimento de abandono, desproteção e falta de cuidado.

Vejamos um caso marcante, acontecido há muitos anos, quando iniciávamos o trabalho com crianças. C., de 4 anos, veio à psicoterapia por causa de sua agressividade. Ninguém conseguia lidar com ele. Sua mãe havia se licenciado do trabalho para cuidar dele porque ninguém queria se responsabilizar por isso. Na primeira entrevista, ela fez inúmeras recomendações à psicoterapeuta, dizendo-lhe para ter cuidado, pois ele "batia mesmo".

Ao encontrar a criança, constatamos que ela estava disposta a cumprir à risca as previsões de sua mãe. C. já entrava no espaço terapêutico gritando e derrubando tudo que havia na frente. Não respondia a nenhuma solicitação do psicoterapeuta, bem como não dava a mínima importância a seus limites verbais; ao contrário, reagia a eles fazendo mais coisas inadequadas ou partindo em direção ao psicoterapeuta para agredi--lo com socos, pontapés ou objetos da sala.

Diante dessas manifestações, o psicoterapeuta apresentava verbalmente os limites referentes ao aspecto físico, a fim de proteger a sala de um dano maior e a si mesmo. Embora alternativas fossem apontadas o tempo todo, uma sessão após a outra o menino vinha para "horrorizar" (palavras dele). Isso durou de três a quatro meses, em duas sessões por semana: todas transcorriam a partir das tentativas do menino de destruir a sala e machucar o psicoterapeuta. Em contrapartida, este esperava-o a cada sessão, limitava seus comportamentos, muitas vezes precisando contê-lo usando o corpo inteiro, abraçando-o ou imobilizando-o no chão, falando sempre de forma tranquila, suave e firme a respeito dos propósitos da relação, daquilo que poderiam fazer juntos naquele espaço e do que definitivamente não poderia acontecer, nem que fosse preciso segurá-lo para isso.

Depois de quase quatro meses, um dia, durante uma sessão aconteceu algo inesperado: faltou energia elétrica e o espaço terapêutico ficou sem luz. No momento em que a luz apagou, o menino proferiu sua primeira frase diferente das que vinha gritando há ao longo do tempo: "Ih, acabou a luz!" Então, aproximou-se do psicoterapeuta e segurou sua mão. O psicoterapeuta concordou com a constatação: "Sim, acabou a luz da nossa sala". Apontando para a janela, C. completou: "Lá fora tem luz!" Diante disso, o psicoterapeuta convidou-o a olharem pela janela e verificarem onde tinha luz, o que foi

GESTALT-TERAPIA COM CRIANÇAS **177**

aceito com entusiasmo. E assim passaram o tempo até o final da sessão: o menino ajoelhado em um banquinho, diante da janela, com o psicoterapeuta ao seu lado, a quem ele endereçou uma série de perguntas, como: "Quem acende e quem apaga a luz do mundo?", "Por que o elevador sobe e desce?" e "Por que existe dia e noite?" Mais importante que o conteúdo das respostas – que foram fornecidas de acordo com a capacidade de entendimento da criança –, constatamos algo muito mais precioso: ao fazer perguntas sobre coisas que não entendia, ele nos estava autorizando a entrar em seu mundo experiencial e ajudá-lo a encontrar as respostas de que necessitava. Depois disso, houve outros momentos em que precisamos reapresentar os limites, mas nada parecido com as sessões anteriores à falta de luz.

Ao sentir-se profundamente aceito por um período em que qualquer outro adulto desistiria, o menino pôde confiar e acreditar que existia no mundo alguém que "podia com ele". Isso nos mostra como os limites estão extremamente ligados à aceitação. Não apresentamos limites com base em nossas vontades, mas em critérios compatíveis com a tarefa terapêutica. Não apresentamos limites zangados ou retaliativos, mas que possibilitem à criança obter uma percepção mais clara de si mesma. Não apresentamos limites para frustrá-la simplesmente, mas para auxiliá-la a buscar formas mais satisfatórias em sua relação com o mundo.

Assim, podemos falar de três tempos na apresentação do limite: 1) mostrar o limite; 2) reconhecer e validar o sentimento envolvido na situação; 3) oferecer alternativas para a expressão do sentimento em questão.

Também é importante a forma como o limite é apresentado: um tom de voz firme e acolhedor, sem nenhuma conotação crítica e com frases construídas de forma que ele não tenha caráter pessoal. Ao abordar uma criança que, por exemplo, ameaça pintar as paredes e/ou os objetos da sala, o psicoterapeuta costuma dizer: "Se você quiser, pode pintar nesses vários tipos de papel que temos aqui. A parede e o chão não podem ser pintados". Nesse caso o limite é apresentado ao mesmo tempo que a alternativa, com ênfase nela e não no comportamento que está sendo limitado.

Para algumas crianças a simples inversão na apresentação do limite faz toda diferença, uma vez que permite a confirmação imediata de sua necessidade de pintar e oferece várias possibilidades para isso, antes de demarcar a fronteira daquilo que não pode. As crianças costumam ouvir o tempo todo que não podem fazer isso ou aquilo; assim, se começarmos já demarcando o que não podem fazer, sua disponibilidade de ouvir e aceitar os limites diminui muito. Ao apresentarmos o limite dessa forma, não estamos entrando em discussão com a criança acerca de nossa vontade ou necessidade de que o chão e a parede fiquem limpos. Dizer algo como "Eu não quero que você pinte a parede" ou "Você não pode pintar a parede e o chão" torna o limite pessoal e convida a criança a entrar em um embate direto, tal qual o exemplo do menino que jogou água na psicoterapeuta.

Concluímos que os limites incidem sempre sobre o comportamento e nunca sobre os sentimentos da criança envolvidos na situação. Estes precisam ser experimentados, aceitos e canalizados em formas adequadas e construtivas de expressão para que a criança os perceba de outro modo, atribuindo-lhe assim outros significados e criando novas formas de vivê-los.

Da mesma maneira, os limites devem ser apresentados somente quando se fizerem necessários, evitando assim trazer ao espaço terapêutico algo que não emerge da criança e sim do psicoterapeuta, antecipando situações que talvez não venham a acontecer e gerando em algumas o receio de arriscar e, em outras, a necessidade de se contrapor a algo que já foi colocado, ainda que ela não tenha feito nada nesse sentido.

O próprio enquadre da psicoterapia já fornece a vivência de uma série de limites, sendo o tempo da sessão um dos mais óbvios. Muitas crianças resistem bravamente ao término da sessão. Algumas dizem: "Só mais um pouquinho", tentando seduzir o psicoterapeuta; outras fazem de conta que não ouviram e continuam o que estavam fazendo ou iniciam outra atividade; algumas reclamam e dizem que não querem ir; outras desarrumam os brinquedos, jogam as almofadas para o alto, tentam destruir a sala ou bater no psicoterapeuta ou, ainda, se debulham em lágrimas, implorando mais um pouco de tempo. Sobre isso Axline (1986, p. 60) afirma:

> Teria sido tão fácil tomá-lo nos braços e consolá-lo... Ultrapassar o horário e tentar abertamente dar-lhe demonstração de afeto e simpatia. Mas qual o valor que esta atitude teria diante dos problemas emocionais da vida daquela criança? Não teria ele que voltar para casa independentemente de sua vontade? Evitar enfrentar a realidade não poderia representar ajuda verdadeira. Dibs precisava desenvolver sua força para encarar o seu mundo [...].

Assim, precisamos lembrar que as experiências da criança no espaço terapêutico servem, em última instância, para auxiliá-la a construir recursos para lidar com sua vida mais ampla. Ela encontrará o tempo inteiro inúmeros limites e frustrações, tais como o término da sessão, a impossibilidade de levar um brinquedo para casa ou de ser atendida imediatamente só porque chegou mais cedo. Por isso, ao diluir tais limites e permitir que as crianças os ignorem ou os subvertam, não estaremos trabalhando a serviço da tarefa terapêutica, mas em função de necessidades pessoais oriundas da mobilização causada por elas. Crianças que imploram adorável ou desesperadamente mais um pouquinho, resolvem apresentar uma brincadeira cujo conteúdo é bastante sedutor ou chegam atrasadas e por isso têm menos tempo de sessão costumam ser as mais difíceis de lidar. Seja qual for a razão, esses limites devem ser mantidos ao máximo, pois assim vamos mobilizar "desequilíbrio" no campo e promover possibilidades de responsabilidade, escolha e reconfigurações. Uma criança que chega atrasada, por exemplo, precisa aprender a lidar com as consequências disso, pois o psicoterapeuta não pode fazer isso por ela. Se ela chegou atrasada porque seu responsável demorou a encontrar vaga para estacionar ou o trânsito estava ruim, é uma boa oportunidade para começar a lidar com aquilo sobre o qual ela não tem controle e, inevitavelmente, afeta a sua vida. Se, por outro lado, ela chegou atrasada porque sua mãe se atrasou ou se esqueceu do horário, é outra boa ocasião para começar a trabalhar a comunicação entre a criança e a mãe e a capacidade de ela apropriar-se de suas necessidades e reivindicá-las diante dos responsáveis. Dessa forma, se o psicoterapeuta simplesmente compensa o tempo "perdido", abre mão de algumas boas oportunidades de trabalho e corrobora o funcionamento não saudável da criança e da família.

O espaço terapêutico

Espaço terapêutico é a forma como organizamos nosso local de trabalho, tanto o espaço físico em si quanto os móveis e recursos utilizados no processo terapêutico. O espaço físico onde se desenrolará a psicoterapia é importante porque funcionará como receptáculo de tudo que surgir no encontro terapêutico. Deve ser bem iluminado, ter cores alegres e brilhantes e recursos que convidem a criança e lhe permitam compartilhar seu mundo com o psicoterapeuta por meio de todas as suas funções de contato.

É importante diferenciar espaço desejável de espaço possível e real. Apesar de listarmos o que seria ideal, tanto no que se refere a espaço quanto a recursos lúdicos, sabemos que nem sempre é possível dispor de tudo de que gostaríamos. Assim, precisamos enfatizar aquilo que de fato faz diferença no processo terapêutico: a relação que estabelecemos com a criança.

Mais importante que os recursos lúdicos ou o espaço disponível é a capacidade de invenção, imaginação e criatividade do psicoterapeuta para transformar em lúdico todo e qualquer objeto presente no espaço terapêutico. As almofadas, por exemplo, podem ter mil e uma utilidades: elas se transformam em montanhas, cavernas, camas, caminhos, campos minados, torres, bombas etc., servindo para experienciar sentimentos de abandono, aconchego, proteção, perigo ou raiva.

É fundamental tentar aproveitar as mais diversas situações que se apresentam ao longo do processo terapêutico para permitir trocas entre o psicoterapeuta e a criança. Assim, o vínculo se fortalece e o psicoterapeuta se torna o principal recurso. Em histórias de situações inusitadas em psicoterapia, vale lembrar a entrevista inicial com uma menina de 8 anos. Depois da primeira meia hora da sessão, surge uma barata de proporções indescritíveis a alguns centímetros de distância de onde se encontravam. Ao ver o inseto, a menina, já partindo para a porta em direção à sala de espera, exclamou: "Uma barata! Vou chamar meu pai para matar!" Nesse momento, acreditando não ser em nada terapêutico para a menina transferir para outra pessoa a responsabilidade por algo que estava acontecendo *no* espaço terapêutico, a profissional interveio com a seguinte frase, enquanto encurralavam a barata em um canto da sala:

T.: Não é preciso chamar seu pai! Vamos pensar no que podemos fazer para derrotar essa barata! Você me ajuda?

Com essa intervenção, a menina, que já abria a porta da sala, recuou e perguntou:

C.: Como eu posso te ajudar? É uma barata!

T.: Você pode me ajudar pegando aquela vassoura ali naquele canto.

A menina corre para pegar a vassoura e a traz à psicoterapeuta, que dá uma vassourada no inseto. Ela fica muito animada e dá gritinhos, comentando o tamanho e a força da barata. Depois de algumas vassouradas e de uma corrida até o meio da sala, a barata finalmente começa a dar sinais de entrega. Nesse momento, entusiasmada com toda a movimentação, a menina dirige-se à psicoterapeuta e diz:

C.: *Deixa eu ajudar você? Me empresta a vassoura, também quero dar umas vassouradas nessa barata* **intrometida***!*

A menina pega a vassoura, bate com força na barata até esmagá-la e diz:

C.: *Pronto!* **Conseguimos** *sozinhas! Nem precisamos chamar o meu pai! Conseguimos nos livrar da barata intrometida! Toca aqui!* (estendendo a palma da mão para a psicoterapeuta)

Nesse momento, a psicoterapeuta percebe que o que acontecera ali era algo muito significativo para o vínculo que estava se formando, pois haviam conseguido dar conta de algo que a menina não se percebia realizando sem ajuda. Ao longo do processo terapêutico, tal situação foi muitas vezes lembrada, geralmente em momentos em que estava em jogo o caráter de ajuda e cumplicidade da relação terapêutica. Um elemento de conteúdo surgido dessa situação – o fato de a barata ser qualificada de "intrometida" – era extremamente significativo no universo relacional dessa menina, que, muitas vezes, sentia-se invadida pelas necessidades e exigências da mãe.

Isso nos remete novamente à importância da relação terapêutica em Gestalt-terapia (Ribeiro, 1991; Jacobs, 1997; Soares, 2001) e de como ela se apresenta dominante, numa perspectiva de figura e fundo, ao longo de todo o processo terapêutico, fazendo que os recursos lúdicos constituam-se numa parte da psicoterapia, mas nunca no seu todo, tampouco no seu principal aspecto.

O espaço terapêutico também precisa ser congruente com nossa visão de homem e nossa metodologia terapêutica. Como utilizamos recursos lúdicos que envolvem materiais que sujam (cola e tinta) e brinquedos que se movem (dardos ou bolas), é fundamental que o espaço comporte a utilização desses materiais e seja simples o bastante para que o psicoterapeuta não se preocupe com a integridade da mobília e dos objetos da sala, bem como do chão ou da parede. O espaço para atender crianças precisa contemplar um critério facilitador da experiência, e não o de uma sala de visitas. Se encaramos a criança como o centro da psicoterapia, a sessão deve acontecer com base em suas necessidades, devendo o espaço ser permissivo o bastante para isso. Isso significa o maior espaço livre possível, mobília funcional, polivalente e, sobretudo, segura. Implica também ausência de quaisquer detalhes que possam ser danificados ou colocar em risco a integridade do psicoterapeuta e da criança, tais como quadros pesados, enfeites, bibelôs, coisas que se quebram facilmente, mesas de vidro, chão instável, tapetes que deslizam, objetos muitos pequenos, cortantes, caros, sofisticados ou que tenham valor sentimental para o psicoterapeuta.

O espaço amplo é importante porque o movimento corporal é uma das funções de contato predominante nas crianças, em particular nas menores e/ou nas que não estão conseguindo expressar de forma criativa e satisfatória sua energia no mundo. Nesses casos, a energia é expressa pela movimentação intensa pela sala – correndo, pulando, arrastando coisas etc. Como o espaço terapêutico tende a oferecer experiências diferentes das que a criança encontra, muitas vezes é o único lugar onde ela pode se expandir e vivenciar tal energia.

O piso deve ser resistente e de fácil limpeza, para que ninguém precise ficar preocupado com "sujar", e também não muito frio, uma vez que é bastante comum crianças se sentarem no chão durante a sessão terapêutica. O uso de carpetes é uma possibilidade, embora inconveniente – difícil de limpar, ele pode limitar a experimentação e a expressão da criança durante a sessão e, por ser fonte de poeira e ácaros, costuma prejudicar as crianças mais suscetíveis a manifestações alérgicas. Uma alternativa para pisos frios ou para cobrir partes acarpetadas é o uso de tapetes de borracha coloridos, vendidos em quadrados; eles podem ser encaixados da maneira que melhor convier e servir de base para uma série de atividades, uma vez que podem ser facilmente lavados.

Os recursos lúdicos devem ficar expostos em estantes, armários ou prateleiras de fácil acesso às crianças. Isso é fundamental para nossa percepção e compreensão dos níveis de autonomia de cada criança, de forma que possamos discernir aquela que pede ajuda ou permissão porque precisa da mediação do adulto daquela que realmente não consegue fazer algo sozinha, como pegar um brinquedo em uma prateleira que ela não alcança.

Cabe um comentário sobre a conhecida forma de trabalho da abordagem psicanalítica diante da apresentação dos recursos lúdicos. Nessa abordagem, é comum observarmos tal apresentação em caixas individuais, com a argumentação de que estas representam o mundo interno da criança, com seus conflitos, dificuldades e segredos, devendo estar resguardadas pelo sigilo terapêutico.

Em Gestalt-terapia, entendemos o ser humano como um campo organismo-meio, em que o mundo "interno" e o "externo" estão em constante interação. Aquilo que emerge dessa interação é o que precisa ser preservado, e não os recursos em si. A possibilidade de compartilhar os recursos lúdicos não retira o espaço da privacidade, representada por pastas individuais, nas quais a criança pode deixar o que quiser, e sobretudo na escolha do que ela vai compartilhar e do que vai guardar para si, oferecer ao outro, jogar fora etc.

Acreditamos que essa forma de apresentação dos recursos lúdicos favorece a *experiência do compartilhar* (todas as crianças que frequentam o espaço terapêutico brincam com a casa de bonecas ou na caixa de areia); permite a emergência de situações nas quais se trabalham a *frustração* (a criança que quer levar um fantoche ou um pote de tinta para casa ou ainda a que deseja que os bonecos fiquem arrumados da mesma maneira até a sua volta), *a vivência de limites* (a criança que utiliza toda a argila disponível), *o surgimento de rivalidades e ciúmes* (quando a criança quer mexer na pasta de outra ou deixar seu trabalho exposto para que vejam o que ela realizou), *a expressão da inveja* (a criança incomoda-se diante da produção exposta de outra, desdenhando-a ou se desqualificando), *a emergência da competição* (a criança que quer saber se o cliente anterior é tão bom como ela no jogo de damas, ou a que, ao ver um desenho de outra, escolhe realizar um "muito mais bonito"), e *da curiosidade* (a criança que explora todos os recursos e faz perguntas sobre eles).

Os recursos lúdicos

Os critérios básicos para a escolha dos recursos lúdicos são: *segurança* e *relevância* para a tarefa terapêutica. Por segurança, recomendamos o uso de recursos de boa qualidade, produzidos com material atóxico, resistentes, fortes o bastante para manipulações mais rudes e sem nenhum tipo de risco. Qualquer recurso que possa colocar em risco a integridade da criança, do psicoterapeuta ou do espaço – uma tesoura para agredir o psicoterapeuta, tinta atirada nas paredes ou ainda um barbante apertado em torno do pescoço – deve ser imediatamente limitado segundo os princípios básicos de apresentação de limites.

Quanto à relevância dos recursos para a tarefa terapêutica, os critérios de aquisição precisam enfatizar aquilo que eles podem oferecer como estímulo para que a criança compartilhe sua experiência. Ficam vetados, nesse ponto, escolhas baseadas em necessidades do psicoterapeuta, muitas ligadas às suas frustrações infantis, o aproveitamento sem critério dos brinquedos dos filhos que já cresceram ou doações aleatórias de parentes, vizinhos ou instituições. Cuidado com a tentação de levar brinquedos ou jogos com valor sentimental (aquela boneca que esteve presente durante toda a sua infância e agora não tem mais utilidade ou o jogo de gamão que já passou por várias gerações da família). Não podemos esquecer que os recursos lúdicos encontram-se disponíveis para as crianças usarem *da forma como precisam* e, por isso, não podem ser alvo de limitações de uso que não sejam as básicas nem da disfarçada, porém presente, preocupação do psicoterapeuta a respeito de sua manipulação.

Todos os recursos devem ser de construção simples e fáceis de manejar, para que a criança não fique frustrada com um equipamento que não consiga manipular. A psicoterapia já fornece por si só diversos elementos frustradores, como o término do horário da sessão, o tempo de espera entre uma sessão e outra, a impossibilidade de levar os brinquedos para casa etc.

Eles devem ser duráveis e construídos para resistir ao uso frequente. Quanto mais simples, maior a possibilidade de criatividade lúdica. Por esse motivo, brinquedos mecânicos e sofisticados não são indicados, pois não permitem múltiplos usos, manipulações e diversificações de significados.

Cabe mencionar ainda os recursos que não temos disponíveis, aqueles que as crianças solicitam mas não existem no espaço terapêutico. É preciso partir da constatação de que não dá para ter tudo que uma criança poderia pedir. Ainda que fosse possível ter ou providenciar todos os que elas pedissem, isso não facilitaria o desenvolvimento de suas potencialidades, de seus recursos para lidar com a falta, com a frustração, com os limites, com a capacidade de fantasiar, de fazer de conta, de solucionar o problema de outra forma, de reparar a frustração e de construir com os recursos disponíveis aquilo de que ela precisa. Essa talvez seja uma das experiências mais emblemáticas e bonitas da psicoterapia: possibilitar que a criança resolva a seguinte questão: "Como posso manipular criativamente o meio para suprir minha necessidade por caminhos satisfatórios?"

Dessa forma, a ausência de certos recursos acaba se revelando uma oportunidade para trabalhar inúmeros elementos no seu processo, uma vez que isso as confronta com o novo, aquilo a que elas não estão acostumadas, aquilo que as retira de sua "zona de conforto" e, portanto, as instiga a criar novas formas. Diante disso, é preciso que elas acessem suas potencialidades não desenvolvidas em busca de recursos criativos para lidar com a situação. Não ter computador ou *videogame*, por exemplo, é uma vantagem se pensarmos que nada poderia ser mais familiar para algumas crianças – e, por isso, pouco desafiador. Não é por acaso que, inúmeras vezes, as escolhas iniciais das crianças, em especial as que se encontram mais enrijecidas e cristalizadas em seus padrões relacionais, recaem sobre recursos que elas conhecem e dominam muito bem. Isso faz que algumas crianças perseverem durante várias sessões na escolha do mesmo recurso lúdico e da mesma atividade, para o desespero dos psicoterapeutas mais apressados. O "desafio" é experimentar materiais novos, explorar outras funções de contato, buscar diferentes formas de satisfação das necessidades que não as habituais. É nesse sentido que o espaço é *terapêutico*. Ele promove transformação na fronteira de contato organismo-meio pelo contato, pela discriminação e assimilação do novo, possibilitando uma reconfiguração dessa relação estabelecida com e no mundo. Apesar disso, o critério de aceitação e respeito pela escolha da criança, mesmo que isso signifique jogar damas por inúmeras sessões, é soberano na condução da psicoterapia, ainda que com intervenções gradativas do psicoterapeuta com a intenção de mantê-la trabalhando "na fronteira".

Com base nesses critérios, listamos alguns recursos que podem ser utilizados no processo terapêutico com crianças. Podemos dividi-los em dois grandes blocos, segundo a forma predominante de estímulos fornecidos à criança. No primeiro bloco, temos os *recursos lúdicos estruturados* – que, como os termos indicam, têm uma estrutura prévia carregada de significado consensual e costumam atrair a atenção das crianças exatamente a partir dele:

- Família de bonecos – de preferência articulados, sexuados e com roupinhas para trocar.
- Bichos – a maior diversidade possível, entre domésticos e selvagens; ter uma

ou duas famílias de bichos também é indicado uma vez que as crianças nem sempre conseguem representar situações familiares diretamente com figuras humanas.

- Casinha com mobília e elementos típicos de uma casa.
- Utensílios de cozinha ligados à alimentação (panelas, copos, xícaras, pratos, colheres, bules, potes, fogão, micro-ondas, comidinha de plástico etc.).
- Mamadeiras, chupetas (mantidas dentro de padrões básicos de assepsia, pois podem ser utilizadas pela criança) e coisas de bebê, tais como roupinhas, mantas, fraldas, talco etc.
- Um boneco bebê.
- *Kit* de ferramentas.
- Maleta de médico.
- Blocos de construção.
- Pinos de encaixe (tipo Lego).
- Instrumentos musicais – sopro, percussão e corda.
- Fantoches – figuras humanas, bichos e figuras míticas, como fadas, bruxas, saci, princesa, rei, monstro, palhaço etc.
- Máscaras – mesmo critério dos fantoches.
- Espada, revólver, faca – se for contra seus princípios, não ofereça, mas se a criança precisar ela construirá algo com o mesmo significado e usará na sessão.
- Policial, soldado e figuras de autoridade em geral.
- Telefone.
- Quebra-cabeças – dois ou três com níveis de dificuldade diferentes para diversas faixas etárias.
- Quadro e giz ou quadro branco para desenhar.
- Acessórios para dramatização – chapéus, tiaras, coroas, capas, bolsas, cestas, lenços e panos coloridos, óculos, perucas etc. Como tais acessórios serão usados por crianças de várias idades e tamanhos, qualquer peça que precise ajustar-se perfeitamente ao corpo está vetada, a fim de não provocar frustrações desnecessárias.
- Meios de transporte – carro, barco, avião, trem, caminhão, moto.
- Livros de histórias – selecionados "a dedo" para facilitar a emergência de conflitos e dificuldades enfrentados pelas crianças.
- Figuras e revistas velhas – manter as figuras recortadas em uma caixa ou pasta e as revistas em uma pequena pilha (duas ou três revistas diferentes).
- Câmera de vídeo.

- Gravador de voz.
- Música em CD, mp3 *player* ou Ipod.
- Espelho – de preferência que permita à criança olhar-se de corpo inteiro.
- Jogos – obedecendo aos seguintes critérios: jogo que inclua movimento corporal amplo, que envolva coordenação motora fina, que inclua raciocínio lógico, que inclua percepção e memorização visual, jogo do tipo sorte/azar e jogo que trabalhe expressões e sentimentos[83].
- Bola e bolas de gude.
- "João Teimoso" ou um saco de boxe – para expressão direta de energia agressiva, por meio de socos e pontapés. Em algumas situações podem ser substituídos por almofadas ou boneco de pano que resistam a esse tipo de atividade.

Apesar de mencionarmos que as crianças são atraídas prioritariamente para os recursos estruturados a partir de seu significado consensual, muitas vezes elas utilizam-nos subvertendo seu uso rotineiro e conferindo-lhes outro sentido, mostrando assim sua capacidade de manipular criativamente o meio para satisfazer suas necessidades.

No segundo bloco estão os denominados *recursos não estruturados*, que não têm uma estrutura prévia com significado consensual. Prestam-se sobretudo à expressão da experiência da criança com atribuição de significados próprios:

- Sucata – embora tenha "estrutura" e significado prévios, ela perde exatamente essa característica para servir de material de expressão e construção de coisas que não têm relação com seu significado original. Esse recurso é fácil, acessível, barato e maravilhoso pelas possibilidades de exercício da criatividade que encerra. Materiais com várias texturas, tais como rolhas, lixas, pedaços de tecido, isopor e penas, podem ser utilizados de inúmeras formas, não só nas construções como na exploração das funções de contato.
- Giz de cera, lápis de cor, caneta hidrocor.
- Tinta guache, cola colorida – a tinta, pela possibilidade de mistura e diluição com água, se presta a mais usos que a cola colorida; porém, crianças maiores, com coordenação motora fina mais desenvolvida, costumam preferir cola colorida a guache.
- Massa de modelar, argila – embora tenham funções semelhantes, ambas apresentam características específicas. Mais fácil de manusear, guardar, carregar, a massa de modelar pode ser colorida; a argila permite mudanças na consistência

---

83. Veja o Anexo 4.

com o acréscimo de água, pode secar, endurecer e ser pintada. Além disso, tem textura e temperatura diferentes da massa de modelar, podendo também ser usada em porções maiores.

- Instrumentos de modelagem – espátulas, formas, cortadores.
- Papel branco, colorido, pardo e cartolina – para desenhos, pinturas, recortes e colagens.
- Cola branca, tesoura, barbante – tesouras sem ponta, mas com um bom corte, de forma que não sejam uma fonte de frustração para as crianças ao tentarem cortar barbante ou papelão, por exemplo.
- Fita adesiva – de larguras diferentes.
- Pincéis e rolos de espuma – vários tipos e tamanhos para explorações diversas com as tintas.
- Lápis preto, borracha, apontador, régua, caneta.
- Caixa de areia – é importante usar areia de obra ou de aquário para evitar contaminações. A troca periódica de todo o conteúdo é desejável. Como recurso não estruturado, a areia serve para várias representações e costuma atrair não só as crianças menores como as maiores, em torno de 8 ou 9 anos. Como a sensação de sujeira é menor do que com a argila, muitas crianças precisam passar inicialmente pela areia para depois usar a argila.
- Água – não precisa estar disponível dentro do espaço terapêutico, mas é necessária para a realização de inúmeras atividades.

É aconselhável ter ainda um plástico grande e grosso para forrar o chão, principalmente quando as atividades desenvolvidas envolverem o uso de água, tinta e argila. Também é fundamental disponibilizar caixas de lenços de papel e rolos de papel-toalha para as crianças mais ansiosas diante da sujeira, de forma que não precisem sair correndo para lavar as mãos ou limpar as roupas.

Recursos técnicos

A técnica em Gestalt-terapia vem sendo discutida ao longo dos últimos anos em um progressivo deslocamento de foco das técnicas em si e de seus poderosos resultados (Fagan e Shepherd, 1980; Perls, 1977) para seu uso segundo uma postura fenomenológica e dialógica (Hycner, 1995; Hycner e Jacobs, 1997).

Denominamos técnica aquilo que podemos "fazer com isso" para mobilizar "aquilo". Assim, quando falamos de desenho, por exemplo, não estamos nos referindo a uma técnica, mas a uma atividade realizada com alguns recursos lúdicos, que poderia inclusive acontecer em outros ambientes frequentados pela criança que não o espaço terapêutico. O caráter terapêutico dessa atividade está no uso da técnica a partir do que foi produzido, tal qual o pedido de descrição do desenho comentado no início do capítulo. Cada psicoterapeuta, com base em sua abordagem de trabalho e em sua metodologia, pode utilizar determinada técnica para trabalhar o mesmo desenho.

Do ponto de vista fenomenológico da Gestalt-terapia, a técnica serve para facilitar, fomentar, fazer emergir e desenvolver o material oferecido pelo desenho. Ela pode ser apresentada, como já vimos, na forma de descrições, questionamentos ou experimentos. Também é importante não confundir técnica com recursos lúdicos: a argila, por exemplo, não é uma técnica, mas um recurso que pode ser utilizado de diversas formas pela criança. A técnica incidirá naquilo que a criança produziu com a argila ou no modo como ela conduziu a manipulação do material.

Da mesma forma, a técnica poderá incidir sobre a linguagem verbal da criança, sobre seu comportamento total na sessão terapêutica, sobre sua relação com o psicoterapeuta ou com os responsáveis. Conforme já apontamos, ela incidirá sempre sobre o conteúdo e a forma na sessão terapêutica, em um ininterrupto movimento de figura e fundo. A alternância de intervenções entre forma e conteúdo é característica dos processos terapêuticos de caráter holístico, em que o ser humano não pode ser compreendido apenas por aquilo que diz, mas com base em seu comportamento total no campo terapêutico.

A incidência da técnica no conteúdo do desenho apresentado por uma criança no desenrolar de uma sessão terapêutica está demonstrada no início do capítulo. Um exemplo de intervenção na forma seria descrever o modo como a criança abordou a atividade ou reagiu às tentativas de intervenção sobre o desenho realizadas pelo psicoterapeuta. Também se poderia dar no modo como ela se relacionou com o psicoterapeuta na sessão ou em como a escolha da atividade (desenho) tem que ver com determinado padrão de escolha da criança (ela só escolhe desenhar em todas as sessões ou opta por desenhar sempre depois de outra atividade, revelando uma sequência de atividades, por exemplo).

Assim, ainda que estejamos munidos de uma variedade de técnicas, sua utilização, bem como o contexto em que serão utilizadas, precisa estar em consonância com a metodologia fenomenológica e inseridas em uma perspectiva de relação terapêutica dialógica. Jamais utilizaremos uma técnica que não surja da situação apresentada pela criança e não seja possível dentro da fronteira relacional criança-psicoterapeuta em dado momento do processo terapêutico.

Ao utilizarmos uma técnica dentro desses parâmetros, necessariamente nos encontraremos em condições de afirmar *para que* estamos usando-a naquele momento, apresentando condições de argumentar teoricamente o seu uso. É importante ressaltar que saber para que estamos usando *aquela* técnica com *aquela* criança e não outra técnica qualquer não significa saber de antemão os desdobramentos de seu uso. Como trabalhamos com seres humanos singulares, jamais poderemos prever o que ocorrerá a partir da mobilização promovida por uma técnica, mas podemos e devemos saber aquilo que queremos mobilizar. Da mesma forma, a técnica precisa responder às necessidades e aos limites da criança, porque aquela que se revela uma técnica excelente para uma pode ser desastrosa ou sem sentido para outra. É a metáfora da ferramenta: não adianta usarmos um alicate em situações que demandam uma chave de fenda. Além de termos as técnicas, precisamos saber utilizá-las. Apesar de ser autora do maior compêndio de técnicas em Gestalt-terapia com crianças até então, Oaklander (1980, p. 219) adverte: "Não importa que técnica específica seja usada, o bom terapeuta permanece com o processo que evolui junto com a criança. O procedimento ou a técnica é um mero catalisador".

Para utilizá-las, precisamos paradoxalmente esquecê-las, deixá-las no fundo, de forma que possam emergir de modo criativo nos contextos em que sua presença se fizer necessária para que o psicoterapeuta e a criança continuem caminhando juntos, em direção à expansão das fronteiras da criança. E, para esquecê-las, precisamos estudá-las, praticá-las e, sobretudo, experimentá-las. A familiaridade do psicoterapeuta com as técnicas e com os recursos lúdicos é fundamental para a fluidez do seu trabalho, que se assemelha a uma dança improvisada, porém realizada com passos seguros e bem formados[84].

Sendo uma de nossas questões diagnósticas a forma como a criança estabelece contato no mundo, é razoável que nosso objetivo terapêutico seja facilitar a restauração da plena capacidade de realizar tal contato. Para isso, às vezes é necessário dar à criança a oportunidade de passar por várias experiências a fim de desbloquear suas funções de contato (Oaklander, 1980; Polster, 2001). Fazemos isso oferecendo possibilidades de experiência sensorial: pintura a dedo, caixa de areia, comparação entre texturas, escutar sons dentro e fora do consultório, ouvir a própria voz gravada, mover-se ao som de uma música ou expressar seus sentimentos batendo em um tambor. Podemos trabalhar todas as funções de contato, incluindo sua exploração na brincadeira proposta pela criança. Podemos também sugerir jogos, desde que partindo de algo emergente da criança; brincar de olhar para as coisas na sala e depois esconder um objeto para que o outro identifique-o; brincar com a respiração soprando balões ou apostando corrida de bolinhas de papel movidas pelo sopro; pular e dançar; representar emoções com o corpo; representá-las facialmente na frente do espelho; dese-

---

84. Veja o Capítulo 10.

nhar, pintar, modelar e depois conversar com os elementos criados ou fazê-los conversar entre si. Cheirar, tocar e provar coisas no espaço terapêutico. Todo momento é uma oportunidade em potencial de explorar as funções de contato da criança, em especial aquelas identificadas como momentaneamente bloqueadas ou distorcidas.

O que nos interessa é verificar como essas funções de contato se apresentam na criança, acreditando que, ao trabalhá-las, vamos desobstruir canais importantes de comunicação com o meio e abrir possibilidades para que a criança descubra outras formas de lidar com situações que não aquela usada no momento.

Assim, se trabalhamos com uma criança que tem dificuldade de olhar para as pessoas, olha sempre para baixo ou tão rapidamente que não fixa o olhar em nada, qualquer oportunidade que ela nos oferecer deve ser abordada por meio do trabalho com essa função de contato (pedir que ela olhe o desenho e descreva aquilo que está vendo). Se a criança apresenta forte bloqueio na função de contato auditiva, pedimos que ela conte e grave uma história sobre o desenho para que depois possamos ouvir; podemos também conversar sobre o desenho explorando seus elementos em termos de cores, sons e movimentos. Uma vez que o psicoterapeuta assimilou a teoria que indica a importância das funções de contato para a interação satisfatória da criança com o mundo e, também, mantém as próprias funções de contato estimuladas e disponíveis, é fácil aproveitar as situações que se apresentam e trabalhá-las. Isso é importante porque evita a atitude de inserir propostas "prontas", copiadas dos livros, incongruentes com o momento do processo terapêutico. Conforme vimos, embora elas sejam lindas e tentadoras, não fazem sentido se não estiverem em consonância com o momento e a demanda de cada criança.

Vejamos o exemplo de uma menina de 12 anos que apresentava tiques generalizados e veio à psicoterapia em um momento familiar muito conturbado (os pais estavam em processo de separação). Ela havia se tornado confidente da mãe, que literalmente despejava em seu ouvido um monte de queixas sobre o pai. Um dos focos do nosso trabalho, com base em seus relatos, era exatamente essa função de escutar, de ser um ouvido sempre aberto à fala da mãe e, com isso, ouvir muitas coisas que ela não gostaria e a faziam sentir-se muito mal. Começamos a trabalhar sua capacidade de discriminação – discriminar aquilo que vem do mundo através dos ouvidos –, questionando sua necessidade nessa situação. Chegamos assim a fortes introjeções do que seria uma boa filha, de como ela deveria agir para que fosse amada e aprovada e também dos seus sentimentos de pena e desprezo pela mãe, ao ouvi-la falando tão mal do pai – que amava, mas para o qual se via impedida de admitir e expressar isso. O trabalho caminhou no sentido de verificar como estabelecer um "crivo" a partir do que sua mãe dissesse e de que forma colocar limites na sua disponibilidade de ouvir.

Assim, cada vez que trabalhamos com uma função de contato estamos tentando fazer essa interação com o mundo se dê de forma diferente. E, quando trabalhamos as funções de contato da criança, geralmente deparamos com aquilo que está bloqueando e impedindo que aconteça de outra forma. Vejamos o exemplo de uma criança que, diante de tudo que o psicoterapeuta fala, entende como crítica ou desaprovação, assinalando assim uma distorção na sua escuta: ela não discrimina mais de quem ou de onde vêm as palavras. Ela generalizou algumas situações, de forma que ouve tudo sempre como crítica. No momento em que começamos a trabalhar sua capacidade de escutar, chegamos a uma introjeção básica dessa criança: "Eu nunca faço nada certo" ou "Eu estou sempre aprontando". À medida que ela introjeta tais juízos a seu respeito, começa a acreditar que é isso mesmo, e começa a ouvir, significar e interpretar a atitude das outras pessoas segundo tal introjeção.

Num antigo seriado de TV chamado *Família Dinossauro*, havia um bebê que sempre dizia: "Não é a mamãe! Não é a mamãe!" Um dos trabalhos fundamentais em psicoterapia é ajudar o cliente a entender que "não é a mamãe", ou seja, que a experiência com a mamãe e com o papai ou com qualquer outro adulto significativo não é igual à vivida com o psicoterapeuta. A função dele é a de ajudar a criança a discernir que as pessoas são diferentes: "A mamãe acha isso, mas eu acho aquilo" ou "Na escola isso não é permitido, mas aqui pode ser".

Da mesma forma que identificamos e trabalhamos os bloqueios e distorções das funções de contato, também deparamos com diversos mecanismos de evitação de contato. Lembremos que a resistência ao contato é um ajustamento criativo e, por isso, uma forma de a criança cuidar-se, proteger-se. Oaklander (1992, p. 31) diz: "Eu espero a resistência e eu respeito a resistência". O trabalho com a resistência (ajustamentos evitativos ou neuróticos) segue os preceitos da teoria paradoxal da mudança. O fato de aceitar a resistência em vez de tentar transformá-la com frequência ajuda a criança a correr o risco de experimentar algo novo. Lembrando que "aceitar" a resistência não é ignorá-la, mas descrevê-la e apontá-la de modo que a criança tome consciência do que faz e como faz.

Quanto ao uso das técnicas, é fundamental que o psicoterapeuta tenha uma boa familiaridade com elas e sinta-se à vontade em utilizá-las. Assim como nem toda técnica é facilitadora para todas as crianças, nem toda técnica facilitará que o psicoterapeuta trabalhe com todo o seu potencial. Fagan (1980, p. 115) já apontava que "tanto as técnicas que um terapeuta cria como as que ele adota de outros devem ter certo grau de congruência com a sua própria personalidade, antes de poder usá-las eficazmente".

Funções de contato	Atividades	Técnicas
Movimento	Jogo: boliche ou dardos	Explorar diversas formas de arremessar a bola ou o dardo: com a mão esquerda e a direita, por baixo, por cima, de lado, de costas, em pé, sentado, deitado etc.
		Explorar o controle corporal estabelecendo uma linha bem estreita para arremessar a bola ou realizando todos os movimentos em "câmera lenta".
	Mímica	Exprimir sentimentos diante do espelho usando expressão facial e corporal.
		Fazer mímica de situações ou sentimentos para o outro adivinhar, com base em cartões ou figuras sorteadas.
Audição	Gravar em fita cassete histórias, narrações ou entrevistas ou reproduzir músicas.	Escutar a gravação tentando identificar as vozes e os sons gravados no ambiente.
		Escutar a música e identificar sentimentos e lembranças.
	Tocar instrumentos musicais: tambor, chocalho, prato, gaita etc.	Fechar os olhos e identificar os sons de cada instrumento.
		Expressar vários sentimentos por meio do som dos instrumentos.
Tato	Modelagem com argila ou pintura a dedo	Experimentar a sensação provocada pelo material quanto a textura, temperatura e consistência.
		Expressar sentimentos por meio de diferentes usos do material, como espalhar a tinta ou socar a argila com diferentes partes da mão.
	Tocar em partes do corpo ou em objetos da sala.	De olhos fechados, tocar em diferentes partes do corpo, identificando a diferença de textura e temperatura.
		De olhos fechados, tentar identificar pelo tato algum objeto da sala, reconhecendo formas e texturas.
Visão	Jogo: "O que eu estou vendo?", feito com base em figuras de revista com vários elementos ou figuras ambíguas, como testes projetivos e rabiscos.	Narrar aquilo que está vendo ao psicoterapeuta, que, de costas, tentará reproduzir no papel o que está sendo descrito.
		Descrever o que está sendo visto e criar uma história que envolva os elementos ou diálogos entre eles. Ao realizar a descrição, muitas crianças já projetam algum conteúdo próprio, em particular nas figuras ambíguas. Uma variação sem trabalhar o conteúdo seria explorar várias formas de ver a mesma figura, questionando a criança: o que mais poderia ser isso aqui?
	Jogo: "O que mudou?", "Onde se esconde?" ou "O que está faltando?" Pode-se esconder um elemento ou retirá-lo da configuração.	Olhar atentamente para a sala ou para uma parte da sala escolhida previamente, fechar os olhos enquanto o outro modifica alguma coisa, abrir os olhos e identificar a mudança.
		Olhar atentamente o psicoterapeuta, fechar os olhos enquanto ele modifica algo em si, abrir os olhos e identificar a mudança.

A afinação do psicoterapeuta com as técnicas utilizadas é essencial, pois para manter-se na relação terapêutica dentro dos princípios básicos de aceitação, respeito, permissividade, presença e inclusão é preciso que ele sinta-se à vontade com aquilo que está fazendo e propondo. Só assim suas intervenções poderão emergir da totalidade da relação e do campo no momento presente e não se apresentarão de forma artificial e destacada do processo mais amplo da criança. O domínio de determinadas técnicas e a afinidade com elas em detrimento de outras apontam para o que denominamos de "estilo pessoal", ou seja, aquela forma específica de um psicoterapeuta ser um Gestalt-terapeuta – sem perder de vista seus fundamentos básicos, mas utilizando recursos técnicos que lhe permitam dar o melhor de si na relação terapêutica.

Com base nisso, não pretendemos enumerar uma série de técnicas utilizadas em Gestalt-terapia com crianças, já que contamos com bibliografia precisa a esse respeito (Oaklander, 1980; Zorzi, 1991; Cornejo, 1996). Porém, gostaríamos de compartilhar algumas que nos são mais familiares e costumamos utilizar com mais frequência, particularmente as que se referem ao resgate do curso natural das funções de contato mais presentes na relação terapêutica.

8 O TRABALHO COM OS RESPONSÁVEIS E A ESCOLA

"Sua mãe lá o aguardava. Seu olhar muito se assemelhava ao do filho. Desconcertado. Inseguro. Revelador da desconfiança de si mesma e do ambiente onde estava."

(Dibs: em busca de si mesmo, p. 61)

Quando trabalhamos com crianças, costumamos contar com a presença concreta de uma família, representada por um ou mais de seus membros. A família é porta-voz da demanda inicial de psicoterapia e a perpassa durante todo o processo, apontando para a existência de uma estreita vinculação entre as questões apresentadas pelas crianças e as dificuldades e expectativas familiares. Da mesma forma, a escola mostra-se cada vez mais presente, cada vez mais cedo, na vida das crianças, influenciando sobremaneira a construção de seus padrões relacionais, assim como a identificação de "dificuldades" – resultando no encaminhamento das crianças para a psicoterapia e na consequente influência no processo por toda sorte de expectativas representadas por pedidos de laudos e orientações específicas de como lidar com elas no âmbito escolar.

Na medida em que nossa perspectiva de ser humano não nos permite compreender a criança fora de seus contextos, acreditamos ser crucial que tanto a família quanto a escola sejam acompanhadas ao longo do seu processo terapêutico, desde o momento inicial até o término.

É importante ressaltar que, quando nos referimos particularmente à família e à escola como o "fundo" que dá sentido às manifestações da criança, enfatizamos seu papel fundamental na vida, no desenvolvimento infantil e, portanto, na eclosão, manutenção e remissão dos sintomas que se apresentam na clínica, embora outros contextos também possam estar ativos.

A busca do sentido do sintoma nesses contextos (Frazão, 1992) é de extrema importância, pois disso parece depender grande parte do andamento do processo terapêutico. Sabemos que, por exemplo, quanto mais ganhos essa criança obtiver desse sintoma ou quanto mais crucial for a presença dele no contexto em questão, maiores serão as possibilidades de encontrarmos dificuldades técnicas e de manejo do processo terapêutico.

O psicoterapeuta que trabalha com crianças deve aprender a ouvir os responsáveis e professores e não subestimar seus poderes; eles têm grande influência na forma como transcorre o processo terapêutico. Entendemos que fazem parte do campo não saudável; portanto, sua implicação tanto no sintoma quanto no processo terapêutico deve ser levada em consideração. Muitas interrupções precoces do processo terapêutico acontecem devido à não observância de elementos contextuais fundamentais oriundos da família e da escola[85].

O acompanhamento dos responsáveis

O acompanhamento familiar dá-se por intermédio de sessões com os responsáveis e de acordo com a demanda deles ou do psicoterapeuta, tendo como foco a relação que eles estabelecem com a criança. Ao longo do processo terapêutico, o psicoterapeuta realizará sessões frequentes com os responsáveis. Os objetivos são ouvi-los a respeito de como eles vêm percebendo o processo terapêutico e a criança fora do âmbito da psicoterapia, tirar dúvidas e esclarecer acerca de temas relativos ao desenvolvimento infantil, conversar sobre questões específicas que eles tenham necessidade e oferecer questionamentos e devoluções que eles julguem pertinentes ao andamento do processo. Essa frequência de atendimentos não é previamente estabelecida – contrariando a posição de Cornejo (1996), que fixa uma sessão mensal para os responsáveis – por entendermos que a psicoterapia é da criança e não dos responsáveis e, portanto, o enquadre que pres-

---

85. Abordamos esse tema em outro trabalho, ainda não publicado, intitulado *Quando tudo dá errado: uma reflexão acerca do "fracasso" em psicoterapia com crianças.*

supõe sessões fixas não seria o mais adequado para os propósitos do trabalho que denominamos de acompanhamento de responsáveis.

Se o acompanhamento acontece em função da psicoterapia da criança, concluímos que existirá maior ou menor demanda de intervenção com os responsáveis dependendo do momento do processo terapêutico, da situação em que se encontram e de como o cliente vem se apresentando. Nem sempre temos o que tratar com eles durante determinado período do processo terapêutico, principalmente em momentos já mais avançados. Entendemos que seja desnecessário encontrá-los somente porque a sessão já está marcada, retirando dela o caráter figural da demanda.

Esse tipo de enquadre (Cornejo, 1996) também favorece o risco de ultrapassar as fronteiras delimitadas de intervenção do que estamos propondo como acompanhamento dos responsáveis – que, conforme vimos, tem como foco somente a relação que se estabelece entre a criança e eles. A questão do foco é extremamente importante, pois delimita o espaço com os responsáveis dando-lhe contorno, bem como direção às intervenções realizadas, não as deixando resvalar para a psicoterapia de casal ou psicoterapia individual de um dos envolvidos. Naturalmente, se compreendemos a situação a partir da perspectiva relacional e de campo, sabemos que é quase impossível que não apareçam questões pessoais ou do casal. Porém, o que nos interessa e no que consiste o foco de nossa intervenção é *como* tais características ou questões afetam a criança nesse momento, e de que forma é possível discriminar aquilo que é dela daquilo que é dos adultos. Ajudá-los a perceber e discriminar esses elementos é a grande tarefa do psicoterapeuta de crianças no trabalho com os responsáveis.

Trabalhar com os responsáveis de acordo com a demanda possibilita-nos verificar de que forma eles se comprometem com suas necessidades de troca com o psicoterapeuta e quais são seus recursos para enunciá-las como pedidos concretos de sessões de acompanhamento. Cabe lembrar que esse ponto já foi devidamente explicitado por ocasião do contrato, e o fato de eles terem a responsabilidade de solicitar o psicoterapeuta quando acharem devido não exclui a possibilidade e a necessidade do psicoterapeuta de solicitá-los para uma sessão.

Desse modo, a frequência de sessões com os responsáveis varia muito de caso a caso, embora em geral elas sejam mais frequentes no início do processo terapêutico ou em um momento de mudanças significativas que afetam de forma relevante a dinâmica familiar – como quando a mãe da criança inicia um novo relacionamento conjugal, a criança troca de escola ou começa a expressar determinadas emoções que não eram expressas antes, tais como a raiva, recusando-se a ocupar um lugar ou desempenhar um papel que antes lhe era reservado na família.

De acordo com nossa perspectiva holística e autorregulada de família, toda e qualquer alteração em uma das partes, oriunda de elementos internos ou externos à família, promove um momentâneo desequilíbrio, alterando a dinâmica familiar e demandando assim uma reconfiguração que muitas vezes precisa do auxílio do psicoterapeuta para concretizar-se de forma satisfatória, sob pena de culminar com a interrupção do processo terapêutico.

Ao longo dessas sessões, com o foco na relação criança / responsáveis, há quatro níveis diferenciados e complementares de intervenção: informação, orientação, sensibilização e facilitação da comunicação entre seus membros. Eles formam uma totalidade articulada e só fazem sentido como parte dela. A caracterização do acompanhamento familiar estaria prejudicada se deixássemos de lado qualquer um desses níveis de intervenção.

É fundamental que o acompanhamento dos responsáveis seja um espaço para obter informação e esclarecimento sobre tudo que puder ser relevante para facilitar essa relação. A informação pura e simples, apesar de por si só não ser suficiente para mobilizar uma forma diferente de lidar com uma situação, pode minimizar sobremaneira a ansiedade e dissipar fantasias oriundas do desconhecimento objetivo de alguns aspectos. Assim, esclarecer para os pais de uma menina de 5 anos que vem exibindo comportamentos masturbatórios que tal prática é comum e natural em crianças pré-escolares, em função do momento de seu desenvolvimento, pode não transformar suas atitudes em relação à sexualidade, mas talvez os ajude a abandonar a ideia de que tal comportamento é uma "sem-vergonhice" ou sinal de um grave distúrbio de caráter. Falta a esses pais informação que eles não têm nem deveriam necessariamente ter. Porém, essa informação sozinha não se configura num trabalho psicoterapêutico, uma vez que eles poderiam fazer um curso e / ou comprar um livro sobre o assunto.

Assim, em muitos momentos os responsáveis necessitarão de algum tipo de orientação sobre como proceder diante de uma situação específica, embora isso pareça inconcebível aos olhos fenomenológicos, que não permitem nenhum tipo de "condução" do cliente. Tal orientação consistirá em *sugestões* de *possíveis* alternativas mais facilitadoras para a condução de determinada situação, e não em *prescrições* que devem ser aceitas e seguidas à risca pelos responsáveis, sob pena de inviabilizar todo o trabalho realizado com a criança. O trabalho com os responsáveis consiste num constante diálogo, em uma parceria empática que visa alcançar da melhor forma possível o "melhor equilíbrio" para o campo criança-responsáveis em dado momento com os recursos e níveis de *awareness* disponíveis, e não com imposições e exigências arbitrárias do psicoterapeuta.

Muitas vezes, os próprios responsáveis pedem diretamente ao psicoterapeuta uma orientação, perguntando: "O que eu faço?" Discriminar entre o que tal pergunta representa naquele contexto terapêutico e o que podemos oferecer diante disso constitui um grande desafio, pois muitos pais querem transferir totalmente a responsabilidade da condução da vida e das dificuldades de seus filhos para o psicoterapeuta. No entanto, inúmeras vezes eles estão de fato sem recursos e sem autossuporte para encaminhar qualquer situação. É fundamental poder discriminar quando se trata de transferência de responsabilidade e de ausência de implicação na situação de quando se trata de uma genuína ausência de recursos para lidar com o problema.

Ainda assim, diante de uma franca ausência de recursos por parte desses responsáveis, poderíamos nos perguntar: não trabalhamos fenomenologicamente? Não trabalhamos com a responsabilidade do cliente? Não trabalhamos no sentido de facilitar que ele encontre seus próprios caminhos com seus próprios recursos? Por certo, tais premissas são válidas quando estamos diante de nosso cliente, ajudando-o a encontrar *o seu caminho* e a desenvolver *os seus recursos*. Porém, ao focalizarmos a relação entre responsáveis e criança, temos outro caminho em jogo: o *da criança*. Seria razoável em uma situação como essa deixar os responsáveis sem resposta e a criança sem alternativas?

Vejamos um exemplo: um casal que chega à primeira sessão buscando psicoterapia para seu filho de 5 anos, indicada pela psicóloga da escola. Desesperados, repetindo muitas vezes que não sabem mais o que fazer, angustiados pelas possíveis consequências para a saúde da criança, trazem uma questão específica ao longo de toda sessão: o menino não consegue evacuar a não ser com "muita ajuda", o que significa a presença do pai e da mãe no banheiro para "distrair" e "dar força", música ambiente de vários tipos, revistas e livros, mãos dadas com a mãe, posições pouco comuns amparadas pelos pais, estímulos locais com "chuveirinho" e/ou óleo mineral, massagens na barriga, gritos e choro, totalizando um período de aproximadamente duas horas no banheiro a cada "tentativa", muitas vezes sem sucesso. Indagada a respeito dos possíveis elementos orgânicos envolvidos, a mãe relata que ele tem constipação desde bebê, agravada depois por uma alimentação pobre em fibras, o que resultou inúmeras vezes em lavagens intestinais. Afirma, ainda, que hoje, com a correção da dieta e a ingestão de suplementos de fibras, suas fezes têm consistência normal e, por isso, já não existiria um dificultador orgânico para a evacuação.

Contrariando todas as prerrogativas de um contato inicial, em que adotamos o critério da economia de intervenções e privilegiamos a escuta em prol de uma compreensão diagnóstica, concluímos que não podíamos deixar o casal sair da sessão sem nenhum tipo de alternativa para lidar com a situação apresentada. Seria demasiadamente difícil para eles buscar ajuda e ir embora sem nenhuma devolução, uma vez que a situação continuaria do mesmo jeito, com sofrimento de pais e criança e um prejuízo flagrante e concreto para a criança. Dessa forma, propusemos que o casal fizesse uma experiência, dentro de suas possibilidades, até o encontro da semana seguinte: explicariam à criança que os procedimentos com relação a ir ao banheiro seriam modificados e dispensariam todos os rituais, todas as tentativas de ajuda e expectativas quanto à sua evacuação, bem como ninguém mais deveria acompanhá-la ao banheiro (a menos que ela insistisse). Diante de eventual insistência, que entrassem no banheiro para acompanhá-la, mas tentassem não interferir de forma alguma nesse processo, deixando que a criança experimentasse quantas formas ela quisesse para conseguir evacuar. Levamos um tempo verificando as dúvidas e objeções dos pais a respeito da alternativa oferecida, e já nesse momento começou a se desenhar uma grande dificuldade da mãe em deixar a criança fazer coisas por si só e do seu jeito, tais como comer, dormir e vestir-se. Eles se prontificaram a experimentar, embora a mãe não acreditasse que a criança conseguiria seguir o proposto, imaginando que ela protestaria e não aceitaria tal situação.

Ao retornarem para a sessão seguinte, relataram muito espantados que o "problema do cocô" havia se resolvido. Não só a criança aceitara a proposta como, ao conseguir finalmente evacuar sozinha, depois de dez tentativas (que quase fizeram os pais sucumbir e voltar à modalidade antiga de "ajuda"), mostrou-se muito feliz e disse à mãe: "Eu consegui sozinho. Agora eu posso fazer um monte de coisas sozinho".

Concluímos que uma aquisição extremamente importante para essa criança só precisava de espaço e oportunidade. Conforme os pais relataram, a constipação em si já não acontecia; no afã de ajudá-la, eles estavam impedindo o desenvolvimento de suas próprias formas de experienciar a situação e de constatar seu poder de realizar coisas.

Quando esses pais foram indagados a respeito da necessidade de mantermos as sessões, várias outras dificuldades foram relatadas como motivo para continuar o processo, ainda que o problema da evacuação estivesse resolvido. Percebemos que, em geral, as crianças desenvolvem uma série de sintomas que representam os vários ajustamentos criativos que elas precisam realizar em suas relações no mundo. Muitas vezes, eles se organizam em uma "hierarquia" em que determinado sintoma se destaca, em geral pelo seu poder mobilizador do meio, e faz que elas obtenham ajuda. Com o desenrolar do processo, começamos a perceber que a queixa ou sintoma apresentado como motivo da consulta é apenas um de uma série de outros ajustamentos criativos disfuncionais que demandam reconfigurações. Nesse caso específico, a maior parte dos sintomas mostrou-se articulada com a dificuldade da mãe de permitir que a criança explorasse o mundo e o apreendesse com seus próprios recursos. Além disso, o pai tinha dificuldade de interferir nessa modalidade de cuidado mãe-filho.

Dessa forma, não concordamos com a premissa de que devemos impelir um adulto que não tem a menor ideia do que fazer a agir em relação a uma criança para que descubra no processo a melhor maneira para ambos; isso pode ser extremamente ansiogênico, desgastante e perigoso, sobretudo para a criança em questão. No caso da menina com comportamentos masturbatórios, o procedimento com seus pais, depois de informá-los a respeito do caráter de "normalidade" da ocorrência e de verificar como eles vinham lidando com isso, foi orientá-los a manejar esses comportamentos, tais como ignorá-los quando acontecessem na privacidade do quarto ou do banheiro. Caso eles se dessem em situações públicas, mostrar-lhe as fronteiras entre o público e o privado e o que é permitido compartilhar com outras pessoas em nosso meio social.

Isso não significa transformar o acompanhamento de responsáveis numa sessão de dicas e conselhos, sem nenhum tipo de questionamento e busca dos seus recursos para lidar com a situação. No entanto, diante de pais desesperados e sem ferramentas para resolver casos concretos, não hesitamos em apresentar possibilidades, devidamente amparadas e argumentadas de condução alternativa dessas situações, sempre verificando com cada um deles suas possibilidades de compreensão, aceitação e, sobretudo, de execução do sugerido. A escolha continua sendo deles e tal aspecto é amplamente enfatizado. Costumamos assinalar que de nada adianta eles se proporem a realizar algo que, na verdade, não têm condições de fazer. Ao atendermos um menino de 6 anos cuja queixa, entre outras, era de que ele não dormia no próprio quarto porque tinha medo, constatamos que sua mãe não só tinha medo de escuro e por isso dormia com as luzes do corredor e do banheiro acesas, como precisava que o menino dormisse com ela para aplacar seu medo de dormir sozinha.

Nesse ponto entra o terceiro nível de intervenção, que denominamos de sensibilização e promoção de *awareness*. De nada adianta apenas informá-los e orientá-los a respeito de determinada característica ou situação se eles não podem fazer aquilo que seria facilitador para a criança. Também é inútil o psicoterapeuta prescrever tarefas como se sua autoridade profissional fosse o único fator relevante no campo. Ao contrário, nesse momento, inúmeros elementos emergem, em particular os que impedem e/ou dificultam a consecução de certa orientação. É fundamental que o psicoterapeuta identifique-os e focalize-os para ampliar a *awareness* dos responsáveis acerca do que os está impedindo de agir de determinada forma. Nesse aspecto, ao falar do seu contato com os pais, Oaklander (1980, p. 340) sublinha:

> Parte do meu trabalho com pais torna-se simples de ensinar e guiar. Muitos pais pedem linhas de conduta e conselhos específicos para trabalhar com seus filhos, e eu estou disposta a fazer sugestões para aliviar a tensão familiar. Entretanto, acredito que resultados mais duradouros surgem através da oportunidade que se dá aos pais de tomarem consciência e trabalharem suas atitudes, reações e interações com seus filhos.

Ainda no caso da menina com comportamentos masturbatórios, a orientação para respeitar sua privacidade e permitir que ela desfrutasse das sensações do próprio corpo, desde que isso não a machucasse nem a expusesse, não seria suficiente, uma vez que os pais demonstravam enorme dificuldade de aceitar que a filha tivesse sensações sexuais.

Promover a *awareness* desses pais acerca da dificuldade de aceitação das sensações da criança pode levar o psicoterapeuta a buscar as experiências sexuais infantis dos pais, questionar a forma como esse assunto era tratado em suas famílias de origem ou ainda convidá-los a refletir sobre sua própria sexualidade e/ou do casal.

Da mesma forma, de nada adiantaria, no caso da mãe com medo de dormir sozinha, orientá-la, a respeito dos procedimentos facilitadores para a criança, a dormir em seu próprio quarto, uma vez que algo nela impedia qualquer atitude perante o filho. Nesse caso, o psicoterapeuta precisaria sensibilizá-la com relação a seus medos e à sua impossibilidade de ficar sozinha. Assim ela poderia se apropriar deles e, com isso, responsabilizar-se por trabalhá-los psicoterapeuticamente, não utilizando o filho para suprir suas necessidades. Muitas vezes, o psicoterapeuta orienta os responsáveis a assumir plenamente a responsabilidade pelos papéis adultos, a fim de eliminar a "função adulta" exercida pelos filhos dentro da família. Inúmeras vezes, ao longo do trabalho de sensibilização e promoção de *awareness* promovido no acompanhamento, os responsáveis apresentam uma demanda clara de psicoterapia pessoal que só pôde ser percebida e aceita a partir desse trabalho. Isso nos mostra que não adianta prescrevermos psicoterapia aos responsáveis com base no que achamos conveniente e adequado, muito menos condicionarmos o trabalho com a criança a esse procedimento. Apenas quando há demanda clara, ou seja, quando a pessoa em questão se percebe querendo e precisando de ajuda psicoterapêutica é que tal encaminhamento faz sentido e é aceito. O pedido precisa partir do responsável, sendo tarefa do psicoterapeuta, ao longo do processo, propiciar que ele aos poucos enuncie esse pedido. Muitos encaminhamentos precoces à psicoterapia individual de um dos pais ou dos dois pais resultam em sérios entraves para o processo terapêutico, culminando em sua interrupção, uma vez que eles não se encontram preparados para esse tipo de exigência.

Conforme já mencionamos, embora seja necessário, em certos momentos, tocar em questões que dizem respeito aos membros da família ou ao casal, tais intervenções continuam tendo foco na criança, ou seja, o psicoterapeuta focaliza e aponta as questões dos responsáveis que afetam diretamente a forma como eles relacionam-se com ela. Somente assim é possível discriminar aquilo que é deles daquilo que pertence à criança e assim criar condições para liberá-la a retomar o curso de seu desenvolvimento e permitir que os responsáveis decidam o que fazer com as próprias dificuldades.

Da mesma forma, o psicoterapeuta precisa ficar atento às emoções suscitadas nele ao longo dos atendimentos, para que também possa distinguir o que é dele, de sua história familiar, do que pertence aos responsáveis e à criança, pois inevitavelmente surgem fortes sentimentos de pena, indignação, raiva, desprezo, tristeza e desapontamento em relação à criança e/ou a seus responsáveis. Nesses momentos, conforme aponta Axline (1986), concordamos que, "às vezes, é muito difícil conservar na mente o fato de que também os pais têm razões para explicar sua conduta, razões que são trancadas nos profundos abismos de suas personalidades e que os impede de amar, de compreender e de dar-se as suas próprias crianças".

Cabe destacar que, obedecendo aos critérios de respeito pela criança e transparência no processo terapêutico, todas as sessões realizadas com os responsáveis serão de conhecimento da criança. Desde o início da psicoterapia a criança sabe que podemos nos encontrar eventualmente com seus responsáveis assim como nos encontramos com ela toda semana. Em relação a tal possibilidade, o sigilo terapêutico lhe é assegurado e, dessa forma, nada do que é dito e/ou produzido no espaço terapêutico é comunicado aos pais. Ao falarmos com eles, comunicamos nossas impressões, o modo como percebemos a criança; não relatamos o que aconteceu em nossos encontros. Da mesma forma, ao sermos inquiridos pela criança a respeito do que os responsáveis disseram sobre ela, não tecemos descrições, mas impressões da conversa que tivemos com eles; sobretudo, assinalamos e questionamos seu interesse no que os responsáveis disseram, bem como suas fantasias e sua dificuldade de lhes perguntar direta e claramente a eles aquilo que ela gostaria de saber. Às vezes, tais situações geram a proposta de uma sessão conjunta, com um dos responsáveis ou com a família toda (abordaremos isso mais adiante).

Assim, eventuais reclamações ou discordâncias da criança acerca das sessões de acompanhamento serão acolhidas e trabalhadas para que possam acontecer posteriormente ou sejam realizadas em outras bases, como com a sua presença.

Partindo de nossa perspectiva de família como uma totalidade autorregulada, acreditamos que a criança tem uma boa razão para se opor a um encontro entre o psicoterapeuta e os responsáveis ou para não querer participar dele. Ao contrário de "brigar" com o fenômeno que se apresenta no processo, o psicoterapeuta focaliza-o e trabalha com ele. Essa forma de encaminhar as situações permitirá que, em um momento diverso, outras possibilidades de encontro com os responsáveis sejam experimentadas.

Do mesmo modo, se considerarmos indispensável que os responsáveis tomem conhecimento de algo que foi dito e/ou produzido na sessão com a criança, proporemos uma sessão conjunta para que a questão seja comunicada e trabalhada. Nem todas as crianças aceitam de pronto essa sugestão. De acordo com os princípios terapêuticos básicos, ela será respeitada e o trabalho realizado buscará criar recursos para que a sessão aconteça em outro momento, quando a criança se perceber mais preparada e motivada para tal.

Sessões conjuntas

Outra forma de incluir os responsáveis no processo terapêutico da criança é o que denominamos de *sessões conjuntas*. Assim como o acompanhamento realizado em sessões com o psicoterapeuta e os responsáveis, elas acontecerão de acordo com a demanda dentro do processo terapêutico. As sessões conjuntas são realizadas em alguma fase do processo terapêutico com a presença da criança e de um ou mais de seus responsáveis, bem como de demais membros da família que possam ser significativos para a criança naquele momento. Essa participação dá-se após um "convite" – que pode ou não ser aceito – feito pela criança com o auxílio do psicoterapeuta. Tal convite consiste em acompanhá-la em uma de suas sessões de psicoterapia. Em raros casos marcamos uma sessão extra, fora do horário da criança, por entendermos que o convite é para a sua sessão, é o partilhar do seu horário, e que isso tem um significado especial para ela. No entanto, se a criança solicitar outra sessão antes de sua sessão habitual – o que em nossa experiência é raro –, seu pedido será aceito por entendermos que é fruto de uma necessidade e tem um sentido específico.

A condução das sessões conjuntas tem caráter semidiretivo. Se a ideia do convite partiu da criança e ainda não temos muito bem delineado seu objetivo ao fazer tal convite, podemos começar perguntando a ela o que ela gostaria de fazer, mostrar ou propor ao convidado em questão. Vejamos o exemplo de uma menina de 4 anos, que veio à psicoterapia com enurese e dificuldade de separar-se da mãe, que convidou o irmão de 3 anos para fazer parte de sua sessão. Perguntamos o que ela gostaria de fazer e a menina começou a mostrar ao irmão uma série de brinquedos e materiais com os quais costumava brincar, mas ele ignorou suas demonstrações e resolveu fazer escolhas próprias, desprezando seus convites, seus apelos e, por último, suas ordens a respeito do que pegar. A menina foi ficando visivelmente aborrecida ao longo da sessão, enquanto descrevíamos o que estava acontecendo, até que resolveu que "já estava bom" e disse que o irmão podia sair da sessão, empurrando-o até a sala de espera. Diante da objeção do irmão, ela disse: "Aqui é o meu lugar de brincar, não é o seu!" Ao retornarmos à sala, conversamos sobre a possibilidade de compartilhar coisas e pessoas e também sobre a necessidade de, em alguns momentos, termos um espaço privativo, sem que isso seja considerado errado ou fruto de sentimentos egoístas. A partir dessa sessão, uma série de sentimentos de culpa da menina em relação ao irmão, que era visto na família como "o frágil, o pequenino e aquele que não poderia ser contrariado", surgiu, abrindo espaço para a realização da integração com seus sentimentos de carinho e cuidado com ele.

Diante da dificuldade da criança de encaminhar a sessão, ou caso a ideia parta do psicoterapeuta em virtude de alguma questão em especial, podemos propor uma atividade conjunta que permita o desenrolar de aspectos relacionais e a emergência de conteúdos e formas específicas daquela relação.

O papel do psicoterapeuta, nesse caso, é propor a atividade, que se desenrolará com a concordância de ambos; permear todo o processo com intervenções descritivas acerca da forma como cada um se apresenta naquele contexto; questionar e assinalar as possíveis falhas de comunicação apresentadas; e assegurar um espaço para que as necessidades dos envolvidos sejam explicitadas e, se possível, negociadas e satisfeitas.

Muito material significativo costuma surgir nessas sessões, que em geral são terapêuticas para todos os envolvidos. Vejamos o caso de um menino de 6 anos que veio à psicoterapia por "recusar-se a realizar as atividades escolares", tanto na escola quanto em casa. A possibilidade da sessão conjunta com sua mãe foi sugerida com base em diversos elementos, fornecidos por ambos, que indicavam que a relação estava muito difícil, pois a criança vinha apresentando ataques de fúria ao ser frustrada. A proposta deu-se exatamente em uma sessão na qual a criança queixava-se da mãe. Diante da possibilidade de a convidarmos para participar da próxima sessão, o menino ficou muito animado e pediu ajuda ao psicoterapeuta para redigir um convite e entregar-lhe ao final da sessão, já que "não sabia escrever e se fizesse sozinho ia escrever errado".

Na sessão com a mãe, foi proposto que ambos realizassem um desenho em conjunto em uma folha de cartolina branca com giz de cera e canetas coloridas. A mãe

GESTALT-TERAPIA COM CRIANÇAS **205**

comandava todo o trabalho, embora perguntasse, em alguns momentos, o que ele queria desenhar. As perguntas pareciam mais uma exigência do que uma consulta, e muitas vezes a criança não tinha tempo suficiente para responder. Diante da ausência de respostas da criança, a mãe continuou desenhando e sugerindo que colorisse, especificando sempre de antemão as cores que deveriam ser utilizadas e já oferecendo o lápis correspondente. Em dado momento, ao pedir que o menino colorisse de azul uma nuvem grande que ela desenhara, sem levar em conta que ele timidamente retrucara "Mas o céu é que é azul, a nuvem é branca", ela tomou o lápis da mão do menino, que já estava colorindo a nuvem de azul, e disse: "Assim não, desse jeito [com o lápis deitado] é melhor", e devolveu-lhe o lápis. O menino tentou então fazer como a mãe havia pedido, passando o lápis deitado pelo papel duas ou três vezes, mas em seguida desistiu de colorir a nuvem e disse: "Assim é muito difícil, eu não sei fazer". E deixou o lápis de lado.

Ao terminarem, conversamos sobre o desenho e o processo de realizá-lo. Mostramos à mãe e à criança, utilizando a descrição do que havia se desenrolado no espaço terapêutico durante a atividade, o que havíamos observado em suas formas de interação. Para a mãe, a percepção de que suas tentativas de ensiná-lo a fazer as coisas "do melhor jeito" resultavam na desistência e recusa do filho foi surpreendente. Para a criança, foi a chance de perceber que as coisas podem ser feitas de várias formas, sendo melhor aquela que serve para cada um – o que foi experienciado com a solicitação para que cada um deles finalizasse a sessão realizando um desenho "do seu jeito". As possibilidades de negociação entre os "jeitos de cada um" viriam a ser trabalhadas em sessões posteriores de acompanhamento da mãe.

Assim, os níveis de intervenção priorizados nas sessões conjuntas são a facilitação da comunicação entre os membros, a promoção de *awareness* e a expansão de possibilidades relacionais tanto da criança quanto dos responsáveis.

Sessões familiares

Quando entendemos que o processo terapêutico pode ser beneficiado com a participação direta dos membros da família, realizamos sessões com a presença de todos. É fundamental que tenhamos uma intenção clara ao propor uma sessão desse tipo, pois ela envolve o grupo familiar como um todo, com membros que talvez não queiram estar ali e muitas vezes têm inúmeras fantasias catastróficas a respeito do que vai acontecer. Essa pode ser uma experiência assustadora e carregada de ansiedade para alguns membros da família.

Concordando com Zinker (2001, p. 75) que nos aponta que, "além de meramente ficar juntos, um casal ou uma família estão comprometidos com tarefas conjuntas", costumamos propor uma atividade específica na qual todos se envolvam, por entendermos que é uma excelente forma de perceber a família relacionando-se. Após a atividade conversamos sobre o que aconteceu, sobre o que cada um percebeu de si mesmo, do outro e da família como um todo.

Essas sessões, ao longo do processo terapêutico[86], costumam ser muito esclarecedoras a respeito de como a psicoterapia da criança está afetando a dinâmica autorreguladora da família, que elementos novos emergiram no grupo familiar para fazer frente às mudanças da criança e até que ponto eles estão sendo facilitadores ou não.

Na sessão familiar de um menino de 13 anos que veio à psicoterapia com sintomas de transtorno obsessivo-compulsivo (TOC) que incluíam a impossibilidade de dormir sozinho sob o risco de ter crises de pânico, identificamos uma grande resistência do irmão mais velho, com quem dividia o quarto, em aceitar a psicoterapia e uma oposição explícita à vontade manifestada por este de separar as camas em que dormiam, fazendo que a mãe, em dado momento, chegasse a enunciar, ainda que de forma deflexiva, que o filho mais velho também estava precisando de psicoterapia. A tônica dessa sessão com a família foi a explicitação de que, embora o cliente em questão fosse considerado o "doente", todos tinham problemas, e já não seria tão fácil olhar apenas para o menino se não levassem em conta suas próprias dificuldades e a forma como eles vinham contribuindo com toda aquela situação.

Nessas sessões, costumamos utilizar os recursos lúdicos disponíveis para propor atividades como: o desenho da própria casa (proposto à família antes mencionada), a construção de uma máquina com Lego, uma escultura de sucata, ou uma história com os fantoches. Em um primeiro momento, a escolha de fazer algo em vez de falar obedece aos princípios básicos da psicoterapia com crianças, que prioriza a linguagem lúdica em detrimento da verbal. A ênfase dada à linguagem lúdica é importante por dois motivos. Primeiro: se estamos trabalhando com uma criança, essa é a sua linguagem predominante e, por isso, a mais fácil para ela comunicar-se e enfrentar a novidade do espaço terapêutico junto com a família. Não faria sentido colocar uma criança junto com adultos compenetradamente sentada para conversar sobre questões referentes ao seu relacionamento com os familiares. Segundo: se retirarmos a ênfase da linguagem verbal, minimizamos as possibilidades de evitação de contato

---

86. As sessões familiares também são importantes no momento inicial da psicoterapia para efeito de compreensão diagnóstica, conforme descrito no Capítulo 6.

que perpassam seu uso, abrindo um campo mais facilitador para a emergência de elementos significativos no contexto[87]. No exemplo citado, a dificuldade do irmão mais velho foi apontada inicialmente pelo desenho quando, ao pedirmos que ele se colocasse na casa, ele se representou no quarto, deitado na cama ao lado do irmão que *já estava representado*.

As visitas à escola

O acompanhamento à escola é também realizado de acordo com a demanda e, a menos que tenhamos muitas ocorrências sintomáticas nela, sua frequência é bem menor – mas não menos importante – que a do acompanhamento dos responsáveis. Em um processo terapêutico típico, realizamos uma visita à escola no momento de compreensão diagnóstica, outra para uma devolução, se for o caso, e outra a cada semestre, se houver necessidade. Como trabalhamos de acordo com a demanda, em alguns casos, estabelecemos um contato bastante frequente com a escola, seja porque ela nos solicita, seja porque os responsáveis têm dificuldade na relação com ela, seja porque a criança vem apresentando repetidos problemas nesse contexto.

Ao final do processo terapêutico, o psicoterapeuta deve sempre informar à escola sua finalização, sendo tal procedimento válido, sobretudo, em casos de interrupção precoce, de forma que não se crie a possibilidade de os responsáveis continuarem a afirmar para a escola que a criança encontra-se em psicoterapia. Como tudo que acontece ao longo do processo terapêutico, todos serão sempre informados acerca do contato realizado com a escola, sendo as possíveis repercussões oriundas do processo terapêutico devidamente trabalhadas no âmbito da psicoterapia da criança e do acompanhamento dos responsáveis. Cabe lembrar que, quando a necessidade de visitar a escola for comunicada pelo psicoterapeuta, isso não será novidade, uma vez que tal possibilidade já foi claramente explicitada por ocasião da elaboração do contrato terapêutico.

Ao visitar a escola, o psicoterapeuta tem basicamente três objetivos: coletar informações acerca do cliente e de seu comportamento no âmbito escolar; observar o contexto escolar para identificar elementos que estejam contribuindo para a eclosão e/ou manutenção de determinado comportamento na criança; e oferecer orientações específicas e intervenções reflexivas, baseadas em sua compreensão diagnóstica, aos adultos diretamente envolvidos com ela.

---

87. Esse é o princípio que rege nosso trabalho com fantoches na clínica com adolescentes e adultos.

Vejamos o exemplo de um menino de 8 anos que veio à psicoterapia logo após a morte do avô, "por ser muito fechado, incapaz de expressar seus sentimentos". Seus pais eram separados e, embora a mãe tivesse sua guarda, ele ficava praticamente o tempo todo sob os cuidados da avó paterna. Era a única criança numa família de adultos que o cobriam de agrados, mantendo-o acostumado com mimos e exclusividade total em suas necessidades e prioridades. Como esses adultos disputavam sua atenção, ele entendia que falar e, sobretudo, expressar algum sentimento por um ou por outro era extremamente perigoso, pois poderia resultar em brigas e discussões. Por isso, calava--se, dando sempre a impressão de que nada o abalava. O "equilíbrio" se manteve até o momento em que sua mãe iniciou um relacionamento afetivo com outro homem. No espaço terapêutico, apesar de comentar que o tio fulano era "muito maneiro", o menino começou a dar surras homéricas em um "cara" representado na figura do "João Teimoso". Na escola, a dificuldade de aceitar não ser sempre o primeiro em tudo – característica que era observada pelas professoras desde o ano anterior – não só se exacerbou como outros tipos de comportamento apareceram. Em poucas semanas, ele estava enlouquecendo a professora, os inspetores, os coordenadores etc. Não se sentava mais na sala de aula, corria em volta das carteiras das outras crianças cutucando-as, chutando suas mochilas, derrubando seus cadernos no chão, dando tapinhas na cabeça, beliscando. A família e a escola, em desespero, voltaram-se para o psicoterapeuta a fim de entender e principalmente resolver a situação, usando as clássicas frases: "O que está acontecendo? Não sabemos mais o que fazer!"

Ao visitarmos a escola, interessamo-nos principalmente pelo relato detalhado da professora não só em relação ao que o menino fazia, mas sobretudo de como ela lidava com tais atitudes da criança. Sua descrição pormenorizada a respeito do que vinha acontecendo e de como ela vinha "tentando ajudar", somada à observação direta do seu grau de mobilização diante da situação, mostrava que a expressão de raiva seletivamente no âmbito escolar fez que, de forma bastante tortuosa, a criança começasse a obter ganhos relacionais. Segundo a professora, ela já "nem se lembrava das outras crianças" porque precisava ficar olhando para o menino e dirigindo-se a ele o tempo todo. Ao solicitar que ele sentasse, ele parecia não ouvir, então ela continuava dirigindo-se a ele todo o tempo até a situação ficar "insustentável" e ele ser enviado à sala da coordenadora – onde, cercado de outros adultos que queriam conversar, ajudar e compreender, realizava as tarefas escolares que ele mesmo escolhia fazer!

Depois de ouvir atentamente as descrições fornecidas pela professora, pela coordenadora e pela inspetora de disciplina e, com isso, identificar os elementos que naquele campo poderiam contribuir para a manutenção daquele comportamento, orientamo-las, baseados no que conhecíamos da criança e do momento atual de seu campo vivencial, a estabelecer limites claros e inflexíveis para mantê-la em sala de aula, sem repetir mais de uma vez, sem "implorar" que a criança realizasse qualquer tipo de tarefa; sem torná-la, dessa forma, o centro de atenções da sala. A sugestão era a de que ele podia escolher entre estar ou não ali. Se, porém, decidir ficar, precisará respeitar as regras básicas de permanência daquele recinto. Caso ele optasse por não ficar na classe, ficaria sozinho numa sala anexa à sala da coordenação. A equipe escolar, apesar de estupefata com a sugestão, já que percebia o menino como uma "criança-problema" que precisava de compreensão, atenção e ajuda – e entendia que o que estava fazendo era exatamente isso –, concordou em experimentar o que foi sugerido. Estavam desesperados porque suas tentativas de ajuda pareciam não estar surtindo nenhum efeito e o problema estava se agravando.

Nesse momento, o papel do psicoterapeuta é muito delicado, pois ele é colocado como "salvador da pátria" ou como aquele que tem a "fórmula mágica" para aquela criança. É importante assinalar que marcamos o tempo todo, por ocasião desse tipo de intervenção, que o que está sendo sugerido é uma alternativa a ser experimentada e não uma solução decisiva, porque o que vinha sendo feito não estava dando certo por retroalimentar determinadas dificuldades da criança. Esse tipo de orientação visa eliminar "as condições ótimas do campo" para tal comportamento manifestar-se, fazendo que a criança necessite reconfigurar seus campos a fim de manifestar suas necessidades de atenção exclusiva e sua frustração diante do fato de nem sempre poder ser atendida de outras formas e em outros âmbitos que não no escolar. Nesse caso específico, os limites estabelecidos para a criança na escola[88] foram cruciais para que tais necessidades aparecessem de forma mais efetiva no espaço terapêutico e, com isso, fossem trabalhadas diretamente.

Assim, se falamos em parceria com os responsáveis, não podemos deixar de mencionar que o trabalho com a escola também é realizado em conjunto, sempre em prol de uma autorregulação de melhor qualidade para a criança. Além disso, devemos vincular o trabalho à nossa perspectiva teórica, a fim de evitar que nossa visita à escola torne-se, por exemplo, um espaço para o relato de informações, sobre a criança e a família, irrelevantes para o contexto escolar, ou uma oportunidade para o psicoterapeuta exibir-se, relatando suas sessões com a criança e o que está sendo trabalhado. Devemos lembrar que toda e qualquer informação fornecida à escola só tem sentido se servir para um propósito claro de facilitação do processo da criança no âmbito escolar.

---

88. Com a execução da alternativa sugerida, em dois dias a situação escolar se reverteu.

9 O TÉRMINO DA PSICOTERAPIA

"— Adeus, Dibs, disse-lhe eu. Foi muito, muito agradável tê-lo conheci-do.

— Sim. Foi ótimo – replicou-me. — Adeus.

Fomos até a sala de recepção. Dirigiu-se à sua mãe.

— Alô, mamãe! Não mais voltarei. Hoje foi a despedida."

(Dibs: em busca de si mesmo, p. 276)

A Gestalt-terapia nos diz que em todo término repousa a possibi-lidade de um novo começo. O término, embora seja um momento extremamente importante e inevitável do processo terapêutico, cos-tuma ser menos discutido na literatura do que as fases iniciais da psi-coterapia, em especial quando se trata de crianças (Cangelosi, 1997). Na escassa literatura acerca da Gestalt-terapia com crianças também observamos tal fenômeno, manifestado em raros comentários sobre o término do processo terapêutico. Costuma-se dar pouca atenção às emoções envolvidas, ao passo que existe uma profusão de exemplos de condução do momento inicial da psicoterapia e das inúmeras téc-nicas que podem ser utilizadas ao longo do processo (Oaklander, 1980; Cornejo, 1996).

Ao nos perguntarmos a respeito dos possíveis fatores envolvidos nessa situação, supomos que talvez estejam ligados às próprias dificul-dades do psicoterapeuta relativas à separação e ao fator agravante de que, na psicoterapia de crianças, vários términos não são planejados ou esperados, encontrando-se o psicoterapeuta sem subsídios para lidar com o fenômeno e, muitas vezes, culminando em situações inacabadas percebidas como "fracassos" terapêuticos.

Assim, consideramos fundamental discutir os critérios básicos utilizados para o término da psicoterapia com crianças e pensar em como conduzir tentativas de interrupção prematura do processo terapêutico sem nos esquecermos do reconhecimento e do manejo das emoções emergentes de todos os envolvidos.

O término do processo terapêutico pode se dar de tantas formas quantas forem as crianças e as famílias envolvidas. Apesar de observarmos algumas regularidades no que denominamos processo de término, a forma como cada criança lidará com ele e a despedida são singulares e dependem de vários fatores, entre eles o nível de autossuporte, autoconhecimento e autonomia obtidos durante o processo terapêutico pela criança e pelos responsáveis, bem como as possibilidades do profissional de reconhecer, aceitar e trabalhar os elementos indicadores do término da psicoterapia.

Os términos precoces: interrupções do processo terapêutico

A grande particularidade do término do processo terapêutico com crianças é que nem sempre são elas quem decide o melhor momento para que ele aconteça, embora isso seja desejável. Infelizmente, em psicoterapia com crianças, muitas vezes deparamos com interrupções do processo terapêutico em um momento que julgamos precoce, mesmo contra a vontade da criança e as recomendações do psicoterapeuta. Esses tipos de término em geral são encarados como inabilidade do psicoterapeuta de manejar clinicamente uma situação familiar complicada, seja por falta de recursos técnicos, seja por mobilização pessoal, creditados à resistência da criança e da família ou, ainda, a circunstâncias externas à psicoterapia – como mudança de cidade da criança ou do psicoterapeuta.

Na verdade, para compreendermos o que levou a um término precoce da psicoterapia, precisamo-nos munir de uma perspectiva de campo que em vez de apontar *um culpado* revelará os vários elementos em jogo e, sobretudo, a forma como eles se relacionam na configuração que culminou no término. Dessa forma, não podemos creditá-lo totalmente à inabilidade do psicoterapeuta, à resistência da família, à recusa da criança de vir à terapia, ou a algo externo como "falta de dinheiro". Nosso desafio é compreender, por exemplo, de que forma a inabilidade do psicoterapeuta diante de uma família que o mobiliza articula-se com sua resistência à mudança, que é expressa pela recusa da criança em comparecer às sessões e combina com uma oportuna reorganização do orçamento familiar – isto é, como todos esses elementos se combinam nesse momento para propiciar a interrupção. Diante disso, poderíamos nos perguntar, caso o psicoterapeuta fosse mais habilidoso, se ele não conseguiria lidar melhor com a resistência da família de forma que, por exemplo, a questão do dinheiro não fosse usada para interromper a psicoterapia. É possível que sim, embora precisemos levar em conta que, às vezes, apesar da habilidade do profissional, a criança ou a família alcançam determinado limite a partir do qual é muito difícil caminhar, ou simplesmente não têm mais interesse em continuar no processo porque alcançaram um equilíbrio que, não obstante ser totalmente insatisfatório, serve-lhes naquele momento.

Vejamos o exemplo de uma menina de 3 anos e meio que veio à psicoterapia indicada pela escola por "não atender a nenhum tipo de solicitação" e só realizar o "o que bem entende". Ela foi trazida pela mãe, que diz não aguentar mais tantas reclamações e não saber o que fazer com a menina em certas situações – tais como na hora de ir para a cama, em que ela se recusa a fazer o que a mãe "pede com tanto carinho". Ao empreendermos uma compreensão diagnóstica inicial, evidenciamos uma grande dificuldade da mãe de estabelecer limites claros e congruentes que pudessem servir de "contorno" e referência para a filha, em função de inúmeros sentimentos de culpa pela situação de concepção da criança e pela relação posterior estabelecida com seu pai biológico. Devido à fantasia de ter ocasionado um mal irreparável a essa criança e a suas experiências infantis com uma mãe rígida e severa, ela tentava ser uma "boa mãe" portando-se com uma permissividade extrema, cujas consequências ela mesma não suportava, culminando em explosões agressivas de raiva para com a criança, que eram respondidas com atitudes desafiadoras por parte desta.

Assim, as sessões de acompanhamento da mãe tornaram-se parte fundamental do trabalho, uma vez que forneciam subsídios para reflexão e promoção de *awareness* acerca de sua implicação crucial nas questões apresentadas pela menina. Porém, observamos durante esse curto processo que, à medida que a mãe obteve alguns recursos para lidar com *aquilo que a incomodava* e a situação na escola tornou-se mais razoável, ela começou a desinvestir do processo, esquecendo-se de trazer a filha para a psicoterapia ou desmarcando a sessão porque a menina tinha uma festa ou passeio. Isso culminou em um afastamento por conta das férias escolares que, como já era de esperar, não teve retorno. Em resposta a um telefonema do psicoterapeuta com o objetivo de terminar "oficialmente" o trabalho, a mãe disse que, embora a menina gostasse do espaço e de vez em quando perguntasse pelas sessões e pelo psicoterapeuta, julgava que nesse momento a filha estava "ótima" e, portanto, não haveria razão para dar continuidade à psicoterapia.

Entendemos que o ponto fundamental não pôde ser totalmente explorado, pois dependia da disponibilidade da mãe de questionar sua representação acerca do que seria uma "boa mãe", utilizando critérios que fossem facilitadores para o pleno desenvolvimento do senso de limites da criança e não somente de critérios para sua conveniência. Uma vez que as atitudes da filha eram encaradas como "coisa de criança levada", a hora de dormir havia sido "negociada"; com o fim do ano letivo, o "equilíbrio" foi resgatado nessa família.

Conforme Zinker (2001) aponta, a amplitude daquilo que é "suficientemente bom" nas famílias é enorme e devemos estar preparados para respeitar suas escolhas, apesar de, em muitas situações, vislumbrarmos desdobramentos pouco satisfatórios para o desenvolvimento posterior da criança.

Isso nos remete a algo que comentamos a respeito dos possíveis "planos terapêuticos" que, porventura, possamos ter construído para nossos clientes. Partindo de nossa perspectiva fenomenológica de ser humano e de funcionamento saudável e não saudável, precisamos lembrar sempre que, em última instância, apesar de nossas considerações, a percepção de funcionamento saudável é do cliente e não do psicoterapeuta. Ainda conforme nossa visão de homem, seja qual for a decisão do cliente, ela é encarada como uma escolha, sendo a responsabilidade por essa escolha dele, não nossa. Naturalmente cabe ao psicoterapeuta contribuir com tudo que está ao seu alcance a fim de fornecer elementos para que essa escolha seja feita com o maior grau de *awareness* possível. Assim, sejam quais forem as decisões dos responsáveis pela criança nesse momento, são eles que terão de arcar com as escolhas realizadas e com as suas possíveis consequências, pois essas crianças passam por nossa vida em dado momento, mas são eternamente ligadas de alguma forma a esses responsáveis.

Quanto às crianças, o papel do psicoterapeuta diante de uma interrupção, particularmente quando acontece sem a sua interferência, é ajudá-la a reunir o maior número possível de recursos para lidar com sua situação de dependência da escolha dos responsáveis, procurando enfatizar aquilo que foi experimentado e adquirido durante o processo em detrimento daquilo que ainda poderia ser feito. A criança deve sair da psicoterapia com a percepção dos ganhos obtidos, e não daquilo que está perdendo.

É bastante conhecido o fato de que faz parte do perfil do psicoterapeuta de crianças uma boa tolerância à frustração, pois em muitos momentos o que é possível realizar pode parecer bem pouco diante do que imaginamos que poderia ter sido feito.

Porém, acreditamos que a psicoterapia, mesmo que interrompida de modo precoce, representa um registro importante na vida da criança, pois é um espaço único e, muitas vezes, um tipo de relação nunca experimentada por ela, nem antes nem depois. Saber que existe a possibilidade de estabelecer uma relação na qual se é respeitada, aceita, confirmada, ouvida, acolhida e levada em consideração pode ser decisivo na vida posterior de muitas delas. Ainda que seus contextos se mostrem adversos, ainda que seus pais jamais se tornem facilitadores e acolhedores, ainda que ela encontre muitas pessoas que a decepcionem, acreditamos firmemente que saber, a partir da experiência na relação terapêutica, que existem outras formas de relacionar-se e que pode haver pessoas em quem confiar vai ajudá-la a encarar suas dificuldades de forma diferente. Além disso, se ela guarda uma boa referência da psicoterapia, isso pode ajudá-la, quando adulta e dessa vez por si mesma, a buscar auxílio em um espaço terapêutico, em vez de realizar ajustamentos criativos disfuncionais.

Diante de qualquer tentativa de interrupção precoce, a recomendação é que se marque o mais rápido possível uma sessão com os responsáveis se o comunicado não foi feito na sessão de acompanhamento. Infelizmente, nem sempre tal comunicação é realizada de forma oportuna; por vezes se dá por telefone, ao final da sessão da criança na sala de espera, por meio de recados ou simplesmente sumindo...

Na melhor das hipóteses, conseguindo marcar uma sessão com os responsáveis, visamos esclarecer os motivos da interrupção da psicoterapia e questioná-los na medida do que podemos perceber e articular com o contexto geral do processo terapêutico. É fundamental que nossa posição a respeito da interrupção do processo da criança fique bem evidenciada e argumentada, de forma que os responsáveis tomem a decisão sabendo de todos os riscos e implicações envolvidos numa interrupção precoce. Também é necessário, caso não se consiga reverter essa atitude, tentar assegurar ao menos uma sessão de fechamento e despedida com a criança, após uma finalização com os responsáveis.

Nessa sessão, para a qual os responsáveis são convidados para a parte inicial, explicamos os motivos da interrupção, descrevemos as considerações do psicoterapeuta sobre tal decisão dos responsáveis, acolhemos os sentimentos da criança diante da situação e estabelecemos uma forma de despedida, sugerida pelo psicoterapeuta ou pela criança. Muitas vezes os responsáveis não aceitam participar da sessão para comunicar diretamente à criança os motivos de seu afastamento do processo terapêutico – seja porque já fizeram isso em casa e não estão disponíveis para discutir o tópico com a criança no espaço terapêutico, seja porque querem delegar especificamente essa tarefa ao psicoterapeuta. Às vezes, eles não esclarecem os motivos à criança ou não querem se expor à emergência de algum conteúdo ou emoção.

Diante de qualquer uma dessas situações, o psicoterapeuta vai trabalhar com aquilo que for possível para viabilizar a melhor forma de despedida dentro do contexto apresentado. Apesar de não trabalharmos com modelos, podemos falar de uma regra geral para esses momentos, apoiada em princípios terapêuticos básicos: transparência e respeito. A transparência aponta o compromisso ético com a verdade, e o respeito aponta o compromisso de trabalhar com a criança sempre dentro das suas possibilida-

GESTALT-TERAPIA COM CRIANÇAS **215**

des visando ajudá-la a reunir recursos para lidar com outras dificuldades que surgirão em sua vida. Isso nos deixa numa posição muito delicada, pois ao mesmo tempo que não podemos mentir à criança acerca dos motivos pelos quais a psicoterapia está sendo interrompida não podemos denegrir a imagem dos responsáveis, com quem ela continuará a conviver e de quem ela depende concretamente para sobreviver.

Nesse momento, é fundamental ficarmos atentos aos nossos sentimentos relativos à interrupção do processo, para não corrermos o risco de estabelecer alianças com a criança ou desqualificar os responsáveis, ainda que nos pareça que tal decisão possa ser prejudicial para ela. Conforme já mencionamos, as consequências dessa decisão ficam a cargo dos responsáveis e não do psicoterapeuta.

Isso nos lembra do caso de uma menina de 6 anos que veio à psicoterapia por causa de enurese noturna e dificuldades no relacionamento com a mãe. Na medida em que trabalhava ativamente no processo terapêutico seus sentimentos em relação aos pais, sua enurese foi diminuindo até parar por completo, e seus pais estavam muito satisfeitos com os resultados. Porém, a partir desse momento, a menina começou a reivindicar mais a presença deles em sua vida, queixando-se da eterna falta de tempo que alegavam para estar com ela, dos "programas de adulto" que sempre roubavam a chance de eles realizarem "programas de família", da ausência constante da mãe, sempre ocupada com seus próprios interesses, e da agressividade do pai que "só chegava para brigar". Diante desse quadro, os pais concluíram que ela estava "piorando". Numa sessão de acompanhamento comunicaram, em poucas palavras, que estavam interrompendo o trabalho por "ausência de resultados" e inclusive já haviam entrado em contato com outro profissional. Trocariam a menina de psicoterapeuta, tal qual se retira um aparelho eletrônico de uma assistência técnica e coloca-se em outra, mais eficiente ou mais rápida. Perante a posição implacável dos pais, todas as devoluções acerca do andamento do processo terapêutico da menina foram realizadas, bem como apontadas todas as possíveis consequências de uma interrupção naquele momento. Na véspera da última sessão com a menina, a mãe telefonou para o psicoterapeuta, explicou a forte reação contrária da filha ao final da psicoterapia e pediu que fosse dito à menina que a decisão partira dele, a fim de "não pesar muito para os pais". Ante um pedido como esse, eticamente inconcebível, ele esclareceu que não tinha a menor intenção de fazer que as coisas "pesassem para os pais". Disse que certamente eles tinham razões plausíveis para a sua escolha, mas de forma alguma poderia terminar o trabalho mentindo à criança; os motivos seriam colocados de forma imparcial no que diz respeito a juízo de valores, porém atribuindo a responsabilidade a cada um dos envolvidos.

Na sessão com a criança, o psicoterapeuta confirmou que aquele seria o último encontro. Acrescentou que, assim como para ela, também estava sendo uma surpresa para ele, que só fora informado naquela semana, uma vez que não pretendia interromper o trabalho. Esclareceu à criança os motivos pelos quais seus pais achavam que "não estava adiantando", bem como as explicações que forneceu a eles sobre o que lhes parecia uma piora. Disse que, assim como haviam decidido levá-la para aquele espaço, naquele momento eles estavam decidindo outra coisa e acreditavam sinceramente estar certos, fazendo o melhor para ela. Por fim, propôs à criança a realização de um desenho que representasse os sentimentos dela nesse momento, uma atividade que simbolizasse todo o caminho percorrido no processo terapêutico e ainda o que estava levando de bom e importante desse período. A menina também quis rever os trabalhos anteriores, guardados em sua pasta, decidindo o que levaria, o que daria ao psicoterapeuta e o que jogaria fora. Ao final da sessão, com todos os trabalhos realizados em 18 meses de psicoterapia nos braços, a menina volta à sala de espera para encontrar a mãe, a quem diz: "Eu estou indo embora, mas eu não queria ir". Despede-se com lágrimas nos olhos e, no último momento, deixa com o psicoterapeuta a pintura que havia feito para representar seu sentimento presente: uma árvore diante de uma grande parede que "escondia o sol" e não a deixava crescer. Foi marcada uma sessão posterior com a mãe, que acabou não comparecendo "porque estava com gripe".

Assim, não só de alegrias e comemorações são feitas as histórias em psicoterapia de crianças. Algumas interrupções são difíceis e frustrantes; lidar com sentimentos de tristeza e impotência também faz parte da rotina do psicoterapeuta infantil.

Certos momentos do processo terapêutico parecem mais propícios a interrupções, como quando a criança não apresenta mais os sintomas iniciais ou se nega a vir à psicoterapia – ou, como já exemplificamos, aos olhos da família ela não está "melhorando" ou os responsáveis alegam falta de tempo ou de dinheiro.

Quando os responsáveis julgam que a criança não está melhorando, é necessário verificar que tipo de expectativas eles alimentam em relação à psicoterapia e compará-las com as reais possibilidades da criança dentro do contexto atual, bem como descrever o que percebemos como os ganhos obtidos por ela no processo. Inúmeras vezes, os responsáveis nutrem expectativas de "melhora" sem que estejam disponíveis para nenhum tipo de modificação em suas atitudes. Se eles vêm sendo frequentemente acompanhados, a chance de esse tipo de situação acontecer é pequena, pois desde o momento da compreensão diagnóstica já identificamos as dificuldades dos responsáveis, que se tornam o foco do trabalho com eles.

A situação em que a criança não apresenta mais os sintomas e, portanto, os responsáveis consideram que a psicoterapia já não é necessária, parece ser a mais comum. É tarefa do psicoterapeuta esclarecer que o fato de a criança não apresentar mais os sintomas mostra que ela pôde abrir mão dessas formas pouco satisfatórias de se relacionar com o mundo, o que não significa, porém, que a psicoterapia acabou. Na maior parte das vezes, as crianças ainda têm questões a ser trabalhadas antes de adquirir autossuporte suficiente para "caminhar com as próprias pernas". Na verdade, é exatamente porque elas estão em psicoterapia que os sintomas desapareceram já que, entre outros ganhos, a psicoterapia fornece um espaço privilegiado de expressão e de possibilidades diversas de se relacionar. Costumamos exemplificar esse princípio utilizando a metáfora do antibiótico – que, embora em alguns aspectos não se assemelhe a um processo terapêutico, costuma ser bastante ilustrativa e esclarecedora: ainda que, depois de dois ou três dias tomando o antibiótico, experimentemos grande melhora, precisamos completar o ciclo de sete ou dez dias para que a remissão de sintomas se mantenha. Na realidade, uma vez que não trabalhamos orientados para o sintoma e sim para o indivíduo como um todo, a simples remissão dos sintomas jamais constituirá em si fator preponderante ou decisivo para o término da psicoterapia.

Para utilizar o desaparecimento de sintomas como indício de que o processo terapêutico está terminando, precisamos olhar para a totalidade do processo, articulando-o a outros elementos indicativos de término. Uma das possíveis consequências da interrupção tão logo os sintomas tenham desaparecido é a reincidência deles ou a construção de outras modalidades pouco satisfatórias de lidar com o mundo por meio de outros sintomas.

Quando a criança nega-se a vir à psicoterapia, é preciso ficar atento ao sentido dessa recusa e tentar compreendê-la levando em consideração o contexto mais amplo, particularmente o contexto familiar e suas necessidades de autorregulação. Muitas vezes, a criança torna-se porta-voz de uma recusa familiar, assumindo a responsabilidade pela interrupção no sentido de satisfazer à expectativa não declarada de um ou mais membros da família. Tomemos o exemplo de uma menina de 9 anos que veio à psicoterapia com a queixa de tricotilomania[89]. Ela tinha uma relação muito ambivalente com a mãe, alternando-se nos papéis de "cuidadora da mãe" e de "bebê desprotegido". Com o desenvolvimento do processo terapêutico e o consequente movimento no sentido de redefinição dos papéis de criança e de adulto na família, certo dia a menina chegou dizendo que aquela seria sua última sessão, porque ela "não precisava mais" fazer psicoterapia e, na verdade, nem ficaria o tempo inteiro, pois ela é quem pagaria a sessão e só tinha dinheiro para meia hora. Ao questionarmos os motivos de sua decisão, voltou a dizer que não precisava mais de psicoterapia e juntara o dinheiro da mesada para pagar a última sessão de modo que a sua mãe não precisasse gastar mais com ela. Ao conversarmos sobre a situação com a mãe, evidenciou-se um profundo sentimento de inveja e competição em relação à filha, a partir da declaração de que muitas vezes ela sentia-se "roubada" pela filha por causa das despesas gerada por ela. Vale ressaltar que na sessão anterior havia sido dia de pagamento. Este foi realizado em cheque e enviado ao psicoterapeuta *por intermédio da menina*, concretizando dessa forma para a criança o ônus que ela causava para usufruir daquele espaço. Nesse sentido, abrir mão da psicoterapia significava para essa menina reagir a uma expectativa da mãe que, até então, encontrava-se completamente fora de *awareness*, porém presente e atuante no campo.

Em outros casos, a recusa em vir à psicoterapia pode sinalizar de fato um limite, uma rigidez na fronteira do campo criança-meio que não permite continuar o trabalho, a não ser em um momento posterior do desenvolvimento. Como aponta Oaklander (1980, p. 224, grifo nosso):

As crianças alcançam um altiplano em terapia, e este pode constituir um bom lugar para se parar. [...] Às vezes este altiplano é um sinal de resistência que precisa ser respeitado. É co-

---

89. Necessidade de se manipular, puxando e arrancando pelos do corpo.

mo se a criança soubesse que não pode suportar o rompimento desta barreira *neste momento*. Ela precisa de mais tempo, mais força; poderá sentir a necessidade de abrir esta porta específica quando for mais velha.

O desenho realizado por uma menina de 12 anos em sua sessão final de psicoterapia, interrompida por sua decisão, ilustra isso claramente: uma densa floresta formando uma grande barreira, na qual "é perigoso entrar nessa época". Indagada sobre a melhor época para entrar na floresta, ela responde: "Daqui a alguns anos, quando o ecossistema da floresta estiver mais forte e puder receber as pessoas sem que isso cause danos".

As alegações de falta de tempo e dinheiro também são extremamente comuns em psicoterapia com crianças. Na maioria das vezes, tal justificativa encobre outras motivações mais difíceis de ser admitidas no espaço terapêutico, tais como a manutenção do equilíbrio familiar ou de um dos membros da família, ou ainda dificuldades na relação estabelecida com o psicoterapeuta. Muitas mães, por exemplo, sentem ciúme da relação que o filho estabelece com o psicoterapeuta; outras invejam a habilidade dele de se relacionar com a criança, o que faz que elas desqualifiquem seu papel de mãe, provocando sentimentos de raiva e culpa em relação à criança, ao psicoterapeuta e à situação de psicoterapia.

Qualquer que seja a situação é fundamental que o psicoterapeuta verifique quanto antes a alegação de falta de tempo ou de dinheiro, assinalando para os responsáveis os outros elementos que se encontram em jogo, de forma que eles obtenham uma *awareness* mais ampla da questão – ainda que continuem querendo interromper a psicoterapia. Ampliar a *awareness* dos responsáveis sobre os motivos que estão contribuindo para a decisão de interromper a psicoterapia é essencial, pois permite que eles façam uma escolha mais consciente acerca das razões da interrupção sem deixar que projetem tal decisão em algo fora deles, tal como tempo ou dinheiro.

Por certo, ambos os motivos estão presentes na vida das famílias contemporâneas. Porém, observamos na prática psicoterapêutica que em 90% das vezes a dificuldade não é real, mas uma questão de prioridades dentro do contexto familiar: a que não abre mão da ginástica para trazer o filho à psicoterapia; o pai que desiste do encontro com os amigos para ficar com o filho mais novo em casa; o pai que prefere mergulhar no trabalho para "dar tudo do bom e do melhor" ao filho e não presta atenção naquilo de que o filho realmente precisa; a família que diz estar com o orçamento restrito para pagar a psicoterapia e vai passar férias na Disney; a mãe que diz não poder pagar as sessões mas usa bolsas cujo valor supera o custo de um mês de psicoterapia etc.

Assim, ceder a pedidos de redução de carga horária ou de honorários não costuma ter nenhum valor terapêutico, pois acaba por fortalecer os mecanismos disfuncionais do contexto familiar. Em geral, ao realizar esse tipo de acordo, o psicoterapeuta descobre que foi manipulado e, com isso, encontra-se sem condições de trabalho, pois foi engolido pelo movimento neurótico da família. Conforme já assinalamos, o psicoterapeuta deve ficar sempre atento à manutenção do contrato, de forma que suas condições de trabalho dentro de uma postura fenomenológica e dialógica sejam preservadas.

Oaklander (1980, p. 233), ao falar sobre o término da psicoterapia, diz acreditar que "a regra geral é que as crianças não devam permanecer muito tempo em terapia", pois em comparação com os adultos elas ainda não estão tão comprometidas nem com tantas camadas de situações inacabadas. Não concordamos totalmente com essa afirmação, pois ela cria uma falsa impressão de que crianças sempre são mais saudáveis que os adultos e gera uma pressão para que a psicoterapia seja rápida, sob o risco de considerar o psicoterapeuta pouco competente em seu ofício.

Entendemos que a psicoterapia – seja de criança, de adolescente ou de adulto – durará o tempo que for necessário para determinada pessoa, independentemente de sua faixa etária. Tudo depende da extensão e profundidade de seus padrões cristalizados e empobrecidos de contato com o mundo, de seu ritmo, das condições contextuais e do próprio trabalho realizado pelo psicoterapeuta. Se fôssemos comparar a psicoterapia de crianças com a de adultos, diríamos até que, ao contrário, seu nível de complexidade é maior; afinal, pelo caráter de dependência da criança, existem muito mais elementos no campo a ser manejados, o que costuma exigir grande habilidade do psicoterapeuta e um tempo que contemple não só as transformações na criança como a reconfiguração saudável do contexto familiar.

Ainda falando de tempo, é fenômeno conhecido do psicoterapeuta de crianças a cobrança dos responsáveis no que diz respeito a resultados, em geral num período de tempo que eles consideram o ideal e, na maioria das vezes, incongruente com o tempo necessário para a criança rever e reformular seus padrões de interação com o mundo – até porque os que cobram resultados rápidos estão implicados no campo e, portanto, o tempo de psicoterapia também acontece em função das suas possibilidades de participação no processo. É fundamental que isso fique muito claro desde o início da psicoterapia para que se evite, ou pelo menos se minimize, a chance de ocorrerem situações em que a criança é encarada como um objeto que deve ser consertado pelas mãos competentes do "técnico-psicoterapeuta", que vai aprontá-la o mais rápido possível para entregá-la de volta aos responsáveis.

Um dos grandes desafios do psicoterapeuta infantil, em particular os que estão começando, é exatamente não se deixar envolver por essas expectativas trazidas pelos responsáveis ao buscar psicoterapia para a criança. Quando isso acontece, o psicoterapeuta faz, sem se dar conta, uma aliança com os responsáveis, deixando de pautar sua atuação terapêutica nos princípios básicos de aceitação e respeito pela criança, como mais um adulto que espera algo que ela não pode oferecer. Por isso, voltamos a assinalar a importância do momento inicial da psicoterapia, principalmente no que se refere ao que denominamos "ajuste da demanda", e do momento da elaboração e discussão exaustiva do contrato terapêutico, para que possamos estabelecer boas condições de trabalho e minimizar as possibilidades de interrupções precoces do processo terapêutico.

Os términos terapêuticos

Apesar das interrupções precoces com as quais todo psicoterapeuta infantil precisa lidar, a prática clínica com crianças permite-nos acompanhar uma série de possibilidades que denominamos de *términos terapêuticos*. Por certo, há momentos do processo terapêutico em que a criança nem cogita a possibilidade de um dia não estar mais naquele espaço. Porém, ela mesma, em dado momento, começa a vislumbrar tal alternativa, oferecendo-nos indícios de que começa a pensar na possibilidade de término.

Em geral, esses indícios aparecem quase ao mesmo tempo e de forma articulada. A articulação em uma "configuração de término" é deveras importante, pois muitos desses indícios, se forem isolados em um momento do processo terapêutico, não obrigatoriamente indicam o momento de término, mas talvez revelem uma dificuldade ou resistência no processo.

Nesse momento, a criança começa a querer realizar outras atividades que às vezes rivalizam com o horário e o custo da psicoterapia, já não espera com tanto entusiasmo sua sessão semanal, não traz mais tantas coisas para discutir, não resiste nem esconde coisas. A criança simplesmente fala e/ou brinca com flexibilidade de escolha dos recursos, com fluidez entre os assuntos cotidianos, sem apresentar os padrões enrijecidos e estereotipados exibidos no início da psicoterapia na forma de mecanismos de evitação de contato e do uso empobrecido de suas funções de contato. Além disso, começamos a perceber que a criança faz reflexões e articulações por si mesma, observa o mundo e a si, chegando sozinha a conclusões, maneja seus recursos para lidar com as questões que se apresentam em sua vida sem precisar de ajuda, além de ter reconfigurados seus ajustamentos criativos disfuncionais, o que inclui todos os seus sintomas. É como se a psicoterapia, antes tão necessária, agora já não fizesse diferença.

Assim, os sintomas apresentados de início já desapareceram, conforme relatado pelos responsáveis, pela escola e pela própria criança. Outras questões surgiram e foram desenvolvidas, e os indicadores de funcionamento não saudável observados na compreensão diagnóstica – como curiosidade, flexibilidade, responsabilidade, expressividade, limites e criatividade – reconfiguraram-se de forma mais saudável. A criança mostra novos interesses, apontando para uma inserção diferente no mundo, com espaço para coisas que não havia antes, como a prática de um esporte, um grupo de amigos, festas, passeios etc. E, não por coincidência, muitos acontecem exatamente na hora da psicoterapia!

Além disso, o próprio material trazido para as sessões começa a indicar a possibilidade do término, tais como comparações entre o momento presente e o início da psicoterapia, revisão dos trabalhos realizados ao longo do processo terapêutico e temas relativos a términos e separações.

Diante de todos esses indícios, a possibilidade de separação pode ser afinal enunciada de modo claro no espaço terapêutico, o que não indica necessariamente que o término vá ocorrer de imediato. Falamos de *processo* de término, momento da psicoterapia em que, à medida que essa possibilidade é levantada, possíveis questões sobre separação e perda podem ser trabalhadas, conduta fundamental para que o término se dê de forma fluida e tranquila.

Às vezes, assim que levantamos a possibilidade de término do processo terapêutico de uma criança, com base em seus próprios indícios, somos surpreendidos na sessão seguinte, ou mesmo antes, por meio de telefonema dos pais, com uma violenta reação disfuncional da criança, como se ela dissesse: "Ainda não estou pronta para ir embora". Tal fenômeno é relativamente comum e, em geral, se trabalhado como um padrão de reação à ideia de separação, aos poucos se transforma e possibilita o término.

Em alguns casos, tal fenômeno pode indicar que a criança ainda não está de fato pronta para o término. Muitas vezes, após um período em que oferece vários indícios de término, ela reage a essa possibilidade, avançando um passo a mais e abrindo novas questões para ser trabalhadas, o que estende o processo terapêutico.

É essencial que o trabalho durante o processo de término se dê concomitantemente com a criança e seus responsáveis. Ou seja, quando o término pode começar a ser enunciado, precisamos introduzir essa questão no acompanhamento dos responsáveis. Às vezes, eles trazem o assunto para o acompanhamento quase ao mesmo tempo que a criança faz suas sessões. Outras vezes, ao falarmos de término, logo percebemos que teremos mais trabalho com eles do que propriamente com a criança. Muitos ficam inseguros a respeito dos seus próprios recursos para lidar com eventuais dificuldades da criança em um momento posterior ou receiam que ela ainda não tenha condições de enfrentar o mundo sem o suporte da psicoterapia. Não é raro, após a sessão final com a criança, encontrarmos ainda com os responsáveis duas ou três vezes até finalizarmos o processo. De modo geral, sempre realizamos uma sessão de fechamento com eles após a sessão final com a criança. No entanto, nem sempre uma sessão é suficiente para trabalhar todas as ansiedades, fantasias e expectativas que se encontram em jogo.

A condução do processo terapêutico, ao longo do momento de término, obedece a todos os princípios terapêuticos básicos que o nortearam. Em geral, utilizamos algumas técnicas facilitadoras para fomentar a discussão acerca do período em que passamos juntos, para levantar o que foi alcançado, aprendido e modificado e também para permitir que possamos marcar concretamente o momento final do processo: a nossa despedida.

O objetivo dessas técnicas é fazer do final do processo algo mais tangível, principalmente para as crianças menores, e servir de referência para a criança como uma possibilidade saudável e satisfatória de separação que não implica somente destruição e perda, mas a chance de um novo começo e de uma forma diferente de relação entre psicoterapeuta e criança. Muitas crianças telefonam de vez em quando, enviam e-mails, cartões de Natal ou indicam outras crianças para a psicoterapia. Após algum tempo de trabalho como psicoterapeuta de crianças, também deparamos com situações em que encontramos jovens que, ao se dirigirem a nós com um sorriso no rosto, dizem a indefectível frase: "Você se lembra de mim? Fui seu cliente quando tinha 8 anos!"

Para ajudar a criança a preparar-se gradativamente para o término através do tempo, concretizando-o, confeccionamos um calendário em que a data final é marcada. Ele pode ser feito com um calendário usual, com os dias da semana e os meses representados, ou conter apenas as sessões que ainda restam, de forma que a cada sessão a criança assinale uma a menos.

Uma variação do calendário que não trabalha com datas, mas com o número de sessões que ainda faltam, pode ser o desenho de uma ampulheta com vários níveis, cada um correspondendo a uma sessão, para que a criança vá colorindo um nível a cada sessão até chegar à última. Para crianças mais velhas, outra variação do calendário é confeccionar uma linha do tempo, onde não só são assinaladas as últimas sessões como anotados fatos e momentos importantes do processo terapêutico.

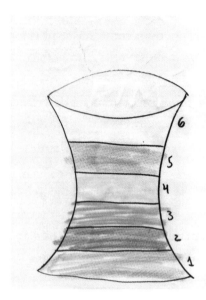

Com o objetivo de trabalhar as possíveis sensações de perda suscitadas pela proximidade do término, às vezes sugerimos que a criança tire fotografias do espaço terapêutico, do psicoterapeuta ou dos dois juntos, ou ainda de algo de que gosta muito no espaço e gostaria de levar como lembrança. Não é incomum que as crianças que, no início do processo terapêutico, desejaram levar objetos do espaço terapêutico escolham esses objetos para fotografar e finalmente os "levem para casa!".

Caso não seja possível usar a fotografia, a criança pode olhar atentamente para o espaço terapêutico e escolher algo que ela considere significativo e possa desenhar ou representar, para levar consigo quando for embora. Outra possibilidade que as crianças adoram é desenhar o contorno das suas mãos e as do psicoterapeuta em uma folha de papel ou "carimbá-las" usando tinta na palma das mãos. Costumamos realizar o trabalho "em duas vias", para que uma vá com a criança e outra fique com o psicoterapeuta "de lembrança", assegurando que ele se lembrará da criança. Não é raro que as crianças optem por deixar algo para o psicoterapeuta, às vezes na forma de um presente especialmente comprado, de um trabalho realizado na última sessão ou ao longo do processo terapêutico que se encontrava em sua pasta.

No que diz respeito à sua pasta, é fornecida à criança a chance de escolher o que vai fazer com ela e com as produções que ela contém. Às vezes, ela se transforma numa "caixa de memórias", onde a criança deixa guardadas as produções importantes e significativas do processo terapêutico e algo que ela tenha realizado na última sessão com o objetivo de registrar o processo e o término.

A fim de marcar o término como algo positivo e como o início de uma nova fase, podemos propor uma cerimônia de despedida a ser planejada pela criança ou plantar algo que ela possa levar para casa em um pequeno vaso, como uma representação de um novo começo. É bom lembrar que, da mesma forma que todas as outras possibilidades técnicas utilizadas ao longo do processo terapêutico, o que vai nos guiar é sempre a criança, suas ideias, suas necessidades e suas possibilidades. É surpreendente percebermos como elas podem ser criativas ao elaborar a própria cerimônia ou ritual de término!

Nesse momento, objetivamos proporcionar à criança e a seus responsáveis a oportunidade de experienciar uma forma diferente de dizer adeus, o que implica muitas vezes trabalhar temas relativos à perda com todos os envolvidos, ajudando-os a discriminar o passado do presente e o contexto atual de despedida de outros já experimentados, propiciando a construção de uma experiência nova. É também o momento de sublinhar as aquisições que a criança e toda a família obtiveram durante o processo. Podemos realizar em alguns casos uma sessão familiar de término, na qual avaliamos o processo e concretizamos nossas despedidas. A escolha de tal procedimento, assim como de outro qualquer, vai depender sempre da configuração do processo terapêutico e da família; por isso, o término e a despedida vão acontecer da forma que se apresentar mais satisfatória para os envolvidos e não somente para o psicoterapeuta.

Costumamos deixar a critério da criança a forma como esse término vai acontecer. Algumas marcam uma data, outras preferem estabelecer um número específico de sessões até a sessão final e outras optam por continuar mais tempo, com sessões quinzenais ou mensais até a última. Certa ocasião, uma menina de 9 anos, em processo de término, pediu "férias" para o mês seguinte e marcou na agenda, junto com a psicoterapeuta, sua data de retorno. No dia marcado, ela retornou das "férias" dizendo estar ótima, mas ainda precisar da psicoterapeuta para algo muito importante: desenrolar os fios de um móbile de madeira com vários pássaros que ela havia encontrado em casa e não estava conseguindo desenrolar sozinha. A criança e a psicoterapeuta passaram cinco sessões inteiras desenrolando e desembaraçando pacientemente os fios do móbile: em um momento, a criança segurava o móbile e a psicoterapeuta desembaraçava; em outro, eles trocavam de posição. E assim foi até a quinta sessão, quando finalmente criança e psicoterapeuta conseguiram desenredar todo o móbile. A criança anunciou então que aquela seria sua última sessão, pois depois de desembaraçar tudo juntas agora elas podiam despedir-se. O móbile foi pintado e a criança levou-o para casa para pendurar no quarto. Ao ser indagada a respeito do que levaria do espaço terapêutico, ela respondeu: "A liberdade; agora os pássaros estão livres". Esse exemplo mostra como as despedidas podem ser bonitas e emocionantes. Em outras ocasiões, são leves e divertidas, como no caso de uma menina de 7 anos que terminou sua psicoterapia com uma "festa", com bolo e refrigerantes; primeiro só para ela e o psicoterapeuta, depois com a entrada dos pais (ela fez questão que ambos comparecessem) e a secretária da clínica. Outro menino terminou fazendo desenhos de como estávamos nos sentindo naquele momento (atividade que no início do processo terapêutico ele se recusou a realizar), compondo uma música e criando uma banda formada por ele, pelo psicoterapeuta e pela mãe; todos desfilaram pelas dependências da clínica anunciando o final da psicoterapia.

Qualquer que seja a forma de despedida, na grande maioria das vezes as crianças vão embora sem olhar para trás, como se fôssemos nos ver no dia seguinte, tal como Dibs no início deste capítulo. E é assim mesmo que precisa acontecer, o que significa que pudemos nos despedir sem que isso se tornasse uma tragédia e que a saudade, se existir, pode ser enfrentada e encaminhada de várias maneiras.

O processo de término varia, uma vez que é a própria criança quem escolhe o melhor modo de se despedir do espaço terapêutico. Qualquer que seja a forma escolhida pela criança, sempre abrimos a possibilidade, na sessão final, de deixar um horário marcado para o mês seguinte, denominado "Dia da saudade", cujo objetivo é terminar o processo sem fechar totalmente as portas, deixar assegurada à criança a possibilidade de voltar, de visitar o espaço terapêutico se assim desejar. Pedimos aos responsáveis que, no dia marcado, lembrem-na do horário e verifiquem se ela gostaria de comparecer. Na maioria das vezes, as crianças simplesmente dizem "não", o que significa que de fato podem andar sozinhas, "com as próprias pernas", com sua energia investida nas coisas e nas pessoas que lhe trazem satisfação. Quando elas retornam no "Dia da saudade", conversam, brincam, contam novidades, reafirmam a possibilidade de encontrar o psicoterapeuta e voltar ao espaço terapêutico, constatam que podem seguir caminhando sem o suporte da psicoterapia e então são capazes de ir embora e dizer adeus.

10 A FORMAÇÃO DO GESTALT-TERAPEUTA INFANTIL

Na literatura da Gestalt-terapia, encontramos algumas referências à formação e supervisão de psicoterapeutas dentro de uma abordagem gestáltica de ser humano, mas nenhuma até então especificamente relativa à formação de Gestalt-terapeutas de crianças (Vieira, França e Barbalho, 1996; Yontef, 1996; Harris, 1999; Cardella, 2002; Ferreira, 2004; Tambellini, 2004). Tal fenômeno é congruente com o discreto desenvolvimento dos pressupostos fundamentais da abordagem no que concerne ao trabalho com crianças. Assim, consideramos fundamental iniciar uma discussão acerca das bases e diretrizes adotadas para a formação do Gestalt-terapeuta infantil a fim de não alimentar o que consideramos um círculo vicioso na Gestalt-terapia com crianças: a ausência de formação específica e consistente. Esta gera práticas pouco fundamentadas, que por sua vez não se traduzem em produções acadêmicas que sustentem uma capacitação específica para Gestalt-terapeutas infantis nem contribuem para a produção teórica na abordagem, implicando novamente uma prática divorciada da teoria.

Com base na experiência com grupos de supervisão de profissionais de psicologia, observamos que muitos psicoterapeutas que recebem crianças no consultório sentem-se absolutamente angustiados e perdidos quanto à condução do trabalho. Ouvimos muitas observações do tipo: "Eu não queria atender crianças, mas é o que está aparecendo", "Eu não sei o que fazer com a criança que atendo", "Não tenho a menor ideia a respeito do que estou fazendo com essa criança e no fundo acho que não estou fazendo nada" ou "Não sei se brinco, se falo, se ensino e às vezes me dá vontade de sair correndo", todas ditas por profissionais de psicologia, *Gestalt-terapeutas que trabalham com crianças*.

Isso demonstra a urgência de discutir a formação do Gestalt-terapeuta infantil e a notória deficiência encontrada em grande parte dos cursos de graduação em Psicologia com respeito à formação voltada para o trabalho clínico com crianças. Também se repete de alguma forma nos cursos de formação em Gestalt-terapia – que, em geral, não se dedicam à capacitação e ao treinamento para o trabalho com crianças ou reservam um tempo insuficiente para desenvolver o tema e preparar adequadamente os profissionais para essa função.

Paralelamente a essa situação, observamos uma crescente demanda no mercado de trabalho de psicoterapeutas que lidem com crianças. Creditamos esse fenômeno, de um lado, às escolas – que, buscando soluções para as dificuldades cotidianas, depositam em um profissional fora do seu campo a expectativa de resolução de um problema que também lhes pertence – e, de outro, a inserção da psicologia no senso comum, oferecendo aos responsáveis a ideia de um "guia prático para pais", que ensinará todos a ser "bons pais", eximindo-os da responsabilidade e da angústia do descobrir a cada momento na relação com seus filhos a melhor forma de condução de suas vidas.

Quanto à educação das crianças, observamos uma espécie de "jogo de empurra" entre a família e a escola acerca das atribuições e responsabilidades de cada uma. Isso faz que muitas vezes as crianças não sejam assistidas nem por uma nem por outra e recaia sobre o psicoterapeuta a demanda que não é atendida. A ideia de "cuidado" baseada na quantidade de especialistas disponíveis para a criança vem ganhando cada vez mais espaço e parece também contribuir para esse fenômeno – assim, muitos pais acreditam que, ao levar o filho à psicoterapia, não precisam se comprometer com mais nada, pois já "fizeram a sua parte".

A combinação desses dois fatores vem gerando impacto: a pouca atenção à formação do psicoterapeuta infantil, ao lado do aumento da demanda, reflete-se em uma prática pouco fundamentada e manejada de forma inadequada, provocando frequentes interrupções dos processos terapêuticos das crianças, medicação excessiva como opção à psicoterapia "que não adianta nada", uso indiscriminado dos recursos lúdicos e, em especial, apropriação indevida das técnicas gestálticas, principalmente as veiculadas por Oaklander (1980) – tanto por psicoterapeutas de outras abordagens como por profissionais com formação em Gestalt-terapia "para adultos".

Embora já possamos afirmar que as bases de nossa compreensão de homem e de nossa metodologia de trabalho estão bem estabelecidas e solidificadas, o mesmo ainda não se pode dizer acerca de suas inúmeras aplicações, particularmente no trabalho com crianças, que apesar de ter crescido de forma expressiva nos últimos anos ainda carece de maior fundamentação[90].

Diante desse cenário, acreditamos que a tentativa de sistematização de um programa específico voltado para a formação do psicoterapeuta infantil, com as suas devidas particularidades, dentro de uma perspectiva gestáltica de homem, torna-se essencial e constitui um dos elementos a ser analisados e desenvolvidos na discussão atual mais ampla sobre construção e aprofundamento da Gestalt-terapia e de suas aplicações.

Apresentados os argumentos relativos à importância dessa discussão, destacaremos alguns elementos bastante relevantes em uma proposta de formação do Gestalt-terapeuta infantil: um conteúdo programático específico voltado para o trabalho psicoterapêutico com crianças; a importância da teoria; a necessidade de supervisão e de psicoterapia pessoal do profissional; a metodologia usada na formação de Gestalt-terapeutas; e as características dos responsáveis pela condução dessa formação.

Conteúdo programático específico

Quando mencionamos a necessidade de um conteúdo específico voltado para a formação do psicoterapeuta infantil, partimos do pressuposto básico de que a *psicoterapia de crianças é fundamentalmente diferente da realizada com adultos*, impedindo assim a simples transposição ou adaptação do trabalho com adultos. A formação do Gestalt-terapeuta infantil não pode ser um mero complemento, um apêndice da formação mais ampla do Gestalt-terapeuta, algo que se vê em poucos meses, muitas vezes no final do curso, inserto no meio de outras possibilidades de aplicação da Gestalt-terapia.

O trabalho com crianças tem particularidades que justificam uma formação específica, na qual, além dos pressupostos teóricos e técnicos da Gestalt-terapia, o aluno possa obter conhecimentos de psicologia do desenvolvimento, psicopatologia, psicofarmacologia e psicoterapia familiar, uma compreensão histórica da criança e da própria construção da psicoterapia infantil, de suas origens e seu desenvolvimento, bem como das principais contribuições de outras abordagens na construção do cenário atual do trabalho clínico com crianças. Uma vez que a Gestalt-terapia tem sua visão de homem e de mundo baseada numa perspectiva de campo, acreditamos que ela própria deva si-

---

90. Destacamos as publicações mais recentes de Oaklander (2007) e Antony (2010, 2012).

tuar-se no cenário mais amplo das psicoterapias, reconhecendo suas heranças e os ajustamentos criativos realizados diante de tais contribuições, para se diferenciar como uma abordagem específica no cenário contemporâneo da psicoterapia infantil.

Quanto à psicologia do desenvolvimento e à psicopatologia, elas constituem conhecimentos fundamentais para todo e qualquer psicoterapeuta de crianças, independentemente de sua abordagem. Como assinalamos em capítulos precedentes[91], a concepção de ser humano em Gestalt-terapia permite-nos assimilar tais conhecimentos porque vamos considerá-los *partes* de uma totalidade e não a totalidade em si, contextualizando-as e articulando-as aos demais elementos do campo, utilizando-as como norteadores e não como determinantes da compreensão diagnóstica. Precisamos saber, por exemplo, o que esperar em termos de representações gráficas para as diferentes faixas etárias, para verificar se um desenho com garatujas constitui uma expressão típica para aquela idade ou apenas a sinalização de uma dificuldade neurológica ou expressiva. Garatujas em uma criança de 3 ou 4 anos têm sentido diferente do que as mesmas garatujas em uma criança de 10 ou 11 anos, embora o Gestalt-terapeuta não vá levar em consideração somente o aspecto cronológico para sua compreensão total. O mesmo podemos afirmar acerca da psicopatologia: conhecer as "grandes síndromes" ou as classificações diagnósticas mais comuns não servirá para reduzir a criança a tais descrições ou construir "receitas de bolo" para abordá-la, mas para reconhecer as regularidades presentes nessas configurações e, com isso, estabelecer uma linguagem comum com os demais profissionais de saúde sem abrir mão de nossa compreensão da singularidade de cada cliente.

No que diz respeito à psicofarmacologia, como também já foi assinalado, o Gestalt-terapeuta deve conhecer os principais tipos de medicamento, bem como suas indicações, contraindicações e efeitos colaterais. Uma vez que temos uma perspectiva holística de ser humano, não podemos correr o risco de, de um lado, reduzir a possibilidade de ajudar o cliente que sofre intervindo em apenas uma "parte", por ter preconceito contra a medicação; de outro, de não perceber os possíveis efeitos da medicação na configuração total do comportamento da criança e até que ponto isso influencia ou dificulta nosso trabalho.

Quanto à psicoterapia familiar, parece-nos bastante óbvio que um psicoterapeuta infantil deva saber conduzir sessões "para além do um a um" (Polster, 2001). Ao trabalhar com crianças, jamais interviremos somente nela. Considerando que estar com um cliente individualmente é muito diferente de estar com mais de um, tanto em termos de condu-

---

91. Veja os Capítulos 2, 3 e 6.

ção como de compreensão do que se passa no campo – em especial quando se trata de "sistemas íntimos" (Zinker, 2001) –, é fundamental que o Gestalt-terapeuta obtenha conhecimentos acerca da perspectiva gestáltica de trabalho com casais e famílias.

Inúmeros psicoterapeutas optam por trabalhar inicialmente com crianças; consideram ser uma atuação mais fácil, baseados na premissa de que a criança não vai julgar a qualidade do seu trabalho ou de que não se acham "preparados" para trabalhar com adultos. Não é incomum observarmos tais psicoterapeutas surpreendidos com a dificuldade do trabalho clínico com crianças, seja pela própria condução das sessões usando uma linguagem lúdica, seja pelo manejo do caso como um todo, que envolve várias sessões com adultos significativos no campo da criança. Acrescentaríamos ainda que, embora a criança não julgue o trabalho como um adulto, se ele não for facilitador ou se mostrar invasor ou desrespeitoso, a criança tem formas específicas de avaliá-lo e demonstrar isso, seja estabelecendo um vínculo tênue com o psicoterapeuta, seja recusando-se a voltar à psicoterapia.

Além desses conhecimentos específicos, consideramos que ao trabalhar com crianças alguns tópicos do arcabouço teórico-técnico da Gestalt-terapia precisam ser aprofundados, uma vez que a psicoterapia com crianças costuma exigir mais em alguns aspectos. A compreensão diagnóstica é um bom exemplo: embora o diagnóstico seja feito com todos os clientes, independentemente da faixa etária, na psicoterapia com crianças o momento de compreensão diagnóstica inicial costuma ser mais destacado em razão da necessidade de realizar devoluções, tanto aos responsáveis quanto à escola e aos demais profissionais envolvidos. O trabalho com as funções de contato é outro exemplo, pois na medida em que a criança tem a linguagem verbal pouco desenvolvida as demais funções se apresentarão como porta de acesso fundamental à sua experiência nas sessões terapêuticas.

A importância da teoria

O segundo elemento que gostaríamos de apontar é a importância da teoria, que na história da Gestalt-terapia muitas vezes foi relegada a segundo plano, numa alegação de burocratização ou racionalização da abordagem, levando-nos a "falar sobre" algo *em vez* de vivenciá-lo "visceralmente". Acreditamos que tal concepção é herdeira da própria história da construção da Gestalt-terapia, na qual, desde suas origens e ao longo de seu desenvolvimento, inclusive no Brasil, observamos duas tendências diferentes, denominadas por Miller (1997) de "pele-vermelha" e "cara-pálida"[92], que parecem ter influenciado sobremaneira a formação de psicoterapeutas nessa abordagem. Sobre isso, Prestrelo (2001, p. 92) comenta:

> [...] Inicialmente a Gestalt-terapia no Brasil pode ser identificada com o grupo dos "peles--vermelhas": contato com uma abordagem "nova", "alternativa" às conhecidas e hegemônicas, na qual a proposta vivencial se estabelece como marca preponderante. [...] Com o passar do tempo, podemos identificar, no entanto, duas formas de continuidade do movimento da Gestalt-terapia: um grupo de terapeutas sente a necessidade de um entendimento maior de como essa prática se dá, e em que bases conceituais se alicerça (identificação com o grupo dos "caras-pálidas"), lidando com isso não mais como a manutenção de uma "dicotomia" e sim como um "processo" de integração e amadurecimento da abordagem; um outro grupo de profissionais se mantém preso à forma inicial de apreensão da Gestalt--terapia, reproduzindo, portanto, a dicotomia apontada neste trabalho.

Apesar de identificarmos, conforme aponta Prestrelo (2001), "um processo de amadurecimento e integração" da Gestalt-terapia, ainda sofremos os reflexos dessa dicotomia na formação do Gestalt-terapeuta. Observamos uma presença discreta, embora crescente, da Gestalt-terapia nos cursos de graduação em Psicologia e ainda muito tímida nos contextos de pós-graduação, além do caráter informal de boa parte dos cursos de formação em Gestalt-terapia oferecidos atualmente no Brasil – embora isso esteja se modificando com o crescente movimento para obter o credenciamento dos cursos de formação no Conselho Federal de Psicologia.

Defendemos arduamente um programa teórico estruturado e consistente nos cursos de formação e vemos com cautela cursos que privilegiam aspectos práticos e vivenciais. Concordando com Yontef (2000), acreditamos que estes, de forma isolada, não capacitam o psicoterapeuta a exercer sua tarefa de modo consistente e consciente, ou seja, sabendo *o que* está de fato fazendo e *para que* o faz.

Uma metodologia de trabalho encontra-se necessariamente vinculada a uma concepção de homem e de mundo, e por isso não podemos tornar-nos psicoterapeutas sem saber "para que" estamos intervindo, em função de que realizamos essa intervenção em detrimento de outra ou o que nos faz encaminhar a situação desse modo e não daquele. Para isso, encontraremos respaldo na teoria.

---

92. A tendência "pele-vermelha" defende uma prática que valoriza a intuição e a expressão catártica das emoções, rejeitando a reflexão teórica, enquanto a tendência "cara-pálida" valoriza o aprofundamento dos pressupostos e a sistematização de uma prática coerente com o corpo teórico.

Cabe ressaltar que a atenção cuidadosa ao programa teórico não descarta de forma alguma as vertentes técnica e vivencial, mas coloca-as no mesmo nível de importância. Na medida em que temos uma concepção holística de homem e de mundo, não consideramos que a formação deva ser eminentemente teórica *ou* intuitiva, "cabeça" *ou* "coração", acadêmica *ou* prática. Acreditamos na teoria embasando a prática, que, por sua vez, busca a teoria, que emerge da necessidade prática, faz aprofundar novamente a teoria e é perpassada o tempo inteiro pela pessoa do psicoterapeuta, com suas experiências, seus recursos, suas possibilidades e seus limites.

Assim, a insistência com a vertente teórica não é uma tentativa de privilegiá-la, mas de inseri-la com equilíbrio e justiça na formação do Gestalt-terapeuta. O pouco crédito dado à importância da teoria na formação do Gestalt-terapeuta (uma herança do "pele-vermelhismo") levou-nos a uma situação de inconsistência metodológica e de determinado tipo de visibilidade marcado pelo estereótipo do "oba-oba", bem como de desconfiança, descrédito e desrespeito por parte dos representantes de outras abordagens dentro do cenário mais amplo das psicoterapias atuais, particularmente no contexto acadêmico.

É dentro dessa perspectiva holística e circular, em um campo que se constrói na interseção de múltiplas forças, que entendemos a possibilidade de construir um curso de formação em Gestalt-terapia no qual o aluno seja encorajado a "botar a mão na massa" e iniciar sua vida profissional, evitando assim o fenômeno do eterno estudante, da preparação sem-fim para a vida profissional que jamais se inicia. Porém, isso deve ser feito com responsabilidade e investimento – tanto no que se refere ao crescimento pessoal, pela psicoterapia, quanto em termos acadêmicos, por meio do estudo, da supervisão e da produção teórica. Evitamos assim a linearidade representada na "prática que se estabelece *depois* da teoria", e propomos a circularidade e a retroalimentação entre teoria e prática na formação do Gestalt-terapeuta infantil.

Nesse caso, não há lugar para o privilégio de uma vertente em detrimento de outra, mas para uma dança fluida e alternante, num constante movimento entre teoria, técnica e vivência.

Psicoterapia pessoal e supervisão

É indispensável que, ao iniciar um curso de formação de Gestalt-terapeuta de crianças, o aluno seja questionado a respeito de sua escolha, a fim de elucidar as necessidades pessoais envolvidas nela – as quais, se não percebidas e trabalhadas, podem dificultar e/ou obstruir sua possibilidade de ser de fato terapêutico para seu cliente (Miller, 1997).

É fundamental também que o aluno tenha disponibilidade para participar ativamente de seu aprendizado mediante questionamentos, depoimentos e inserção em atividades e experimentos. Consideramos tal disponibilidade como a responsabilidade que o aluno tem com sua formação, para que ele não assuma uma posição passiva e predominantemente introjetiva em seu aprendizado, permitindo-se construir um estilo pessoal na condução do trabalho terapêutico.

Entendemos que faz parte do contexto de formação que o aluno seja mobilizado a desenvolver um conhecimento sobre si mesmo favorecendo sua *awareness* acerca de impedimentos e obstáculos ao seu processo de crescimento, bem como sobre suas habilidades e os pontos "fortes" que vão caracterizar seu estilo pessoal. Porém, acreditamos que tal contexto, por não ter objetivos fundamentalmente terapêuticos, apresenta limites no que diz respeito ao trabalho extensivo e intensivo desses mesmos elementos que emergem ao longo do processo de formação de cada aluno. Por isso, consideramos fundamental para a construção do psicoterapeuta e pré-requisito para o ingresso e a permanência em um curso de formação que ele invista em sua própria psicoterapia.

Se o contexto de formação age no sentido de facilitar a percepção do aluno acerca de suas questões, sua psicoterapia pessoal apresenta-se como o fórum privilegiado para a aceitação, o enfrentamento e a reflexão sobre sua história, suas dificuldades, necessidades e possibilidades. O desenvolvimento pessoal do psicoterapeuta é condição básica para que ele relacione-se terapeuticamente com seu cliente. Conforme descreve Cardella (2002, p. 96):

> Para ser capaz de colocar a própria experiência a serviço do outro, contribuir para que o cliente possa retomar seu processo de crescimento, é preciso que o psicoterapeuta iniciante saiba qual é essa experiência, saiba de si. Não apenas o que e como pensa; mas o que e como percebe, sente, imagina, espera, recorda e faz na relação com o outro. É necessário que aprenda a identificar o que é seu e o que é da outra pessoa; quais as sensações, emoções e impressões advindas dessa relação.

De acordo com Hycner (1995), essa é uma profissão paradoxal: ao mesmo tempo que o psicoterapeuta deve ser capaz de estar para o outro e com o outro, refletindo sobre a experiência presente, precisa ser capaz de estar *atento ao* que está acontecendo com ele próprio naquela relação. Deve estar em contato com o cliente e ciente do que acontece com ele mesmo. Tal tarefa não é fácil, pois exige grande capacidade de diferenciação e de estabelecimento de um contato de boa qualidade com seu cliente.

Assim, como diz Loffredo (1994, p. 93), "[...] se as características pessoais do tera-peuta são enfatizadas como instrumento de trabalho numa abordagem fenomenológi-co-existencial, esse instrumento deve tornar-se cada vez mais afinado e único, para que ele possa colocar-se na relação terapeuta-cliente de forma mais genuína".

Essa "afinação" está ligada, de um lado, à psicoterapia pessoal desenvolvida pelo psicoterapeuta; de outro, à experiência da supervisão, em especial da supervisão em grupo. Poder compartilhar com o grupo o que ele experimentou com o cliente e emprestar tal experiência como meio de aprendizagem para os outros membros é fundamental no processo de construção do psicoterapeuta, uma vez que possibilita a percepção e a discussão de uma mesma questão de diferentes pontos de vista; a refle-xão e a descoberta de formas próprias de condução da situação apresentada; e, com isso, a constatação de que não existe uma intervenção "certa" ou uma única forma de conduzir a sessão. Não trabalhamos com modelos preestabelecidos se a relação que se cria com o cliente é única e o desenvolvimento da psicoterapia se dá em função dessa relação.

Dessa forma, a supervisão auxilia a discriminação de diferentes formas de com-preensão e intervenção fundamentadas na perspectiva gestáltica e realizadas com base na singularidade da relação estabelecida entre aquele psicoterapeuta e aquele cliente, possibilitando o desenvolvimento das características facilitadoras e terapêuticas de cada aluno, bem como evidenciando seus pontos cegos e dificuldades.

De uma perspectiva gestáltica, a supervisão pode ser encarada como um fórum privilegiado de ajustamentos criativos do aluno (Yontef, 1996), realizados a partir das devoluções e contribuições do supervisor e dos demais psicoterapeutas, dos sentimen-tos emergentes identificados na relação psicoterapeuta/cliente e da *awareness* de suas próprias questões obtidas no momento da supervisão.

A forma como a supervisão é conduzida também é decisiva. É fundamental que se estabeleça um ambiente de acolhimento e confirmação da experiência do aluno, com base em uma relação horizontal entre ele e o supervisor e no respeito às diferenças dentro do grupo. Isso evita o surgimento de sentimentos de vergonha (Yontef, 1996) que fazem que o aluno omita detalhes do atendimento ou não descreva sua experiência em detalhes, impedindo-o assim de crescer como psicoterapeuta e dificultando o cres-cimento de seu cliente. Vale lembrar que o desenvolvimento profissional não é o único objetivo da supervisão; também somos responsáveis por facilitar o processo do cliente que está sendo atendido por aquele aluno, tornando a supervisão um processo de auxi-liar alguém a auxiliar outra pessoa.

GESTALT-TERAPIA COM CRIANÇAS **237**

Psicoterapia e supervisão são ferramentas fundamentais na construção de um psicoterapeuta. Precisam estar presentes não só durante o curso de formação do Gestalt-terapeuta infantil como ao longo de toda sua carreira, constituindo espaços de avaliação, questionamento, revisão e renovação da prática profissional.

A metodologia

A respeito da metodologia da formação do Gestalt-terapeuta infantil, ouvimos muito o argumento de que a Gestalt-terapia não pode ser ensinada, mas precisa ser vivenciada. O simples fato de ter alguém que ensina e alguém que aprende já estabelece uma relação vertical, arbitrária, autoritária, na qual cabe ao aluno meramente "engolir inteiro" aquilo que o professor/coordenador oferece como "verdade", devendo, por isso, todo curso de formação necessariamente privilegiar a construção do conhecimento pelo aluno, sem que *a priori* pudesse contaminar sua singularidade.

Concordamos em parte com tal posicionamento, mas é preciso, de uma vez por todas, abandonar a rigidez do *ou*, de privilegiar isso ou aquilo, para circular com a fluidez do *e*. É fundamental engajar a pessoa do aluno na construção do seu conhecimento, encorajando sua excitação, curiosidade, iniciativa, motivação, independência e seu pensamento crítico. Porém, se não lhe oferecemos material suficiente para mastigar, ruminar, elaborar, articular, reorganizar e até cuspir o conhecimento, corremos o risco de cair num grande vazio. Com que material o aluno vai construir o conhecimento? Por certo ele tem algumas habilidades e também conhecimento prévio. Porém, não cremos que isso seja suficiente para a construção de um psicoterapeuta, pois nem todos reúnem as mesmas habilidades de construção, além de não terem o conhecimento prévio específico necessário. Não há construção sem material apropriado; utilizando a metáfora da construção de uma casa, podemos afirmar que os alunos precisam de tijolos, cimento, água e areia para que suas obras sejam firmes, coerentes, efetivas e de boa qualidade. Sem isso, só nos resta acreditar que serão erguidos grandes castelos, que sucumbirão ao primeiro vento forte, não fornecendo assim nenhuma base para uma atuação profissional séria, responsável e competente.

Concordando novamente com Yontef (2000), consideramos então que a Gestalt-terapia *pode e deve ser ensinada* naquilo que for pertinente – seus pressupostos filosóficos, sua concepção de ser humano, seu conceito de funcionamento saudável e não saudável, sua metodologia específica de trabalho e suas técnicas facilitadoras –, em um contexto propício à emergência de questionamentos e ajustamentos criativos (Harris, 1999), resultando numa construção final própria de cada um, num estilo pessoal, numa forma única de ser Gestalt-terapeuta, apesar de vinculada a pressupostos comuns que existem e precisam existir para que possamos falar de uma "abordagem".

Dessa forma, é possível ensinar Gestalt-terapia desde que acreditemos nas possibilidades de discriminação e reconfiguração de nossos alunos e, como professores, criemos um campo favorável para que, além de assimilar o conteúdo de seus fundamentos, eles possam vivenciá-los e praticá-los – tanto por meio do que denominamos prática dramatizada quanto do atendimento e da elaboração de projetos de trabalho com a comunidade. A prática dramatizada de situações de sessões iniciais com os pais e a criança, de sessões de devolução a diversos destinatários, de sessões familiares e de sessões com a criança ao longo do processo terapêutico permite ao aluno explorar várias fantasias a respeito do que possa vir a acontecer nos atendimentos, rever situações experimentando outros tipos de manejo e intervenção, identificar suas dificuldades e desenvolver suas habilidades técnicas em um contexto seguro, acolhedor e respeitoso. A possibilidade de atendimento ao longo do curso é fator básico para a articulação entre teoria e prática. A elaboração de projetos de trabalho na comunidade convida o aluno a utilizar criativamente seus conhecimentos em propostas inovadoras, demonstrando que o arcabouço teórico-prático da Gestalt-terapia pode ser utilizado em inúmeros fóruns e com diversos objetivos terapêuticos, muitas vezes transcendendo o trabalho clínico[93].

Especificamente no que diz respeito à formação do Gestalt-terapeuta infantil, a familiaridade com a metodologia fenomenológica e o uso da técnica sob esse prisma combinam com a necessidade dos alunos de experimentar os recursos lúdicos, bem como de desenvolver sua disponibilidade para brincar. Consideramos que no curso de formação de Gestalt-terapeutas de crianças o psicoterapeuta possa desenvolver sua criatividade, sua curiosidade, suas funções de contato, sua capacidade de personificação, sua espontaneidade e sua flexibilidade diante das situações. Nesse aspecto, a condução de experimentos e o uso dos recursos lúdicos dentro do próprio grupo, combinados com a experiência de oficinas, fornece a oportunidade necessária para que isso se construa.

Por fim, não poderíamos deixar de destacar a importância da discussão de casos clínicos, além do momento de supervisão, com o objetivo de desenvolver o raciocínio terapêutico, a perspectiva diagnóstica e a constante integração da teoria com a prática por meio de exemplos para ilustrar o tópico "teórico" e da fundamentação teórica para embasar o tópico "prático".

---

93. "Conversando sobre crianças", projeto de atendimento e promoção de saúde mental infantil desenvolvido no Rio de Janeiro, nasceu de uma proposta como essa.

Características do formador

Chegamos inevitavelmente à pessoa do formador, com suas características e com o tipo de relação que ele estabelece com o aluno. Yontef (2000, p. 39) comenta que "ser um terapeuta competente ou um teórico premiado não faz de alguém automaticamente um bom treinador ou formador", afirmação com a qual concordamos integralmente. Um bom psicoterapeuta pode não ser capaz de colocar em palavras e de forma didática sua experiência, ou sistematizar de modo claro e conciso a fundamentação teórica de seu trabalho. Um grande teórico pode não conseguir transformar sua teoria em prática nem criar condições propícias de aprendizagem ativa e de experiências vivenciais para seus alunos. Um bom formador precisa saber integrar ambas as perspectivas.

Os princípios básicos da fenomenologia pontuam a construção do psicoterapeuta como fruto da relação estabelecida entre formador e formando. Entendemos que só por meio de uma relação transformadora, na qual o formador entende e respeita o tempo individual de cada um, identifica e procura facilitar o desenvolvimento das possibilidades dos alunos, bem como observa e acompanha, respeita e facilita o movimento grupal, com suas características singulares e momentos distintos, se conseguirá propiciar um contexto facilitador para a construção de psicoterapeutas.

O formador precisa ser capaz de perceber as capacidades e limitações de cada aluno, além de criar condições para que estas sejam percebidas, trabalhadas e atualizadas por eles no espaço da formação. Para isso, ele deve ter disponibilidade para relacionar-se com os alunos, valorizando-os e aceitando-os da forma como se apresentam no grupo, sem tentar "modelá-los" à sua imagem e semelhança, o que aponta para a importância de um trabalho psicoterapêutico pessoal para o formador.

O respeito às diferenças individuais e a possibilidade do desenvolvimento do estilo próprio de cada aluno são características fundamentais daquele que se propõe a *formar*, contrapondo-se à ideia de modelar alguém que se submete passivamente. Ainda assim a palavra "formação" parece trazer o ranço da construção do psicoterapeuta como réplica do seu formador, o que pode acontecer em cursos que privilegiam a vaidade de seu coordenador e não as necessidades de embasamento e desenvolvimento de seus alunos, favorecendo a introjeção pura e simples de um "modelito" de como ser Gestalt-terapeuta.

A atitude do formador diante de seu grupo é fundamental para o desenvolvimento do autossuporte, da confiança e da autoestima do aluno, bem como da admiração, do apreço e do entusiasmo pela abordagem. Uma atitude que propicie a emergência de sentimentos de vergonha ou inadequação ao longo da formação pode se transformar em um sério impedimento para o desenvolvimento do aluno e, por conseguinte, para o desenvolvimento da própria Gestalt-terapia. Formadores que se comportam como semideuses, embalados pela vaidade, não permitem que seus alunos caminhem além ou mais rápido que eles, impedindo-lhes o desenvolvimento da autonomia e da criatividade e impossibilitando que eles cruzem fronteiras ainda não atravessadas, prejudicando a Gestalt-terapia.

Da mesma forma, para que o aluno se interesse em aprofundar, expandir, abrir novas frentes e cruzar fronteiras desconhecidas, é preciso que ele acredite de fato no que está dizendo e fazendo, que se identifique com a visão de homem da Gestalt-terapia e creia no seu poder de transformação. Para que isso aconteça, é fundamental que ele seja apresentado à Gestalt-terapia com paixão, entusiasmo, motivação e curiosidade. A presença de tais elementos em um aluno parece ter ligação estreita com aquele que é considerado seu referencial de formação e com a maneira como a Gestalt-terapia lhe é apresentada.

Destacamos também como características fundamentais do formador, não só para a facilitação da relação com os alunos como pelo próprio exemplo de valores muito próximos à concepção de mundo da Gestalt-terapia, a *independência* e a *humildade*. A independência permite que, sem cair na polaridade do isolamento, não sejamos capturados por filiações, dogmatizações da abordagem, grupos exclusivos e cerceamentos de opiniões e posições teóricas ou práticas, mantendo a coerência com o nosso trabalho e lidando com as diferenças e as afinidades de forma fluida e respeitosa. Quanto à humildade, consideramos que é a melhor amiga da verdadeira competência, da *awareness* presente naquilo que podemos fazer e oferecer efetivamente a cada momento. Ela nos possibilita estar sempre alertas quanto às necessidades de renovação, reavaliação e busca de elementos que concorram para uma nova configuração ainda mais afinada com as necessidades de nossos alunos.

É importante ressaltar que, ao falarmos da formação do Gestalt-terapeuta infantil e enfocarmos o período do curso, não estamos de forma alguma reduzindo a construção do psicoterapeuta ao tempo em que transcorre o curso. Afinados com nossa perspectiva de ser humano processual, que se encontra sempre em transformação, acreditamos que tal construção se dê ao longo de toda a vida, com base na experiência profissional e pessoal do psicoterapeuta, bem como no seu investimento teórico no aprofundamento e na renovação de suas bases de trabalho.

O curso de formação faz parte da história dessa construção, mas não nos parece pouco relevante, uma vez que é nele que o psicoterapeuta recebe a apresentação inicial e intensiva da abordagem e, principalmente, tem a oportunidade de, num contexto de acolhimento e aceitação, ensaiar, testar, tentar, experimentar e descobrir suas possibilidades como Gestalt-terapeuta de crianças.

Nossa escolha de ser formadores por vezes mostra-se difícil e cheia de impasses e imprevistos, mas nos traz sempre a recompensa de sabermos que estamos ajudando a disseminar, desenvolver e fortalecer, mediante a criação de multiplicadores, uma forma específica de ver o homem e o mundo que tem em seu bojo múltiplas possibilidades de realização: a Gestalt-terapia.

CONSIDERAÇÕES FINAIS

Ao final de nosso percurso pela Gestalt-terapia com crianças, constatamos a possibilidade de uma prática psicoterapêutica fundamentada, compatível com sua perspectiva de ser humano e de desenvolvimento, bem como com os novos paradigmas em psicologia (Távora, 1999; Holanda, 2005; Lima, 2005), e começamos a indagar-nos acerca de outras possibilidades de utilização dessa compreensão de homem e de mundo em nossa atuação como profissionais de psicologia.

Com base na perspectiva de desenvolvimento saudável, proposta pela teoria, a prática da Gestalt-terapia com crianças, de um lado, promove as necessárias reconfigurações de padrões estereotipados e cristalizados que caracterizam o funcionamento neurótico; de outro, facilita o pleno desenvolvimento de seu potencial e a fluidez de seu processo de contato.

Dessa forma, existe um caráter não só "curativo" ou de trabalho com aquilo que não se apresenta saudável, mas também uma perspectiva de prevenção, que pode se dar ao se promover o funcionamento saudável, o que significa encontrar a criança antes que ela chegue ao nosso consultório, em seus fóruns naturais, tais como a escola e a comunidade. Isso implica ir ao encontro de seus pais, cuidadores, médicos e professores; atuar em seu campo disseminando a informação, a reflexão e a *awareness* de todos os que fazem parte dele, propiciando assim relações mais fluidas e nutritivas e, portanto, um desenvolvimento mais saudável. Conforme já apontava Bleger (1984), o campo da psicologia já não se refere apenas à doença ou à sua profilaxia, mas também à promoção de maior equilíbrio, melhor nível de saúde na população, fazendo que o nosso interesse não seja somente ausência de doença e sim o desenvolvimento pleno dos indivíduos e da comunidade.

Tal perspectiva encontra na própria visão de homem da Gestalt-terapia seu fundamento: ao concebermos o ser humano como um ser contextual, que faz parte de um campo e encontra-se inevitavelmente afetado por ele, ao trabalharmos com e nesse campo permitiremos a emergência de elementos favoráveis ao desenvolvimento saudável da criança. Com isso, a ênfase desloca-se da doença para a saúde e, assim, para uma maior atenção e atuação na vida cotidiana das crianças e dos adultos que a cercam.

Entendemos que o Gestalt-terapeuta pode sair em busca de seu "cliente" no curso de seu cotidiano, não esperando somente que ele venha consultá-lo, mas tratando de intervir nos processos que o afetam, estendendo seu trabalho para condições que não impliquem doença e digam respeito, em especial, a momentos ou períodos do desenvolvimento saudável (gravidez, parto, puerpério, infância e puberdade); a momentos de mudança ou de crise (casamento, divórcio, viuvez e mudança de cidade ou país); e a situações que requeiram informação e orientação (educação das crianças, sexualidade, adoção).

Conforme descreve Bleger (1984, p. 29):

[...] o psicólogo intervém absolutamente em tudo o que inclui ou implica seres humanos, para a proteção de tudo o que concerne aos fatores psicológicos da vida, em suas múltiplas manifestações: interessa-se, em toda a sua amplitude, pela assimilação e integração de experiências em uma aprendizagem adequada, com plena satisfação de todas as necessidades [...].

Ao pensarmos a prática do Gestalt-terapeuta com crianças dessa forma, um campo de possibilidades que vai além do trabalho abordado neste livro abre-se diante de nós: o trabalho em escolas, com crianças, seus pais e professores; o trabalho em comunidades com crianças, pais e futuros pais; o trabalho em serviços de saúde com gestantes, puérperas e jovens mães; o trabalho em instituições que abrigam crianças; o trabalho de pesquisa que nos conduz a novas formas de perceber a criança e sua relação com o mundo contemporâneo[94].

Assim, o campo é vasto e a Gestalt-terapia, com sua perspectiva holística e relacional, diante do cenário das abordagens contemporâneas, parece ser a que melhor se afina com tais propostas. Deixamos o convite para que a comunidade de Gestalt-terapeutas amplie ainda mais sua atuação com as crianças e compartilhe outras formas de promover seu bem-estar.

---

94. Conforme apontamos em capítulos precedentes, o desenvolvimento da noção de "clínicas gestálticas" (Müller-Granzotto e Müller-Granzotto, 2012) traz uma contribuição interessante a algumas dessas possibilidades.

REFERÊNCIAS BIBLIOGRÁFICAS

AGUIAR, L. "Gestalt-terapia com crianças: a concepção de homem e suas implicações na prática clínica". *Revista de Gestalt*, n. 10, 2001.

_____. "Limites: quando e como dizer não". *Psicologia Brasil*, ano 2, n. 12, 2004.

AMESCUA, G. "Autism in Gestalt theory: toward a Gestalt theory of personality". *Gestalt Review*, v. 3, n. 3, 1999.

ANTONY, S. "A criança hiperativa que tem vento nos pés e o olho maior do que a barriga: um enfoque da Gestalt-terapia". *Revista do X Encontro Goiano da Abordagem Gestáltica*, n. 10, 2004.

_____. "A criança em desenvolvimento no mundo: um olhar gestáltico". *IGT na Rede*, v. 3, n. 4, 2006.

_____. "A criança com transtorno de ansiedade: seus ajustamentos criativos defensivos". *Revista da Abordagem Gestáltica* [online], v. 15, n. 1, 2009.

_____. (org.). *A clínica gestáltica com crianças: caminhos de crescimento*. São Paulo: Summus, 2010.

_____. *Gestalt-terapia: cuidando de crianças – Teoria e arte*. Curitiba: Juruá, 2012.

ARIÈS, P. *História social da criança e da família*. Rio de Janeiro: Zahar, 1981.

ARZENO, M. E. G. *Psicodiagnóstico clínico: novas contribuições*. Porto Alegre: Artes Médicas, 1995.

AUTRAN, M. "A criança retraída". *Psicologia Brasil*, n. 17, 2005.

AXLINE, V. "Nondirective play therapy procedures and results". In: LANDRETH, G. *Play therapy: dynamics of the process of counselling with children*. Illinois: Charles C. Thomas, 1982.

_____. *Ludoterapia*. Belo Horizonte: Interlivros, 1984.

_____. *Dibs: em busca de si mesmo*. Rio de Janeiro: Agir, 1986.

BEE, H. *A criança em desenvolvimento*. São Paulo: Artmed, 1996.

BEISSER, A. R. "A teoria paradoxal da mudança". In: FAGAN, J.; SHEPHERD, I. L. (orgs.). *Gestalt-terapia: teoria, técnicas e aplicações*. Rio de Janeiro: Zahar, 1980.

BLEGER, J. *Psico-higiene e psicologia institucional*. Porto Alegre: Artes Médicas, 1984.

_____. *Temas de psicologia: entrevista e grupos*. São Paulo: Martins Fontes, 1987.

BRESHGOLD, E.; ZAHM, S. "A case for the integration of self psychology developmental theory into the practice of Gestalt therapy". *The Gestalt Journal*, v. XV, n. 1, 1992.

BRIGGS, D. C. *A autoestima do seu filho*. São Paulo: Martins Fontes, 2000.

CANGELOSI, D. *Saying goodbye in child psychotherapy: planned, unplanned and premature endings*. Londres: Jason Aronson, 1997.

CARDELLA, B. *A construção do psicoterapeuta*. São Paulo: Summus, 2002.

CARDOSO, S. R. "Reflexões sobre as primeiras relações da criança segundo a Gestalt-terapia". *Revista do I Encontro Goiano de Gestalt-terapia*, v. I, n. 1, 1995.

CARDOSO-ZINKER, S. "The story of Daniel: Gestalt therapy principles and values". *Gestalt Review*, v. 8, n. 1, 2004.

CARROL, F. "No child is an island". In: FEDER, B.; RONALL, R. *A living legacy of Fritz and Laura Perls: contemporary case studies*. Nova Jersey: Walden Printing, 1996.

CLARKSON, P. *Gestalt counselling in action*. Londres: Sage, 1989.

CORNEJO, L. *Manual de terapia infantil gestáltica*. Bilbao: Desclée de Brouwer, 1996.

COSTA, V. E. "O diálogo abortado como a gênese dos transtornos da infância". *Revista do VIII Encontro Goiano da Abordagem Gestáltica*, n. 8, 2002.

CROCKER, S. F. "Improvising Gestalt with children". *British Gestalt Journal*, v. 10, n. 2, 2001.

DESLILE, G. *Personality disorders*. Montreal/Quebec: Sig Press, 1999.

ELIAS, G. P. "Gestalt: uma proposta psicoterápica para crianças". *Revista do VII Encontro Goiano da Abordagem Gestáltica*, n. 7, 2001.

FAGAN, J. "As tarefas do terapeuta". In: FAGAN, J.; SHEPHERD, I. L. (orgs.). *Gestalt-terapia: teoria, técnicas e aplicações*. Rio de Janeiro: Zahar, 1980.

FAGAN, J.; SHEPHERD, I. L. (orgs.). *Gestalt-terapia: teoria, técnicas e aplicações*. Rio de Janeiro: Zahar, 1980.

FERNANDES, M. B. "Gestalt e crianças: crescimento". *Revista de Gestalt*, n. 4, 1995.

_____. "Trabalho com crianças, adolescentes e famílias em Gestalt-terapia". *Revista do II Encontro Goiano de Gestalt-Terapia*, ano II, n. 2, 1996.

FERNANDES, M. B. *et al.* "Reflexões sobre o desenvolvimento da criança segundo a perspectiva da Gestalt-terapia". *Revista de Gestalt*, n. 4, 1995.

_____. "A gênese da construção da identidade e da expansão de fronteiras na criança". *Revista de Gestalt*, n. 7, 1998.

_____. "Figuras de apego: matriz dos vínculos afetivos". *Revista de Gestalt*, n. 9, 2000.

FERREIRA, L. C. "Terapeuta de primeira viagem: vivenciando o processo de formar-se enquanto Gestalt-terapeuta". *Revista do X Encontro Goiano da Abordagem Gestáltica*, n. 10, 2004.

FRAZÃO, L. M. "A importância de compreender o sentido do sintoma em Gestalt-terapia". *Revista de Gestalt*, v. 2, 1992.

_____. "Pensamento diagnóstico processual: uma visão gestáltica de diagnóstico". *Revista do II Encontro Goiano de Gestalt Terapia*, ano II, n. 2, 1996.

_____. "Funcionamento saudável e não saudável enquanto fenômenos interativos". *Revista do III Encontro Goiano da Abordagem Gestáltica*, ano 3, 1997.

FREUD, A. *O tratamento psicanalítico de crianças*. Rio de Janeiro: Imago, 1971.

FREUD, S. (1905) "Três ensaios sobre a teoria da sexualidade". In: *Obras completas*. Edição Standard Brasileira. Rio de Janeiro: Imago, 1980a.

_____. (1909) "Análise de uma fobia em um menino de 5 anos". *Obras completas*. Edição Standard Brasileira. Rio de Janeiro: Imago, 1980b.

_____. (1920) "Além do princípio do prazer". *Obras completas*. Ed. standard brasileira. Rio de Janeiro: Imago, 1980c.

FUHR, R.; SRECKOVIC, M.; GREMMLER-FUHR, M. "Diagnostics in Gestalt-therapy". *Gestalt Review*, v. 4, n. 3, 2000.

GI, Y. C. "Tentativas de formar Gestalten teóricas desenvolvimentistas". *Revista de Gestalt,* n. 6, 1997.

GILLIE, M. "Daniel Stern: a developmental theory for Gestalt?" *British Gestalt Journal*, v. 8, n. 2, 1990.

GINGER, S. *Gestalt: uma terapia do contato*. São Paulo: Summus, 1995.

GREEN, W. H. *Psicofarmacologia clínica na infância e na adolescência*. Porto Alegre: Artes Médicas, 1997.

GREENSPAN, S. *Entrevista clínica com crianças*. Porto Alegre: Artes Médicas, 1993.

HARRIS, J. B. "Gestalt learning and training". *British Gestalt Journal*, v. 8, n. 2, 1999.

HOGG, T. *Os segredos de uma encantadora de bebês: como ter uma relação tranquila e saudável com seu bebê*. Barueri: Manole, 2002.

HOLANDA, A. F. "O diálogo como construção da totalidade do homem e suas implicações para a prática clínica". *Revista do IX Encontro Goiano da Abordagem Gestáltica*, n. 9, 2003.

_____. "Fundamentos epistemológicos da Gestalt-terapia". In: HOLANDA, A. F.; FARIA, N. J. *Gestalt-terapia e contemporaneidade: contribuições para uma construção epistemológica da teoria e da prática gestáltica*. Campinas: Livro Pleno, 2005.

HYCNER, R. *De pessoa a pessoa: psicoterapia dialógica*. São Paulo: Summus, 1995.

HYCNER, R.; JACOBS, L. *Relação e cura em Gestalt-terapia*. São Paulo: Summus, 1997.

JACOBS, L. "O diálogo na teoria e na Gestalt-terapia". HYCNER, R.; JACOBS, L. *Relação e cura em Gestalt-terapia*. São Paulo: Summus, 1997.

KENT-FERRARO, J.; WHEELER, G. "ADD: a Gestalt perspective". In: MCCONVILLE, M.; WHEELER, G. (orgs.). *The heart of development: Gestalt approaches to working with children, adolescents and their worlds.* v. 1. Nova Jersey: Gestalt Press, 2002.

KLEIN, M. *Psicanálise da criança.* São Paulo: Mestre Jou, 1981.

KORB, M. "Redefining maturity and maturational processes". *The Gestalt Journal,* v. XXII, n. 2, 1999.

LAMPERT, R. "Working with parents: the dialogic challenge". *The Gestalt Journal,* v. XXIV, n. 1, 2001.

_____. *A child's eye view: Gestalt therapy with children, adolescents and their families.* Highland: The Gestalt Journal Press, 2003.

LIMA, P. A. "A Gestalt-terapia no contexto científico e intelectual contemporâneo". In: HOLANDA, A. F.; FARIA, N. J. *Gestalt-terapia e contemporaneidade: contribuições para uma construção epistemológica da teoria e da prática gestáltica.* Campinas: Livro Pleno, 2005.

LIMA FILHO, A. P. "O contrato terapêutico". *Revista de Gestalt,* n. 4, 1995.

LOFFREDO, A. M. *A cara e o rosto: ensaio sobre Gestalt-terapia.* São Paulo: Escuta, 1994.

MANNONI, M. *A primeira entrevista em psicanálise.* Rio de Janeiro: Campus, 1981.

_____. *A criança, sua doença e os outros.* Rio de Janeiro: Zahar, 1983.

MARTINS, A. E. "A concepção de homem na Gestalt-terapia e suas implicações no processo psicoterápico". *Revista do I Encontro Goiano de Gestalt-terapia,* n. 1, 1995.

_____. "A concepção humanístico-existencial-fenomenológica da Gestalt". *Presença,* ano 2, n. 2, 1996.

MCCONVILLE, M. "Lewinian field theory, adolescent development and psychotherapy". *Gestalt Review,* v. 7, n. 3, 2003.

MCCONVILLE, M.; WHEELER, G. (orgs.). *The heart of development: Gestalt approaches to working with children, adolescents and their worlds.* v. 1. Nova Jersey: Gestalt Press, 2002.

MELNICK, J.; NEVIS, S. M. "Diagnosis: the struggle for a meaningful paradigm". In: NEVIS, E. (org.). *Gestalt therapy: perspectives and applications.* Nova York: Garner Press, 1992.

MILLER, A. *O drama da criança bem-dotada: como os pais podem formar (e deformar) a vida emocional dos filhos.* São Paulo: Summus, 1997.

MILLER, M. V. "Introdução à edição do *The Gestalt Journal*". In: PERLS, F.; HEFFERLINE, R.; GOODMAN, P. *Gestalt-terapia.* São Paulo: Summus, 1997.

MONTORO, G. F. "Contribuições da teoria do apego à terapia familiar". In: CASTILHO, T. (Org.). *Temas em terapia familiar* São Paulo: Plexus, 1994.

MORSS, J. R. "A critique of the role of development theory". *International Gestalt Journal,* v. 25, n. 1, 2002.

MORTOLA, P. "Sharing disequilibrium: a link between Gestalt therapy theory and child development theory". *Gestalt Review,* v. 5, n. 1, 2001.

MULLEN, P. "Gestalt therapy and constructive developmental psychology". *The Gestalt Journal,* v. XIII, n. 1, 1990.

MÜLLER-GRANZOTTO; R. L.; MÜLLER-GRANZOTTO, M. J. *"Self* e temporalidade". *Revista do X Encontro Goiano da Abordagem Gestáltica*, n. 10, 2004.

_____. *Fenomenologia e Gestalt-terapia*. São Paulo: Summus, 2007.

_____. *As clínicas gestálticas: sentido ético, político e antropológico da teoria do self*. São Paulo: Summus, 2012.

OAKLANDER, V. *Descobrindo crianças: a abordagem gestáltica com crianças e adolescentes*. São Paulo: Summus, 1980.

_____. "The relationship of Gestalt therapy to children". *The Gestalt Journal*, v. 5, n. 1, 1982.

_____. "Gestalt work with children: working with anger and introjects". In: NEVIS, E. C. (org.). *Gestalt therapy: perspectives and applications*. Cleveland: GICPress, 1992.

_____. "Gestalt play therapy". In: O'CONNOR, K. J.; SCHAEFER, C. E. (orgs.). *Handbook of play therapy: advances and innovations*. Nova York: Wiley Interscience, 1994.

_____. "The therapeutic process with children and adolescents". *Gestalt Review*, v. 1, n. 4, 1997.

_____. *Hidden treasure: a map to the child's inner self*. Londres: Karnac Books, 2007.

PERLS, F. *Gestalt-terapia explicada*. São Paulo: Summus, 1977.

_____. *Abordagem gestáltica e testemunha ocular da terapia*. Rio de Janeiro: Zahar, 1985.

_____. *Ego, fome e agressão*. São Paulo: Summus, 2002.

PERLS, F.; HEFFERLINE, R.; GOODMAN, P. *Gestalt-terapia*. São Paulo: Summus, 1997.

PIMENTEL, A. "Compreendendo o desenvolvimento saudável e doente em Gestalt-terapia para realizar um diagnóstico colaborativo". *Revista de Gestalt*, n. 2, 2000.

_____. *Psicodiagnóstico em Gestalt-terapia*. São Paulo: Summus, 2003.

_____. *Nutrição psicológica: desenvolvimento emocional infantil*. São Paulo: Summus, 2005.

POLSTER, E.; POLSTER, M. *Gestalt-terapia integrada*. São Paulo: Summus, 2001.

PRAGER, E. R.; XAVIER, V. L. C. "A Gestalt-terapia no atendimento infantil". *Revista do VI Encontro Goiano da Abordagem Gestáltica*, n. 6, 2000.

PRESTRELO, E. T. "A história da Gestalt-terapia no Brasil: 'peles-vermelhas' ou 'caras-pálidas'?" *Revista Clio-Psyché*. Rio de Janeiro: Relume-Dumará, 2001.

QUITANA, A. M. "Da defesa da teoria à construção do dogma". *Insight Psicoterapia*, 1996.

RANALDI, C. "O árduo caminho de crescimento para a criança tímida". In: ANTONY, S. (org.). *A clínica gestáltica com crianças: caminhos de crescimento*. São Paulo: Summus, 2010.

REYNOLDS, C.; WOLDT, A. "Healing group, wounded hearts: Gestalt group therapy with children of divorce". In: MCCONVILLE, M.; WHEELER, G. (orgs.). *The heart of development: Gestalt approaches to working with children, adolescents and their worlds*. v. 1. Nova Jersey: Gestalt Press, 2002.

RIBEIRO, J. P. *Gestalt-terapia: refazendo um caminho*. São Paulo: Summus, 1985.

_____. *Gestalt-terapia: o processo grupal – Uma abordagem fenomenológica da teoria do campo e holística*. São Paulo: Summus, 1994.

_____. *O ciclo do contato*. São Paulo: Summus, 1997.

RIBEIRO, M. F. R. "A relação terapêutica como o experimento em si". *Revista de Gestalt*, ano 1, n. 1, 1991.

ROBINE, J. M. *O self desdobrado: perspectiva de campo em Gestalt-terapia*. São Paulo: Summus, 2006.

RODRIGUES, H. E. *Introdução à Gestalt-terapia: conversando sobre os fundamentos da abordagem gestáltica*. Rio de Janeiro: Vozes, 2000.

ROGERS, C. *O tratamento clínico da criança problema*. São Paulo: Martins Fontes, 1978.

———. *Tornar-se pessoa*. São Paulo: Martins Fontes, 2001.

ROUDINESCO, E. *A família em desordem*. Rio de Janeiro: Jorge Zahar, 2003.

SILLS, C. (org.). *Contracts in counselling*. Londres: Sage, 1997.

SOARES, L. L. M. "Fundamentando a relação em Gestalt-terapia com crianças". *Revista do VII Encontro Goiano da Abordagem Gestáltica*, n. 7, 2001.

SOUZA, S. J. "Ressignificando a psicologia do desenvolvimento: uma contribuição crítica à pesquisa da infância". In: KRAMER, S.; LEITE, M. I. (orgs.). *Infância: fios e desafios da pesquisa*. Campinas: Papirus, 1997.

STAEMMLER, Frank-M. "Towards a theory of regressive processes". In: Gestalt therapy: On time perspective, developmental model and the wish to be understood. *The Gestalt Journal*, 1997, v. 20, n. 1, p. 49-120

SWANSON, C.; LICHTEMBERG, P. "Diagnosis in Gestalt therapy: a modest beginning". *The Gestalt Journal*, v. XXI, n. 1, 1998.

SWEENEY, D. S.; TATUM, R. J. "What the play therapist needs to know about medications". In: LANDRETH, G. L. (org.). *Innovations in play therapy: issues, process, and special populations*. Nova York: Brunner-Routledge, 2001.

TÁVORA, C. B. "Do *self* encapsulado aos *selves* processuais e construídos: atualidade da Gestalt frente aos novos paradigmas em psicologia e psicoterapia". *Revista de Gestalt*, n. 8, 1999.

UZIEL, A. P. "Homossexualidade e parentalidade: ecos de uma conjugação". In: HEILBORN, M. L. (org.). *Família e sexualidade*. Rio de Janeiro: Editora FGV, 2004.

VAITSMAN, J. *Flexíveis e plurais: identidade, casamento e família em circunstâncias* pós-modernas. Rio de Janeiro: Rocco, 1994.

VIEIRA, M. A.; FRANÇA, M. A.; BARBALHO, M. C. "Gestalt-terapia: uma reflexão sobre a formação". *Revista do II Encontro Goiano de Gestalt-Terapia*, ano II, n. 2, 1996.

VIGNOLI, M. T. "O encontro poético na relação terapêutica". *Revista de Gestalt*, n. 3, 1994.

WHEELER, G. "Towards a Gestalt development model". *British Gestalt Journal*, v. 7, n. 2, 1998.

———. "Compulsion and curiosity: a Gestalt approach to OCD". In: MCCONVILLE, M.; WHEELER, G. (orgs.). *The heart of development: Gestalt approaches to working with children, adolescents and their worlds*. v. 1. Nova Jersey: Gestalt Press, 2002.

WINNICOTT, D. *O brincar e a realidade*. Rio de Janeiro: Imago, 1975.

———. *Textos selecionados: da pediatria a psicanálise*. Rio de Janeiro: Francisco Alves, 1978.

———. *The Piggle: relato do tratamento psicanalítico de uma menina*. Rio de Janeiro: Imago, 1979.

———. *Consultas terapêuticas em psiquiatria infantil*. Rio de Janeiro: Imago, 1984.

YONTEF, G. "Supervision from a Gestalt therapy perspective". *British Gestalt Journal*, v. 5, n. 2, 1996.

_____. *Processo, diálogo e awareness: ensaios em Gestalt-terapia*. São Paulo: Summus, 1998.

_____. "The importance of professional knowledge: a response to John Harris". *British Gestalt Journal*, v. 9, n. 1, 2000.

ZANELLA, R. *Contatuando com figura e fundo: uma contribuição* à *psicoterapia infantil na abordagem gestáltica em psicoterapia*. Mestrado em Psicologia, Universidade Metodista de São Paulo, São Bernardo do Campo (SP), 1992.

_____. "Brincadeira é coisa séria: atendendo crianças na abordagem gestáltica". *Revista do X Encontro Goiano da Abordagem Gestáltica*, n. 10, 2004.

_____. "A criança que chega até nós". In: ANTONY, S. (org.). *A clínica gestáltica com crianças: caminhos de crescimento*. São Paulo: Summus, 2010.

ZINKER, J. *El proceso creativo en la terapia gestáltica*. Buenos Aires: Paidós, 1977.

_____. *A busca da elegância em psicoterapia: uma abordagem gestáltica com casais, famílias e sistemas íntimos*. São Paulo: Summus, 2001.

ZORZI, C. *Nós, as crianças: uma abordagem gestáltica em psicologia infantil*. São Paulo: Manole Dois, 1991.

ANEXO

1 ROTEIRO DE ANAMNESE

1) Identificação (nome, idade, filiação)
2) Motivo da consulta (início, desenvolvimento, fases de agravamento e melhora dos sintomas, hipótese da família em relação ao que está acontecendo, atitude familiar diante das manifestações da criança)
3) Um dia típico da criança (atividades e rotina de manhã, tarde, noite, fim de semana)
4) Ambiente familiar (moradia, membros da família, relacionamento com pai, mãe, irmãos, babá etc.)
5) Pré-história da criança (como foi concebida, gerada, imaginada, desejada)
6) Gestação (anteriores e da criança em questão, reação do casal e da família, acontecimentos relevantes, pré-natal, relacionamento do casal)
7) Parto (local, situação, tempo de duração, reação do casal, fatos relevantes)
8) Alimentação (amamentação, desmame, atual, fatos relevantes e distúrbios)
9) Dentição
10) Hábitos peculiares
11) Sono (qualidade, quantidade, local)
12) Desenvolvimento psicomotor
13) Desenvolvimento de linguagem (surgimento e estado atual)
14) Controle dos esfíncteres (quando, como, com quem)

15) Doenças
16) Antecedentes patológicos
17) Escolaridade (idade inicial, tipo de escola, adaptação, rendimento, relacionamento entre pares e com figuras adultas e de autoridade, mudanças)
18) Mudanças e acontecimentos importantes (mortes, doenças graves, acidentes)
19) Sexualidade (curiosidade, atividades, informações, reação dos adultos)
20) Brincadeiras, jogos e sociabilidade (brincadeiras preferidas, local, horários, companheiros, férias e lazer)
21) Medos, mentiras e fantasias
22) Com quem se parece a criança
23) A história de seu nome
24) Expectativas em relação ao futuro da criança
25) Prognóstico dos pais a respeito do que está acontecendo com a criança

ANEXO
2 MODELO DE CONTRATO TERAPÊUTICO

Aos pais ou responsáveis:

Seu filho está iniciando uma psicoterapia. Ela consiste em um trabalho em médio e longo prazo. O fator determinante para sua *duração* não está somente nas mãos do psicoterapeuta, mas depende também do ritmo da própria criança para assimilar situações novas vividas no ambiente terapêutico e de sua participação ativa no processo.

A terapia com crianças é desenvolvida em parceria com psicoterapeuta/família/escola/outros profissionais que trabalham com ela. Quanto mais afinada tal parceria, maiores as chances de ajudá-las a superar suas dificuldades.

Por isso, a sessão regular de acompanhamento de pais é parte do processo terapêutico da criança e este só será desenvolvido caso você se comprometa a participar dela sempre que solicitado pelo psicoterapeuta. Fica também aberta a possibilidade de que *você solicite* uma sessão, caso tenha necessidade. Não existem um horário e uma data fixa para tais sessões, que só vão acontecer à medida que houver necessidade para o bom andamento do trabalho.

A eficiência da psicoterapia também está intimamente ligada à frequência nas sessões terapêuticas. Evite a todo custo que a criança falte. Uma pequena interrupção pode causar danos e consequências bastante sérias, levando muitas vezes o trabalho à estaca zero. Caso isso aconteça, não deixe de mencionar o fato à criança, explicando claramente o motivo de sua falta.

Da mesma forma, é preciso esclarecer que o processo terapêutico não tem nenhuma ligação com o ano letivo e, portanto, não existem férias na psicoterapia, a menos que o psicoterapeuta ou a criança precise ausentar-se ou fique impossibilitado de realizar as sessões. Nesse caso, os pais devem estar cientes das possíveis consequências advindas deste fato.

Caso o psicoterapeuta precise desmarcar uma sessão, tentará inicialmente agendar outro horário a título de compensação, ficando a criança sem sua sessão *somente em último caso*. Tais situações são raras, mas se acontecerem serão trabalhadas diretamente com a criança no espaço terapêutico.

Na medida em que um horário é marcado, este fica valendo até segunda ordem. Isso significa que tal horário não será mais confirmado e se encontra reservado todas as semanas para o seu filho.

Nesse caso, é dever do psicoterapeuta estar disponível durante esse horário toda semana, e do responsável honrar com o pagamento da sessão, *independentemente de seu uso*. Isso significa que faltas do cliente são assumidas por ele, sem entrar no mérito do motivo da falta – que naturalmente é importante para quem faltou, mas não vem ressarcir o tempo de trabalho do psicoterapeuta que foi desperdiçado.

Por outro lado, caso o psicoterapeuta não possa comparecer no horário previamente marcado ou haja feriados em que não seja possível uma remarcação, o ônus da sessão perdida é dele. A exceção a essa regra é estabelecida quando o cliente desmarca previamente uma sessão com no mínimo três dias úteis de antecedência, possibilitando ao psicoterapeuta reorganizar seus horários a fim de amenizar o prejuízo causado pela ausência do referido cliente. No caso de remarcação, fica valendo somente a última sessão, porém o critério de três dias de antecedência continua sendo contemplado.

As sessões de acompanhamento de pais fazem parte do trabalho com a criança e serão consideradas como qualquer outra sessão para efeito de pagamento, já que o psicoterapeuta dispensa seu horário da mesma forma e está trabalhando em prol da criança. O valor da sessão será o mesmo e todas as regras citadas antes a respeito da responsabilidade pelo horário marcado também serão aplicadas às sessões de acompanhamento de pais.

Existe a possibilidade de, ao longo do processo terapêutico, os pais serem solicitados para uma ou mais sessões conjuntas com a criança e/ou sessões familiares. Tais situações só acontecerão com a aquiescência de todos os participantes e sempre a partir de uma necessidade específica surgida no processo terapêutico da criança. Todos os critérios de frequência e pagamentos antes mencionados valem também para tais sessões.

Faz parte do processo de avaliação e do acompanhamento terapêutico uma ou mais visitas à escola da criança, no sentido de obter informações a respeito dela no contexto escolar e, ao mesmo tempo, prestar esclarecimentos e orientações que porventura sejam necessários. As visitas à escola, da mesma forma que as sessões com os pais, serão cobradas, sendo o valor igual ao da sessão da criança, independentemente do tempo dispensado na visita. Os pais serão sempre notificados da necessidade de tais visitas com a devida antecedência para cada caso.

O cliente que por qualquer motivo desmarcar mais de duas sessões seguidas terá seu horário liberado para uso do psicoterapeuta e, caso retorne, precisará verificar novamente a disponibilidade de um horário para continuar o trabalho. Para que isso não aconteça, ao faltar em mais de duas sessões, o cliente precisará arcar com o pagamento de seu horário para que ele fique reservado até a sua volta.

O período de férias do psicoterapeuta será avisado e trabalhado com antecedência e não será cobrado do cliente.

O valor de cada sessão de uma hora está fixado em R$ _____, válidos até ___ de _____ de ____, e a forma de pagamento poderá ser a cada sessão, na última sessão do mês corrente ou na primeira sessão do mês seguinte.

Fica assegurado o sigilo terapêutico sobre tudo que for conversado, discutido e abordado em todas as sessões.

Em relação à observação anterior, cabe ao psicoterapeuta emitir, quando houver necessidade, apenas a sua compreensão e suas impressões acerca do que aconteceu nas sessões, sem que haja nenhum tipo de relato literal, salvo situações que possam colocar em risco a integridade da criança.

Todos os procedimentos, tais como sessões com os pais, visitas à escola e telefonemas para outros profissionais, serão de conhecimento de todos os envolvidos, inclusive e particularmente da criança em questão.

Os laudos e pareceres psicológicos serão emitidos de acordo com as normas estabelecidas pelo Conselho Federal de Psicologia e em consonância com os parâmetros presentes no Código de Ética do Psicólogo.

Leia com atenção e, caso tenha alguma dúvida ou discorde de algum item, não deixe de mencioná-lo imediatamente para que possamos conversar e chegar a uma solução.

Cidade, data
Assinatura do psicólogo
Assinatura do responsável

ANEXO

3 MODELO DE LAUDO

Modelo 1: Sintético

Identificação

Autor: Psicólogo X.

Solicitada por: M., mãe de P., 7 anos.

Motivo da consulta: emissão de movimentos musculares involuntários (tiques), desencadeados principalmente em situações de ansiedade.

Nome da criança: P.

Data de nascimento: dd/mm/aa

Período da avaliação: dd/mm/aa/a/dd/mm/aa

Número de sessões: cinco, com duração de uma hora cada

Procedimentos utilizados

- Sessões não diretivas com a mãe (2)
- Sessões não diretivas com o pai (2)
- Sessões semidiretivas com a criança (6)
- Entrevista escolar (1)

Análise

Nível cognitivo: inteligência normal, compatível com a idade cronológica. Possibilidade de interferência de aspectos emocionais ligados à ansiedade no rendimento intelectual.

Nível físico-motor: aquisições psicomotoras compatíveis com a idade cronológica; está descartada a possibilidade de comprometimento do SNC ou a presença de quaisquer transtornos cerebrais.

Nível emocional:

1. Dissociação de sentimentos como tentativa de minimizar a angústia, com negação veemente de determinados tipos de sentimento, como tristeza, rejeição e raiva.
2. Humor predominantemente passivo e reativo.
3. Capacidade de vinculação com adultos prejudicada; vínculo tênue, difuso e desconfiado.
4. Autoestima vinculada à qualificação e à confirmação vinda do outro.
5. Autoimagem distorcida, com dificuldade de percepção dos próprios recursos e possibilidades.
6. O rendimento intelectual pode vir a ser prejudicado pelas defesas contra a ansiedade oriunda da vinculação com o adulto, apesar de ter potencial dentro da média.

Conclusões

Conduta predominantemente deflexiva e retroflexiva, compatível com a necessidade de supressão de sentimentos de raiva, ciúme e abandono, com a consequente expressão por meio de movimentos musculares involuntários.

Indicação terapêutica

Psicoterapia individual para a criança duas vezes por semana, seguida de sessões de acompanhamento dos pais a cada cinco ou seis semanas, sujeita a posterior reavaliação.

Modelo 2: Extenso

Identificação

Autor: Psicólogo X.

Solicitada por: R., mãe de S., 6 anos, seguindo orientação de neurologista da família.

- Motivo da consulta: agitação psicomotora diurna, sono agitado, bruxismo, padrão alimentar alterado (propensão a comer demais), tendência a relatos fantasiosos (mentiras), medos diversos e reação frustrada de cunho agressivo diante de limites.
- Nome da criança: S.

Data de nascimento: dd/mm/aa

Período da avaliação: dd/mm/aa/a/dd/mm/aa

Configuração familiar atual: a criança reside somente com a mãe; durante o processo de avaliação a avó materna que reside em outro município encontrava-se momentaneamente hospedada com a filha e o neto. O pai e sua família de origem residem em outro município do Rio de Janeiro.

Procedimentos utilizados

- Sessões não diretivas com a mãe (3)
- Sessões não diretivas com a avó (1)
- Sessões não diretivas com a criança (6)
- Entrevista escolar (1)
- Avaliação neurológica

Análise

Nível cognitivo: inteligência normal, compatível com a idade cronológica; desenvolvimento perceptual irregular com tendência à simplificação, evidenciando sinais regressivos; capacidade sequencial confusa, apontando discreta desorganização do funcionamento intelectual, com presença de grande dose de ansiedade – o que impede a atenção a detalhes ou a correção de determinada situação, denotando a possibilidade de emergência de dificuldades posteriores no que concerne à aprendizagem.

Nível físico-motor: aquisições psicomotoras compatíveis com a idade cronológica; está descartada a possibilidade de comprometimento do SNC ou a presença de quaisquer transtornos cerebrais, o que vem corroborar resultados anteriores de investigação neurológica.

Nível emocional: apresenta uma concepção de mundo extremamente ameaçador, em que vence sempre "o mais forte", com consequente necessidade excessiva de se apegar a alguém ou alguma coisa, o que é corroborado pelo tipo de vínculo estabelecido com a psicoterapeuta, atipicamente próximo para uma criança de sua idade em uma situação nova, e pelo relato da mãe com relação aos medos apresentados pela criança. Reincidência constante de temas persecutórios: os personagens crianças são perseguidos e morrem.

Apesar de se apresentar ao mundo basicamente como uma criança "extrovertida", tende a uma configuração restrita de sentimentos, principalmente no que concerne à sua expressão, ou seja, mantém-se retraído e na defensiva quanto à expressão de seus sentimentos, utilizando-se por vezes de canais de expressão inadequados.

Relações interpessoais marcadas por grande dose de ansiedade. Presença constante de características regressivas – ser "como um bebê" –, o que é bastante compatível com os relatos da mãe acerca da pouca autonomia da criança em relação às atividades de vida diárias (por exemplo, dorme com a mãe, recebe alimentação na boca, não toma banho nem se veste sozinho etc.).

Em suas representações, não diferencia crianças de adultos – todos são crianças que "correm muitos perigos" –, o que denota ausência do sentimento básico de amparo e de uma figura adulta vista como protetora.

Não reconhece a especificidade do sexo feminino, demonstrando total desconhecimento da diferença entre os sexos. Tem dificuldades com a aceitação do papel feminino, estando a representação da figura feminina ora identificada com a criança, ora ameaçadora[95].

Notória mobilização contra a figura masculina[96], percebida como "mal-humorada" e sem o desejo de cumprir com seu papel, evidenciando uma possível falta de compreensão acerca da separação dos pais, entendendo-a como uma "desistência" deste de ser seu pai.

Presença de sentimentos de rivalidade entre figuras masculinas infantis; o mais forte vence e ocorre a consequente identificação com aquele que perde, com o mais fraco, produzindo uma necessidade compensatória de ser o melhor, o que tem mais, o que ganha etc. Sentimento de inferioridade sobrecompensado; tal característica está ligada à necessidade exibida pela criança em todas as sessões de forma muito marcante de "contar vantagem" acerca de tudo que faz e tem, levando assim a mentiras e enunciações megalomaníacas.

Mobilização patente diante de temas de cunho sexual, apontando dificuldade no que diz respeito ao esclarecimento sexual e à compreensão da relação entre homens e mulheres.

Traz sempre a temática dos sonhos nos quais acontecem brigas e coisas ruins, evidenciando a expressão de culpa e de sentimentos agressivos, particularmente em relação às figuras relacionais mais significativas. Isso está ligado à péssima qualidade de sono exibida pela criança.

Reage fortemente a estímulos ligados ao medo do escuro, à solidão e ao abandono, reforçando a percepção da ausência de figuras adultas protetoras.

---

95. Cabe ressaltar que tal percepção não necessariamente é compatível com a realidade tal qual se apresenta; o que está sendo assinalado é como a criança percebe e/ou fantasia, portanto não estamos nos referindo à pessoa real que ocupa esse lugar na vida da criança.

96. Idem.

Conclusões

Descartada a possibilidade de um diagnóstico neurológico, concluímos que sua sintomatologia encontra-se articulada a uma elevada dose de ansiedade presente nas relações familiares, com o predomínio de sentimentos de desproteção e insegurança, expressos pelos medos e pela agitação psicomotora.

Indicação terapêutica

Psicoterapia individual para a criança com frequência semanal com acompanhamento da mãe com frequência inicial mensal, sujeita a posterior reavaliação.

Aconselha-se contato do psicoterapeuta com o pai da criança para introduzi-lo e comprometê-lo no trabalho a ser realizado.

Existe a possibilidade de outros contatos do psicoterapeuta com a escola para fins de orientação, caso o comportamento da criança e suas ansiedades subjacentes alterem seu rendimento e/ou relacionamento com colegas e professores ou a escola necessite de algum esclarecimento.

Orientações à mãe na entrevista de devolução e diretrizes terapêuticas iniciais no trabalho com a criança:

- Favorecer a independência e autonomia da criança, principalmente no que diz respeito às atividades diárias, tais como comer, vestir-se, tomar banho, limpar-se após usar o banheiro, arrumar seus pertences, dormir no próprio quarto etc.
- Não supervalorizar nem confirmar direta ou indiretamente medos fantasiosos e irreais da criança. Prestar atenção em seus próprios medos como modelo e introjeção para a criança de uma ideia de mundo ameaçador e perigoso.
- Estabelecer limites com mais coerência e não se deixar envolver por manipulações da criança, como choro, súplicas, manifestações agressivas etc. Destaca-se aqui a necessidade de dormir no próprio quarto e não se alimentar fora do horário das refeições. As ansiedades subjacentes a esses comportamentos serão trabalhadas progressivamente no processo terapêutico. Ceder a manipulações não ajuda a criança; ao contrário, deixa-a insegura, pois confirma suas fantasias.
- Prestar esclarecimento sexual a todas as questões que porventura surjam nesse âmbito de conhecimento para o declínio de ansiedades provenientes de fantasias equivocadas a esse respeito.
- Trazer ao domínio da realidade todas as enunciações megalomaníacas da criança, ajudando-a a perceber a diferença entre o que ela gostaria de ser e ter e o que ela realmente é e tem nesse momento.

ANEXO

4 SUGESTÕES DE JOGOS PARA O ESPAÇO TERAPÊUTICO

- Banco imobiliário
- Baralho de cartas
- Boliche
- Cai não cai
- Cara a cara
- Combate
- Dama
- Dardos
- Detetive
- Dominó
- Fórmula Turbo
- Imagem e ação
- Jenga
- Jogo da memória
- Jogo da velha
- Jogo da vida
- Jogo das expressões
- Lince
- Pula macaco
- *Twister*
- UNO

www.gruposummus.com.br